はじめに

「令和４（2022）年版厚生労働白書」によると、福祉サービス利用者の増加に伴い、介護や障害、保育分野等の職員数は増加しています。また、介護職種の離職率は2019年に初めて産業計を下回り、低下傾向にあるものの、介護や保育分野の有効求人倍率は、依然として職業計より高く推移しています。質の高い福祉サービスを将来にわたって安定的に供給していくためには、人材の確保がより一層求められます。

本会では、これまでも定期的に福祉人材の確保・育成・定着に関する調査を行ってきました。また、東社協業種別部会においても、各分野の人材をめぐる状況について調査が行われています。

令和４～６（2022～2024）年度の東社協中期計画においては「福祉人材の確保・育成・定着の推進」を取組みの方向性の一つに位置づけ、2022年９月に東社協会員福祉施設・事業所（3,556か所）を対象に「質と量の好循環をめざした福祉人材の確保・育成・定着に関する調査2022」を実施しました。実施にあたっては、高齢や障害、児童、保育等の業種を横断し、また、「施設長」、「指導的職員」、「初任者」、「実習生」の４つの層を縦断する調査設計としました。2016年に実施した同調査との経年による比較を主な目的としながらも、近年受入れがすすんでいる外国人材の状況や新型コロナの影響に関して新たに問いを設けました。

本書では、第一章に本調査結果から得られた福祉人材の確保・育成・定着に関する状況や新型コロナの影響などをまとめた「調査結果のポイント」を掲載しています。第二章の「資料編」では、４つの層の調査結果を2016年の結果との比較を交えながらまとめました。結果からは、福祉人材の確保の点で実習や職場体験等の体験が重要な機会となっていることや指導的職員層をはじめとする職員の育成が難しい現状、福祉未経験者職員への丁寧な指導や外国人材受入れの際の工夫などが分かりました。

本書が、質の高い福祉サービスの提供が人材の定着と確保に結びつく「質と量の好循環」を、福祉業界全体でより広げていくきっかけとなれば幸いです。

社会福祉法人
東京都社会福祉協議会

質と量の好循環をめざした
福祉人材の確保・育成・定着に関する調査 2022 報告書

目　　次

実施のあらまし

1　調査名称：質と量の好循環をめざした福祉人材の確保・育成・定着に関する調査 2022

2　実施主体：社会福祉法人東京都社会福祉協議会

3　実施時期：2022 年 9 月 22 日～ 10 月 28 日

4　調査配布箇所数：3,556 か所

内訳

部会	数
東京都高齢者福祉施設協議会	1,191
介護居宅事業者連絡協議会	348
知的発達障害部会	500
障害児福祉部会	15
身体障害者福祉部会	85
児童部会	96
母子福祉部会	33
乳児部会	11
救護部会	10
婦人保護部会(現・女性支援部会)	5
保育部会	1,184
更生福祉部会	34
医療部会	44
合計	3,556

5　実施方法：

①A 票（施設長向け)、B 票（指導的職員向け)、C 票（初任者職員向け）については紙および Excel データ、D 票（実習生向け）については、Googleform にて調査票を作成。

②上記の施設宛てに郵送またはメールにて調査票を送付。本会ホームページの ID・パスワードを設定したページにも調査票データを公開。

③送付した内容は A 票 1 部、B 票 1 部、C 票 1 部、D 票の回答に関する依頼文 1 部。

④B 票･C 票には「施設･事業所長の方が事業所内の職場集団の中から指導的職員と思われる方（施設･事業所長自身を含む）／初任者職員と思われる方を選び、その方がご記入ください」、D 票の回答に関する依頼文には「実習生自身が Googleform にアクセスし、ご入力ください」と明記。

⑤回収方法は、A 票は施設長名・施設名を明記し、B 票・C 票・D 票は無記名で、本会宛てに郵送またはメールにて返送とした。

6　回収率：A票（施設長向け）　17.8%
　　　　　B票（指導的職員向け）　16.9%
　　　　　C票（初任者職員向け）　15.6%
　　　　　D票（実習生向け）　127名
　　　　　※調査実施期間中に実習生の受入れがなかった施設もある

7　回答状況

施設種別	A票 施設長	B票 指導的職員	C票 初任者職員	D票 実習生
1. 特別養護老人ホーム	96	94	83	16
2. 養護老人ホーム	9	5	8	3
3. 軽費老人ホーム	9	9	5	0
4. 老人保健施設	2	1	2	0
5. 地域包括支援センター	7	6	6	3
6. 高齢分野居宅サービス系事業所・施設	18	14	11	1
7. 保育所・こども園	223	219	220	20
8. 児童養護施設	36	39	31	22
9. 自立援助ホーム	11	5	5	3
10. 乳児院	10	9	9	5
11. 母子生活支援施設	23	22	19	14
12. 更生施設（宿提・宿泊所等）	13	11	9	3
13. 救護施設	7	6	6	3
14. 婦人保護施設	1	1	1	1
15. 病院・診療所	2	2	3	0
16. 障害福祉施設・事業所（児童・身体）	2	3	1	0
17. 障害福祉施設・事業所（児童・知的）	10	11	12	2
18. 障害福祉施設・事業所（児童・精神）	0	0	0	0
19. 障害福祉施設・事業所（成人・身体）	18	15	13	8
20. 障害福祉施設・事業所（成人・知的）	123	110	93	17
21. 障害福祉施設・事業所（成人・精神）	3	1	4	0
22. その他	11	17	15	6
全体	634	600	556	127

8　その他
・集計にあたり、年の表記を西暦表記としている。

第1章

調査結果のポイント

質と量の好循環をめざした福祉人材の確保・育成・定着に関する調査 2022

調査結果のポイント

福祉の仕事に対するイメージ

1

<福祉の仕事を選んだ理由> P107〜109参照

「やりがい」を求めて福祉の仕事を選んだ初任者職員の約 66%が、実際に「やりがいがある」と感じている。

（1）69.1% の初任者職員が「やりがい」を理由に福祉の仕事を選んでいる。このうちの 65.6% が、福祉の仕事に就いて特に満足していることとして「やりがい」を挙げている。

（2）2016 年度の前回調査では、同様の項目（「やりがい」を理由に福祉の仕事に就いた人のうち、実際に満足していると回答した人）の割合は、75.4%であった。

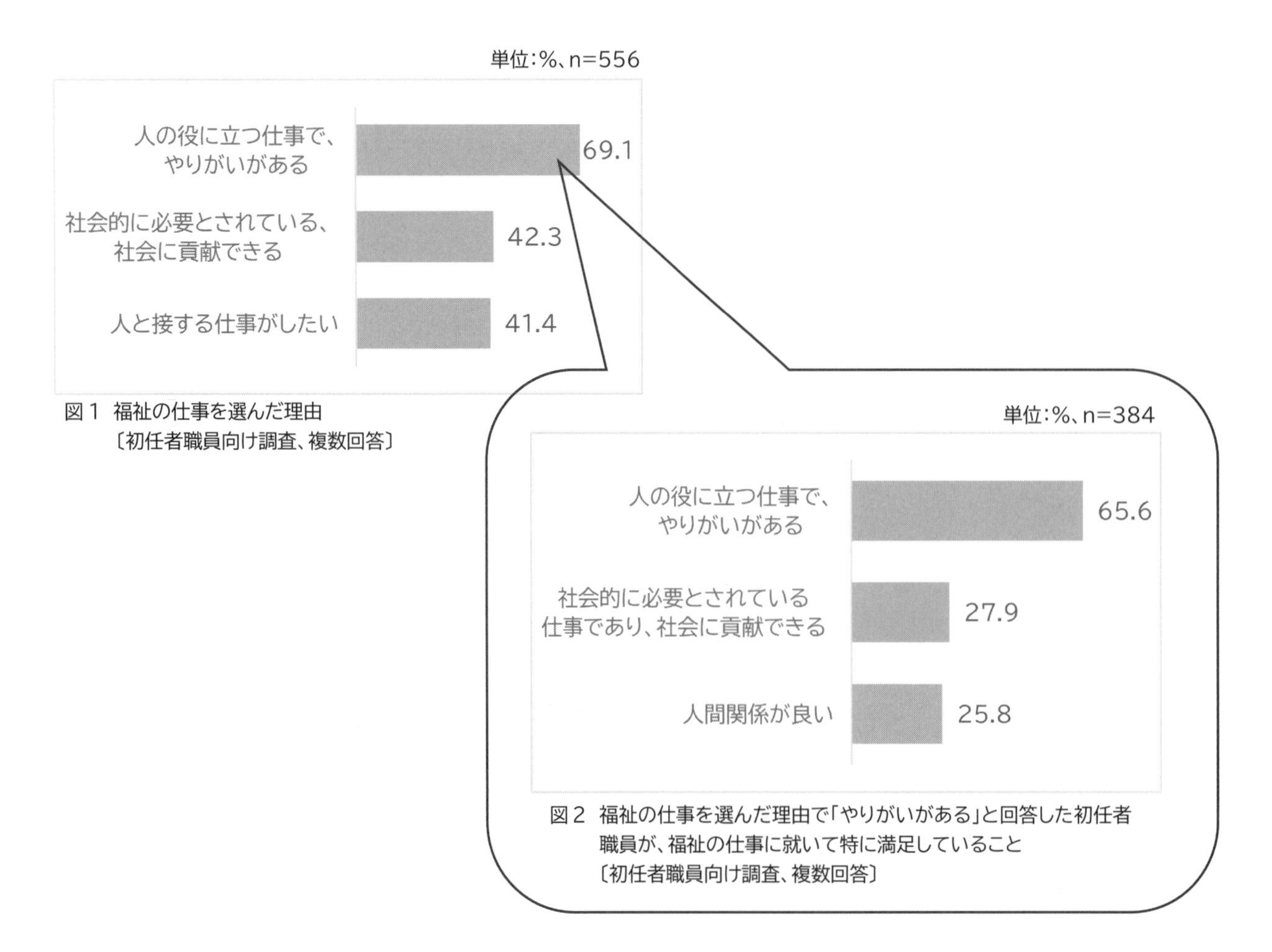

図 1 福祉の仕事を選んだ理由
〔初任者職員向け調査、複数回答〕

図 2 福祉の仕事を選んだ理由で「やりがいがある」と回答した初任者職員が、福祉の仕事に就いて特に満足していること
〔初任者職員向け調査、複数回答〕

2 <福祉の仕事に対するイメージ> P124、148参照

これから働く実習生に比べ、実際に働き始めた初任者職員では、「有休取得」「社会的評価」「職場の雰囲気」のイメージが良くなっている。

（1）実習生と比べ、実際に働き始めた初任者職員は、「有休取得」や「社会的評価」、「職場の雰囲気」等について、より良いイメージを持っている人が多い。

（2）「やりがい」や「専門性」、「スキルアップ」については実習生、初任者職員共にイメージが良いので引き続きアピールしていくことが求められる。

（3）「人手不足」、「体力的、精神的な負担が大きい」、「給与水準」については、独自の人員配置基準やICTの推進などの情報もあわせて、実態を正しく発信していくべき。

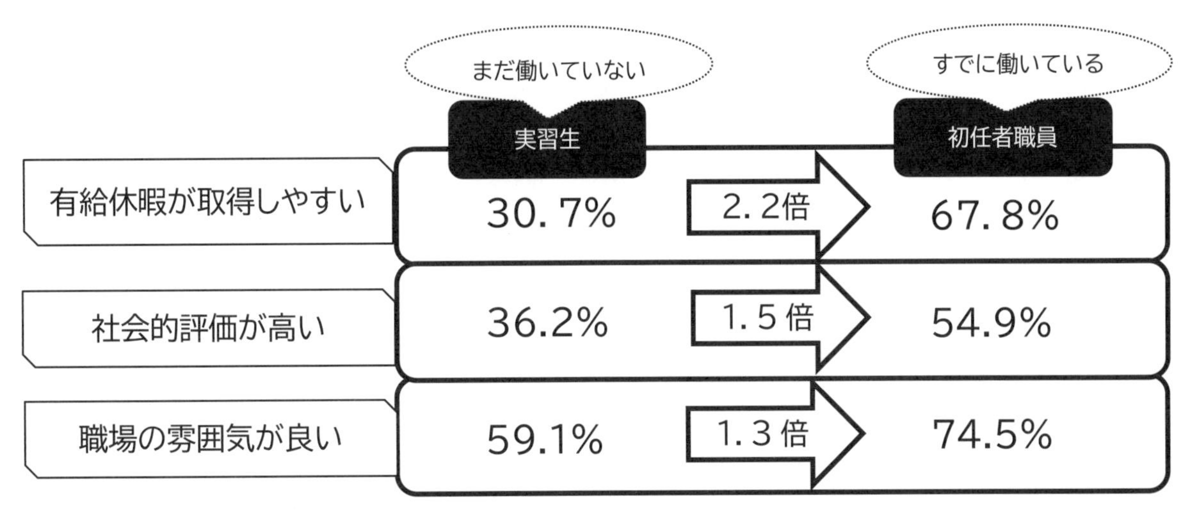

図3　福祉職場に対するイメージ〔初任者職員・実習生向け調査、単数回答〕

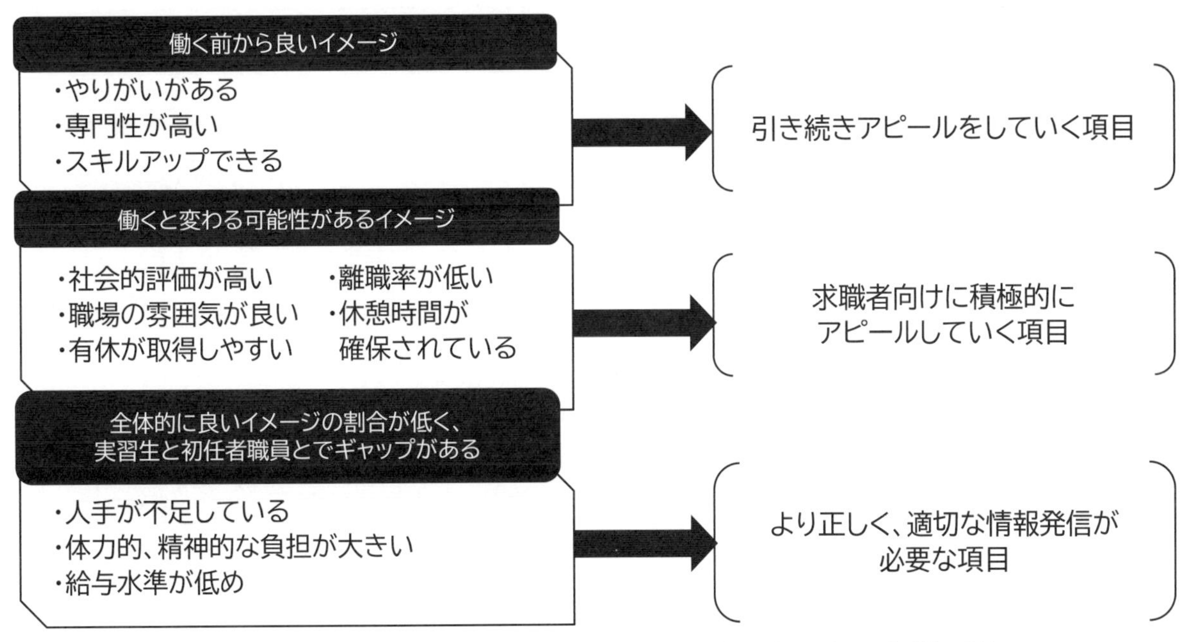

図4　福祉職場に対するイメージ別のアピールポイント〔初任者職員・実習生向け調査、単数回答〕

福祉人材の確保

3 ＜募集と採用の状況＞ P30、31、34参照

ホームページのほか、実習生や職員からの紹介が採用につながっている。

（1）近年の新規採用者の変化について、「応募者が減っている」と回答した施設・事業所は64.7％と最も多かった。このほか、上位にあがっている項目に2016年度と大きな違いはなかった。

（2）職員募集で効果のあった手段は、新卒者・既卒者ともに「ホームページ」。リニューアルをしたり、写真を多く使用したり、動画で施設の様子や雰囲気、取組み、職員の声を伝えたりするなどの工夫がみられた。2016年度に引き続き、学生や求職者にとってわかりやすく、より施設・事業所の魅力や様子が伝えられる「ホームページ」の充実が重要になる。

（3）新卒者に対して効果があったのは「実習生や学校等とのつながりから」、既卒者に対しては「職員からの紹介」などの回答が得られた。事前に施設・事業所の様子を少しでも知っており、施設・事業所側も実際に接したことのある「実習生」や、現在勤務している職員からの「紹介」も、採用につながっている。

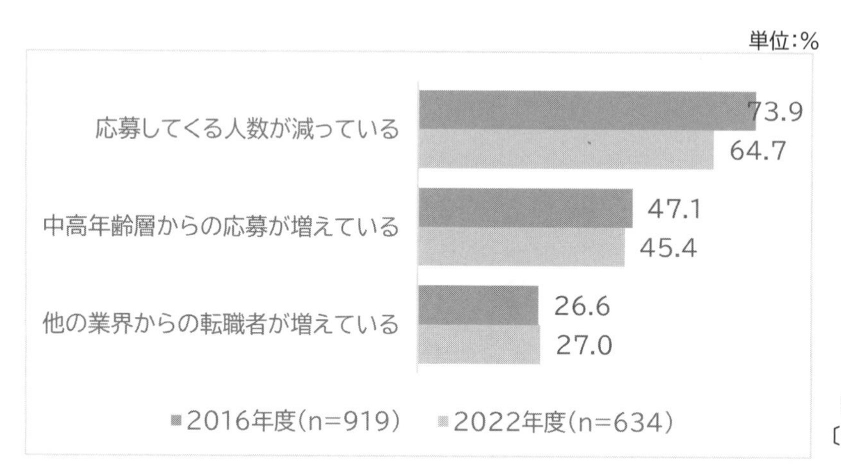

図5 近年の新卒者の変化
〔施設長向け調査、複数回答〕

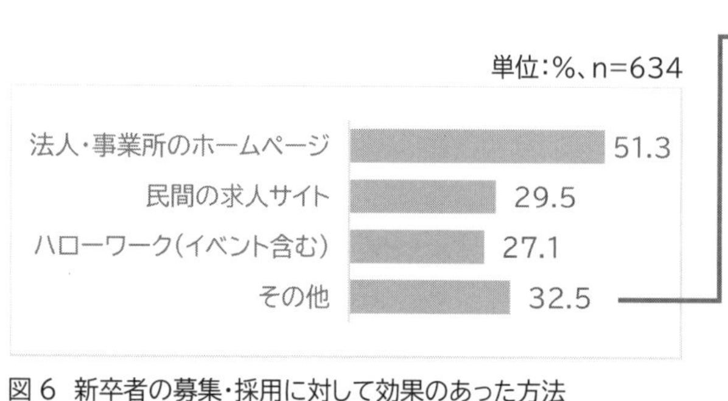

図6 新卒者の募集・採用に対して効果のあった方法
〔施設長向け調査、複数回答〕

その他の主な回答
「実習生」
「大学や養成校への働きかけ」
「インターンシップ」

単位：%、n=634

ハローワーク（イベント含む）	60.4
法人・事業所のホームページ	51.3
民間の求人サイト	46.4
職員からの紹介	33.1

図7 既卒者の募集・採用に対して効果のあった方法
〔施設長向け調査、複数回答〕

4 ＜実習の受入れ状況＞ P37、143参照

受入れ中止のほか、受入れ箇所数や人数を減らすなどの対応をして実習を行っている施設・事業所が多数。

（1）受入れ箇所数は、2016年度は「3～5か所」が26.3％だったのに対し、2022年度は「なし」が26.7％、「1か所」が15.8％で、減少していることが分かる。2022年度の受入れ人数は「なし」が、26.3％、「1～5人」が37.1％にそれぞれ増加し、新型コロナの影響で受入れ箇所数や人数を制限せざるを得なかった状況がうかがえる。

（2）実習生向け調査で「実習前に持っていた福祉の仕事や業界への印象の変化」を尋ねると、79.5％が「とても良くなった／良くなった」と回答している。

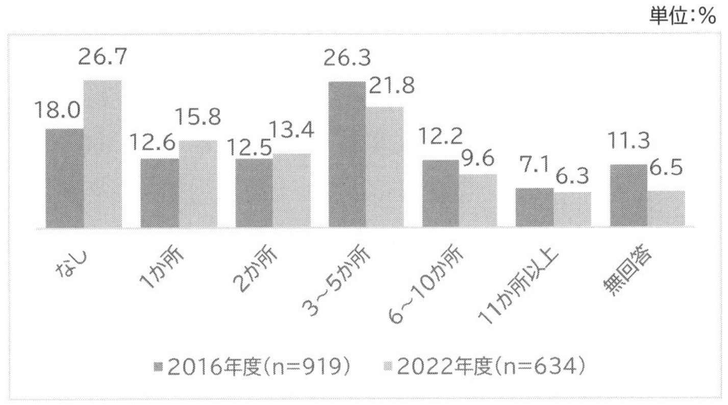

図8　実習生の受入れ箇所数〔施設長向け調査、記述回答〕

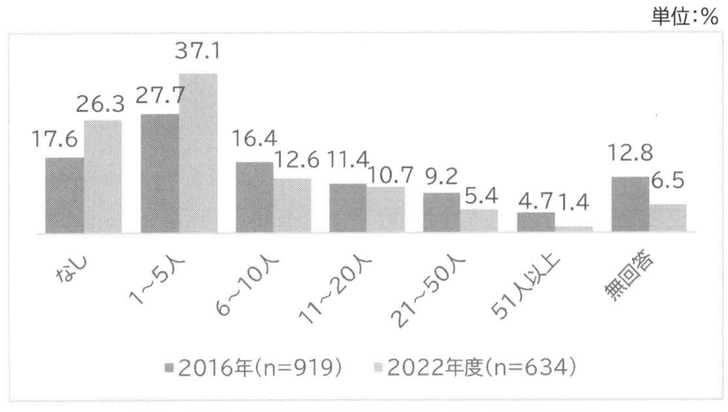

図9　実習生の受入れ人数〔施設長向け調査、記述回答〕

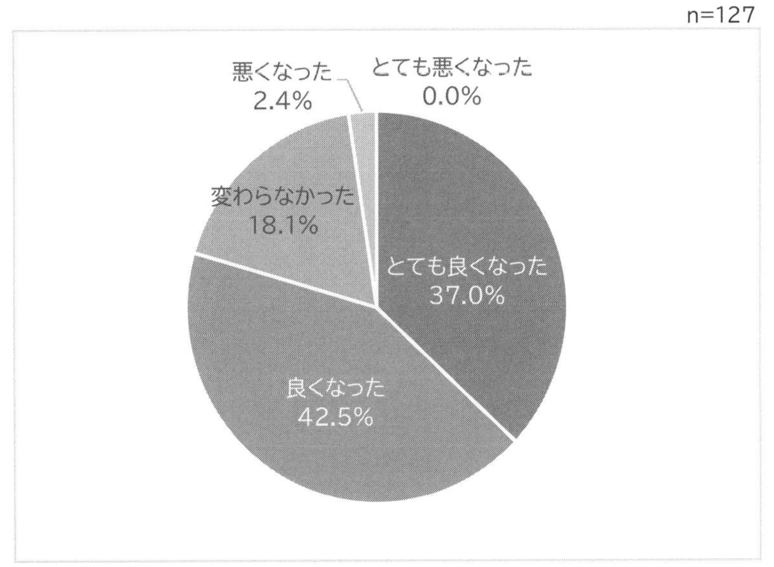

図10　実習前に持っていた福祉の仕事や業界への印象の変化〔実習生向け調査、単数回答〕

実習は、実習生にとって、福祉の仕事や業界のイメージ向上につながるとともに、就職を考える上で非常に大切な機会となる。
施設・事業所側にとっても、実習生を受け入れることで、自施設・事業所の人材確保につながっている。
⇒感染症等の状況下でも実施可能な実習の受入れ環境の整備が必要。

＜短期・中長期における福祉人材の確保方策＞ P56、57参照

人材確保に関して、短期的に有効と思われる層は「出産や育児のためにいったんは退職し、その後、再就職を希望する人」。中長期的には「次世代の子どもたち」。

（1）人材の確保について、短期的な視点で有効と思われる層は「出産や育児のためにいったんは退職し、その後、再就職を希望する人」が 44.6%（2016 年度は 33.2%）。「子育てをしながらでも無理なく働くことができる環境整備」等が引き続き必要となる。

（2）中長期的な視点で有効と思われる層は「次世代の子どもたち（小中学生、高校生）」が 49.5%（2016 年度は 37.8%）。そのために、積極的な職場体験やボランティア、実習生の受入れなどを積極的に行い、福祉に触れる機会を設けていくことが求められる。

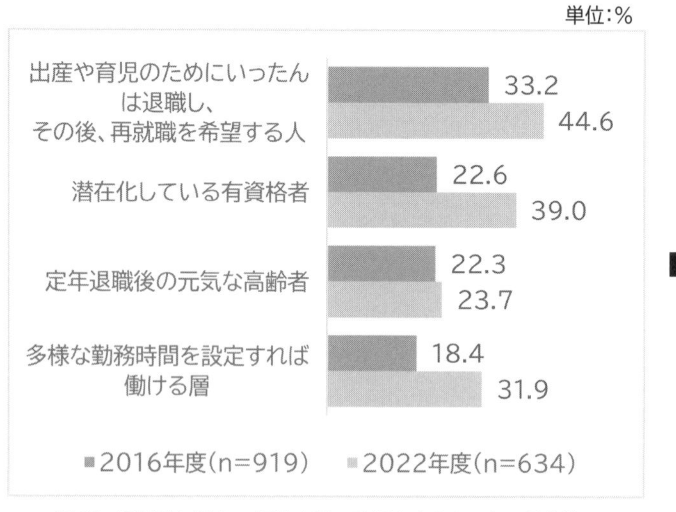

〔取り組むべき方策〕（自由回答から）
- 多様な働き方に対応できる柔軟な勤務体制の構築
- 子育て世代の雇用における職員の条件の見直し
- 非正規職員なども含めた全体の給与の底上げや処遇改善

図 11　短期的な視点で福祉人材の確保をすすめる上で優先的に働きかけるべき層〔施設長向け調査、複数回答〕

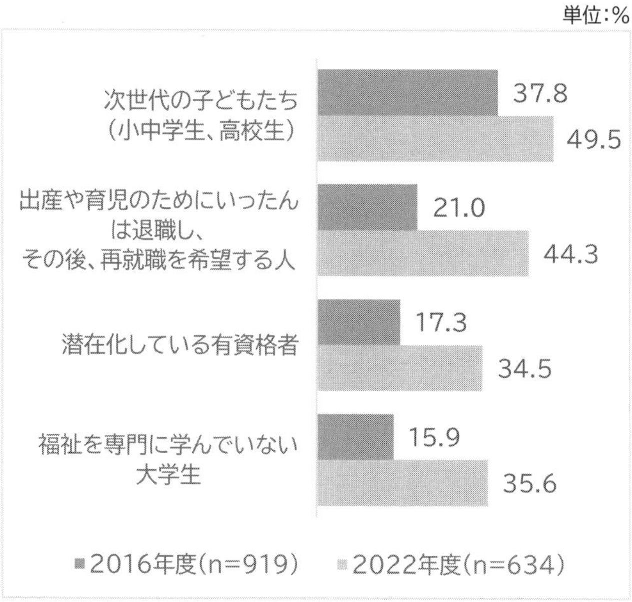

単位:%

	2016年度(n=919)	2022年度(n=634)
次世代の子どもたち（小中学生、高校生）	37.8	49.5
出産や育児のためにいったんは退職し、その後、再就職を希望する人	21.0	44.3
潜在化している有資格者	17.3	34.5
福祉を専門に学んでいない大学生	15.9	35.6

〔取り組むべき方策〕（自由回答から）
- 職場体験など、学校教育の中で福祉について学べる時間の充実
- ボランティアや実習生の積極的な受入れ
- 広く福祉の仕事の魅力を伝える ことのほかに、福祉を学ぶ学生への発信の強化
- 多様な働き方に対応できる環境整備
- 人員配置基準、給与、処遇の見直し

図 12　中長期的な視点で福祉人材の確保をすすめる上で優先的に働きかけるべき層〔施設長向け調査、複数回答〕

＜外国人材の受入れ状況＞ P58～60参照

外国人材の雇用は約２割。受入れが職場内のコミュニケーション活性化や指導体制の見直しにつながっている施設・事業所もある。

（1）外国人材（＊）を「雇用している」と回答した施設は 20.2%。分野別では、高齢分野（特別養護老人ホーム・養護老人ホーム・軽費老人ホーム）が 61.4%、障害分野は 14.7%、保育分野は 10.3%だった。

＊ここでは、短期間日本で働く外国人から、日本に長く住んでいる外国人までを指す。例えば、EPA、留学生、定住者、永住者、日本人の配偶者等、永住者の配偶者等、介護、技能実習、特定技能、特定活動 46 号などの方を想定。

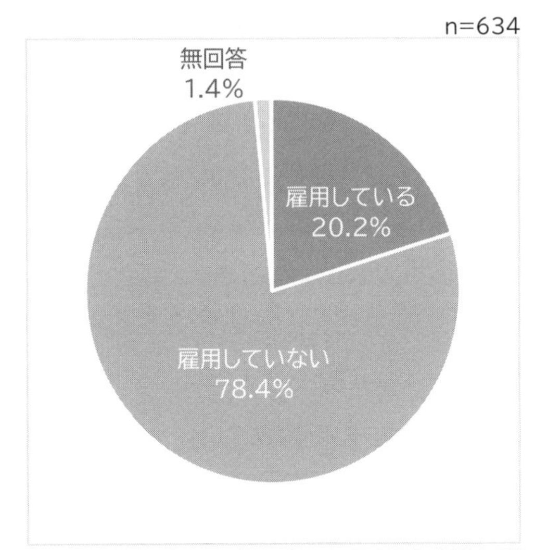

図 13 外国人材の雇用状況〔施設長向け調査、単数回答〕

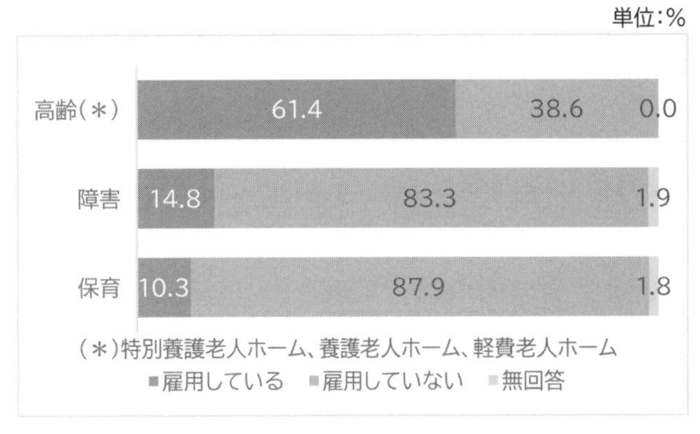

図 14 分野別の外国人材の雇用状況〔施設長向け調査、単数回答〕

（2）外国人材を受け入れて良かったことは、「異文化への理解が深まった」が 45.3%、「指導体制の見直しができた」が 30.5%。

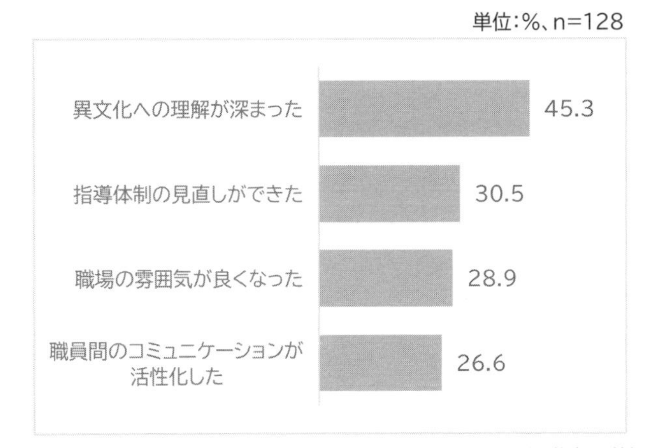

図 15 外国人材を受け入れて良かったこと〔施設長向け調査、複数回答〕

このほか具体的には…

表1 外国人材を受け入れて良かったこと〔施設長向け調査、自由回答〕

- 分かりやすくマニュアルを作り直すことで日本人職員への指導にも活用できた
- 各部署の職場環境やフォロー体制の構築など、良い作用があった
- 入居者に母国のおかずやおやつをふるまってくれた。他の職員からは「初めて食べた」という声も聞かれ、職員同士のコミュニケーションが深まった　　など

外国人材を受け入れたことをきっかけに、マニュアルや体制の見直しが行われたり、職員のコミュニケーションが活性化されたりするなど、より誰もが働きやすい職場づくりにつながると考えられる。

（3）外国人材の受入れにあたり工夫したことについては、「外国人職員への説明を丁寧に行った」が 62.5%、「外国人職員への業務に関する指導の時間を確保した」が 35.9%。

このほか具体的には…

表2 外国人材の受入れにあたり工夫したこと
〔施設長向け調査、自由回答〕

・衣類の準備、支給。住居の提供。地域のコミュニティへの参加促進を行い、定期的に参加している。日本人職員＋先輩外国人職員を必ず付けて OJT を行う
・利用者のネームプレートと記録用紙にローマ字表記を追加した。口頭で理解を得ることが難しい場面では動画等を利用して説明している
・毎月、外国人職員のミーティングを開き、日本で働く上で困っていることや不安なことを直接聞く機会を設けている　など

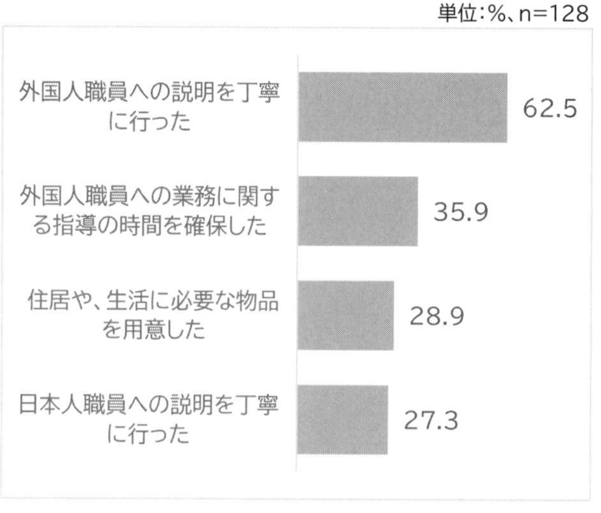

図16 外国人材の受入れにあたって工夫したこと
〔施設長向け調査、複数回答〕

外国人材の受入れにあたって、時間を確保し、説明や指導を丁寧に行うなどのほか、業務だけにとどまらず、工夫して日々の生活へのサポートを行う姿勢がみられた。

（4）外国人材の受入れにあたって整備が必要だと思われることは、「指導できる人員」が 59.0%、「日本語の指導」が 44.3%。

このほか具体的には…

表3 外国人材の受入れにあたって整備が必要だと思われること〔施設長向け調査、自由回答〕

・仕事をするためには安定した生活が不可欠。不慣れな地域で安心して生活できるよう、外国人職員を支援する仕組みが必要
・外国では長い休暇を取るので、2 週間くらいの休暇が取れるような体制が必要だと感じた
・日本の文化や風習への理解　など

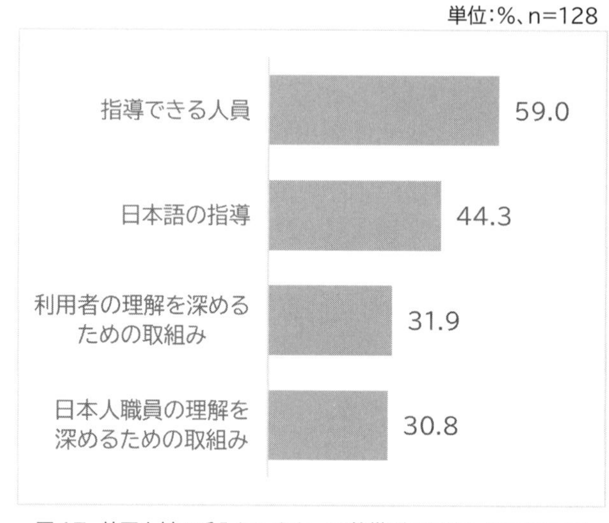

図17 外国人材の受入れにあたって整備が必要だと思われること
〔施設長向け調査、複数回答〕

外国人材を受け入れて良かったことやさまざまな工夫がある一方で、指導できる人員の確保やゆとりのある体制が整備できていない状況がある。
また、業務時間内での日本語指導には限界があるので、日本語ボランティア教室などの地域とのつながりも必要と考えられる。

福祉人材の育成

7 ＜利用者ニーズの変化に対応した資質の確保＞ P40～42参照

利用者ニーズは多様化しており、「個別のニーズをきちんと把握する」ことが必要。「状況に応じて柔軟に対応する力」が求められている。

（1）正規職員の業務内容の変化について、「対応困難ケースの増加」が45.4％で、このほかの項目についても2016年度と大きな違いはみられなかった。

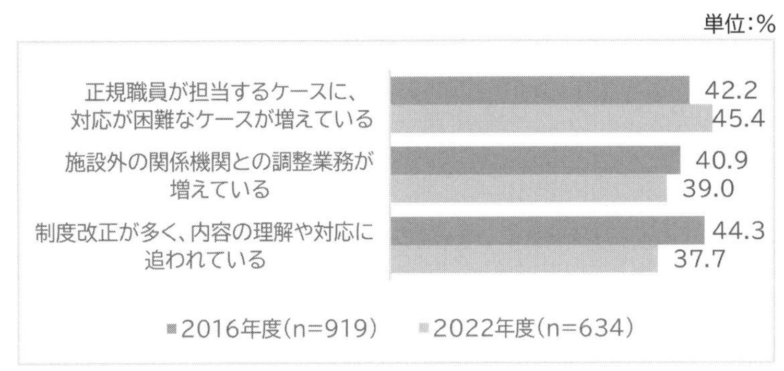

図18　正規職員の業務内容の変化〔施設長向け調査、複数回答〕

（2）利用者ニーズの変化では、2016年度と同様に、「利用者ニーズが多様化し、個別のニーズをきちんと把握する必要性が高まっている」のほかに、「心理的なケアを必要とする利用者（保護者含む）が増えている」を７割以上の施設が挙げている。

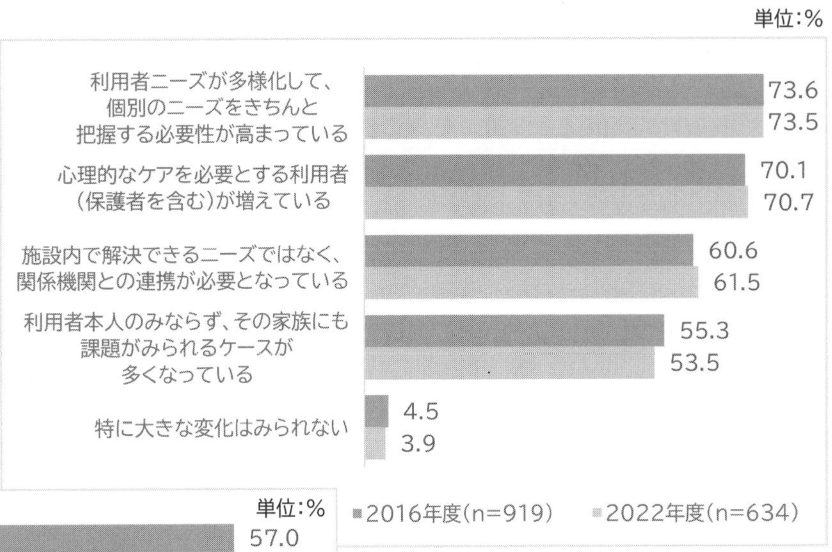

図19　利用者ニーズの変化〔施設長向け調査、複数回答〕

（3）適切に確保することが難しくなっている職員の資質でも、2016年度と同様の傾向がみられ、半数以上の施設・事業所が「状況に応じて柔軟に対応する力」を挙げている。

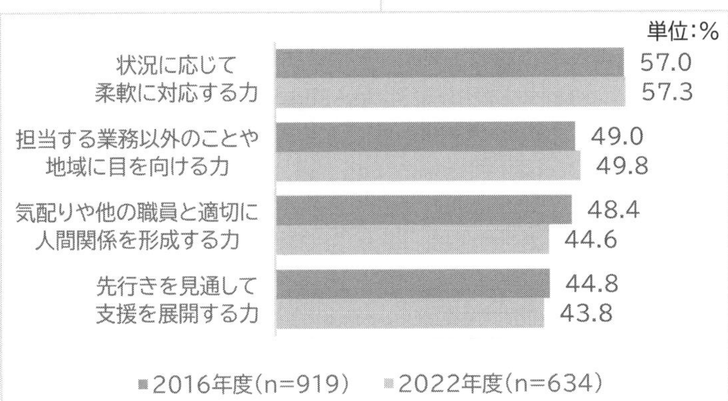

図20　適切に確保することが難しくなっている資質〔施設長向け調査、複数回答〕

＜高めてほしい力＞ P89、123参照

指導的職員の約６割は後輩に「チームワークや組織性を学んでほしい」。初任者職員の半数以上は「直接サービスを将来も担いたい」。

（１）指導的職員の 59.5% は、2016 年度と同様に、後輩に「チームワークや組織性に関する研修」を受講してもらいたいと考えている。

（２）初任者職員が将来担いたい業務は「直接サービスを担いたい」が 56.7% と最も多い。「地域社会に働きかける取組みをしたい」は 18.3%と、2016 年度よりも 8.9 ポイント増加している。

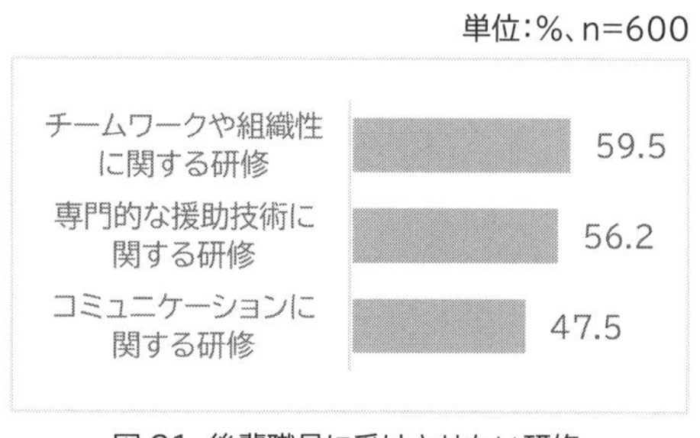

図 21　後輩職員に受けさせたい研修〔指導的職員向け調査、複数回答〕

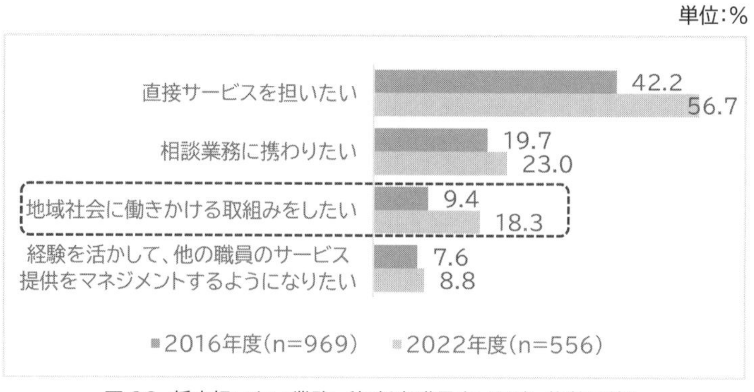

図 22　将来担いたい業務〔初任者職員向け調査、複数回答〕

9

＜指導的職員の育成＞ P44、83、86参照

指導にあたる専門性のある次世代の指導的職員を育成する機会の充実が必要。

（１）「指導に関する専門性」が必要だと思う指導的職員は約９割。一方、「育成や指導に関すること」で悩んでいる指導的職員は 82.0% にのぼる。

（２）職員の育成で課題となっていることは「次世代の指導職員が育成されていない」ことが約５割。

（３）新型コロナの影響により、研修に参加する機会が減少し、職員の育成につながりづらい施設もある。

図 23　指導に関する専門性が必要〔指導的職員向け調査、単数回答〕

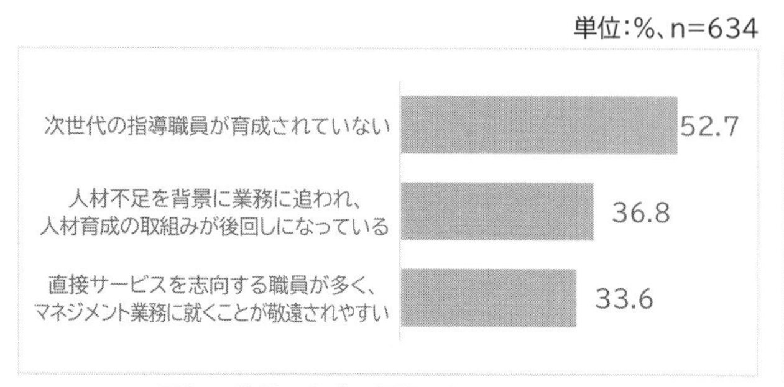

図24　職員の育成で課題となっていること〔施設長向け調査、複数回答〕

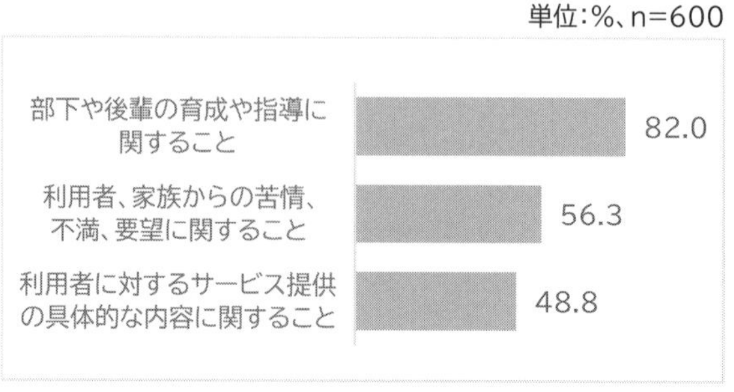

図25　指導的職員が悩むこと〔指導的職員向け調査、複数回答〕

10 ＜福祉未経験者の育成＞ P33、34、45参照

研修への参加や資格取得を促進し、より丁寧な指導を行っている。

（1）新しく採用された正規職員の約２～４割が「福祉を学んだことがない」職員であり、非正規職員の場合はさらにその割合が多くなる。

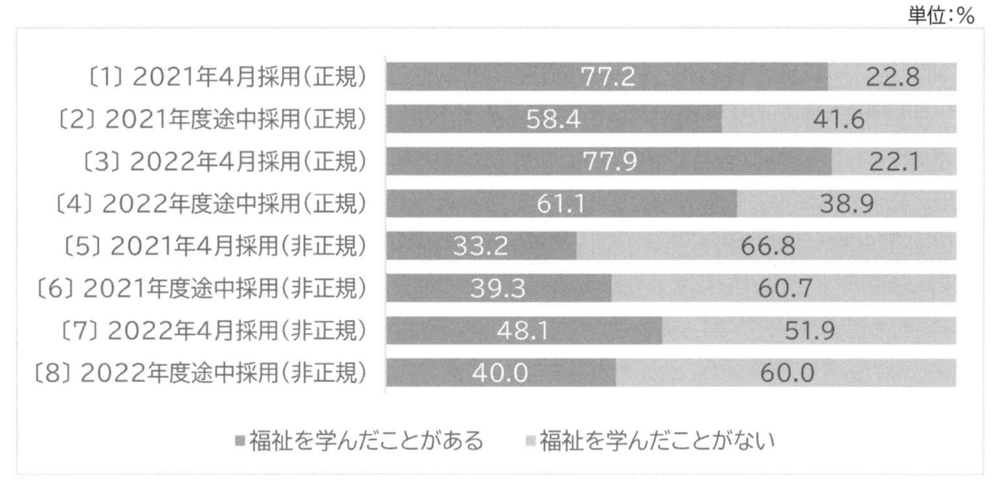

図 26 新規採用者の福祉を学んだ経験の有無〔施設長向け調査〕

（2）施設・事業所側は、福祉の仕事に従事したことがない、学校等で福祉を学んだことがない「未経験者」を採用するために配慮していることは「応募する前に職場を見学・体験」できるようにしている」が 69.7%、「採用後に資格取得ができるように支援している」が 53.2%であった。

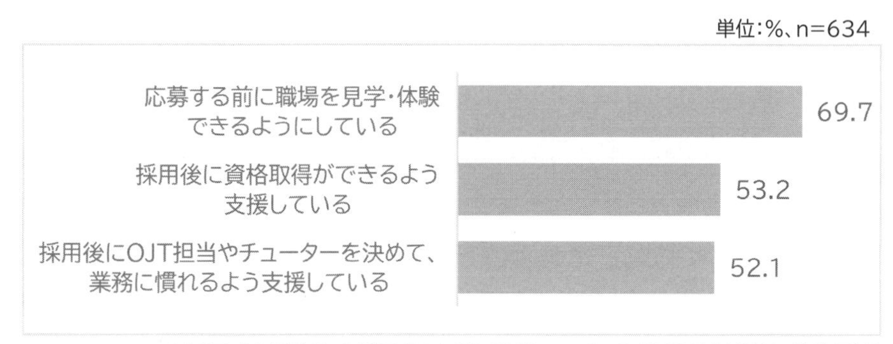

図 27 「未経験者」を採用するために配慮していること〔施設長向け調査、複数回答〕

このほか具体的には…

表4 「未経験者」の育成について工夫していること〔施設長向け調査、自由回答〕

- 法人内や法人外の研修などに積極的に参加をしてもらうようにしている
- 福祉未経験者対象の研修に参加してもらう。個別の面談を月 1～2 回、3 か月程度の新任研修を実施している
- 業務内容が複雑でない部分から覚えてもらい、できることを増やし、自信につなげる　　など

「未経験者」を採用する際やその後の育成にあたって、施設・事業所側のさまざまな工夫や配慮がみられた。その一方で、「丁寧な研修ができていない」などの声もきかれた。個々の状況に応じた育成を行うための環境整備を進めることが必要となる。

福祉人材の定着

11 ＜福祉職場における離職状況＞ P52参照

全体の離職率は11.3%。ただし、約5割の施設・事業所は離職率が10%未満。

（1）2021年度の離職状況をもとに算出した離職率は11.3%（2016年度調査は12.8%）。施設・事業所の51.8%は、離職率が「10%未満」であり、その割合は2016年度よりも増えている。

（2）一方で、勤務年数が1年未満の職員の離職率は28.5%と高止まり（2016年度調査は31.5%）。引き続き、新任職員の定着が課題となると考えられる。

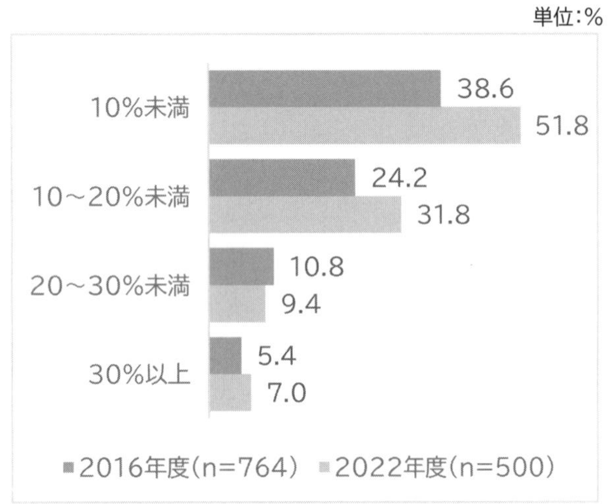

図28 福祉施設の離職状況〔施設長向け調査〕

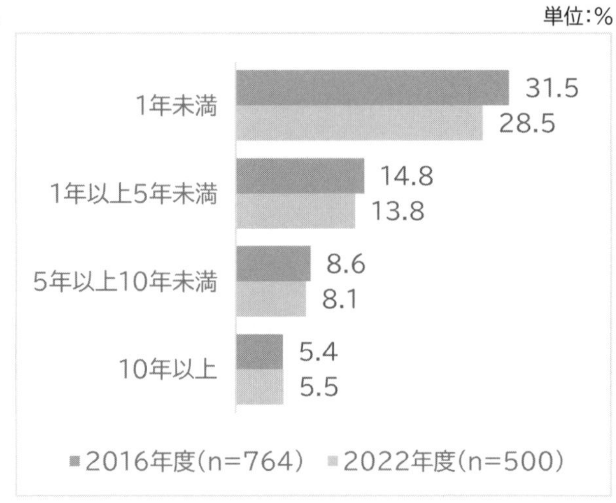

図29 勤務年数ごとの離職状況〔施設長向け調査〕

12 ＜職場定着の課題と対策＞ P111、113、118～120参照

約8割の初任者が、働き続けるために必要なのは「日々の仕事が楽しいこと」。定着には、初任者職員への日頃のフォローが重要。

（1）福祉の仕事をやめたいと思ったことがある初任者職員は約3割。理由には「失敗続きなどで、自分に向いていないと思った」「体力・精神的に大変」などの内容が挙げられた。

（2）業務をすすめる上での悩みは「専門的な技術などのスキルアップ」が最も多い。

（3）福祉の仕事を続けるには、「日々の仕事が楽しい」「意見が言い合える雰囲気」が上位となっている。

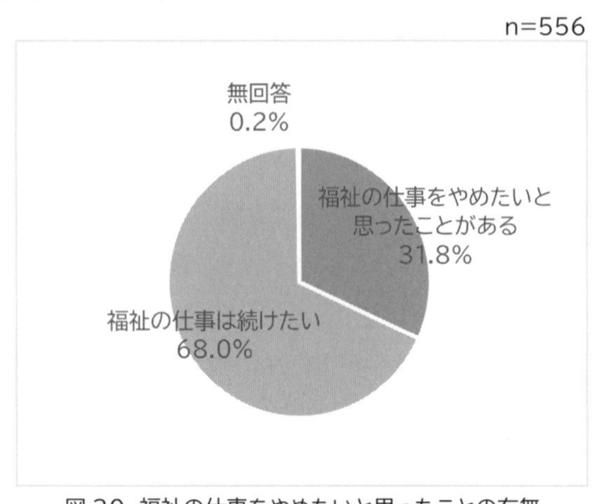

図30 福祉の仕事をやめたいと思ったことの有無
〔初任者職員向け調査、単数回答〕

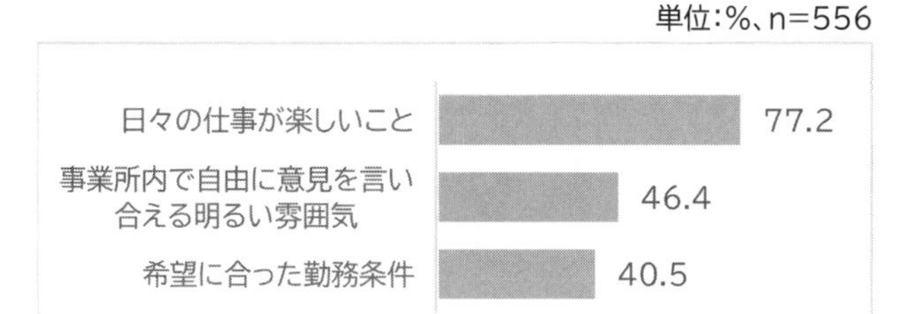

図 31 福祉の仕事を続けるために必要な環境や条件〔初任者職員向け調査、複数回答〕

表5 やめたいと思った理由〔初任者職員向け調査、自由回答〕

- 身体・精神的に大変なため
- 失敗が続いた時や厳しく指摘された時等に自分に向いていないと思うから
- 責任や業務内容に対して給料が安いから
- 職場に尊敬できる先輩がいない、ハラスメント等、人間関係が悪いから
- ケアの方針が合わないから
- 他業種、他種別に興味があるから　など

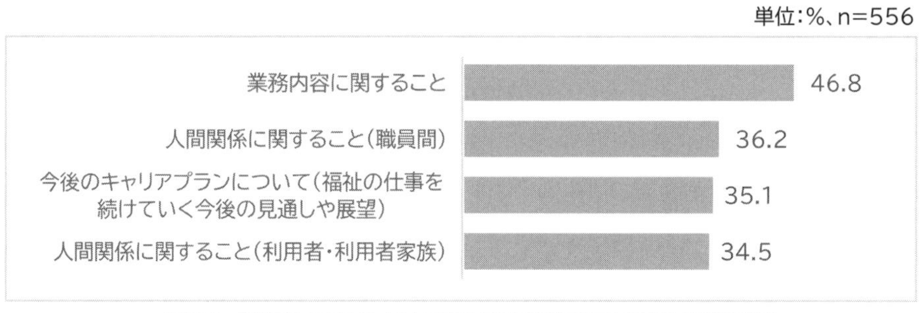

図 32 業務をすすめる上での悩み〔初任者職員向け調査、複数回答〕

13　<職員定着の要素>　P54、55、79参照

「休暇の取得」を促進している施設が約7割。長く勤めている決め手の一つにつながる。

（1）職員が安心して働き続けられるために、「休暇の取得促進・新設」をしている施設が約7割。「処遇改善」「多様な働き方」も半数以上。

（2）指導的職員が長く勤めている決め手は「やりがいがある」や「人間関係が良い」のほか、「休暇取得がしやすい」などが上位。

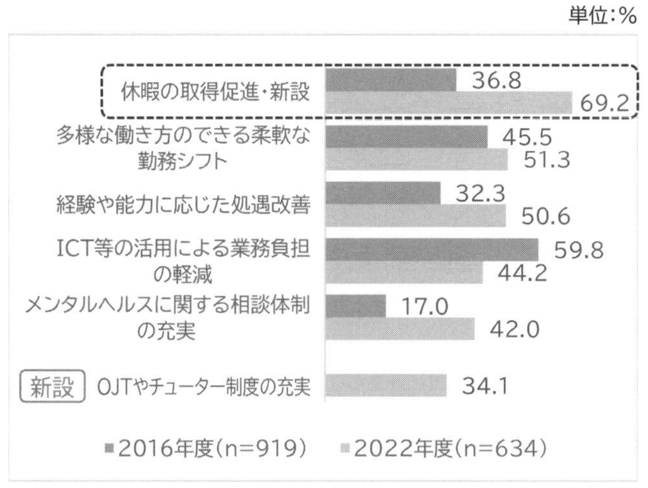

図 33 職員が安心して働き続けることができるために行っている職場整備〔施設長向け調査、複数回答〕

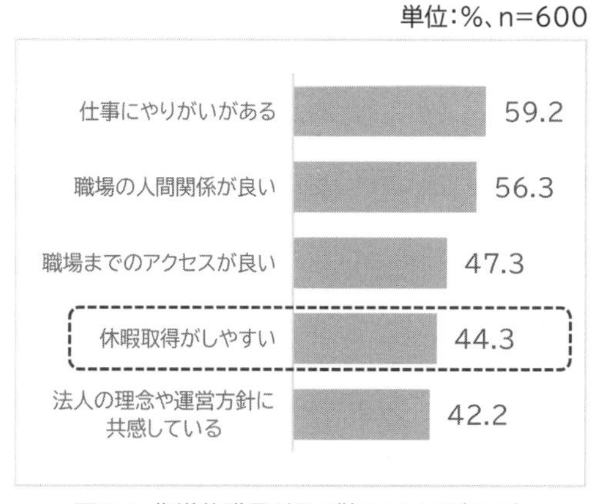

図 34 指導的職員が長く勤めている決め手〔指導的職員向け調査、複数回答〕

新型コロナの福祉人材の確保・育成・定着に係る影響

14

＜新型コロナの影響＞

実習や施設見学などの人材確保や、研修などの育成機会が減少。人材確保、定着に向けては、感染対策を行いつつ、ボランティアや地域と交流する機会をつくっていくことが求められる。

【新型コロナの福祉人材の確保・育成・定着への影響】 P65、136～138参照

（1）確保：入職前の施設見学や実習が行えなかったことで、確保につながりにくくなった一方、他業種からの転職者が増えたという声もあった。

（2）育成：研修への参加減少による育成機会の減少。

（3）定着：職員間のコミュニケーションの減少、プライベートでの外出や行事が行えないことから、職員や利用者のストレスが増加。

表6　福祉人材の確保・育成・定着への新型コロナの影響
〔施設長向け調査、自由回答〕

・入職前の施設見学、実習の制限、中止による人材確保への影響 ・他業種からの転職が増えた ・留学生が来日できなくなってしまった（主に特養） ・メンタルへの影響によると思われる退職の増加 ・感染対策業務の増加等により、研修へ参加する機会が減少。質の向上へ影響 ・外とのつながりや地域との交流により、内側へ意識が向いている ・プライベートで発散ができない　　　　など

表7　福祉人材の確保・育成・定着への新型コロナの影響
〔初任者職員向け調査、自由回答〕

・就職前に職場見学ができない施設が多く、施設や職員の様子を知るのに限界があった ・コロナ禍の就職だったため、コロナ前の業務を知る機会がない ・コミュニケーションが取りづらい （職員間、対利用者、マスクで表情が読み取れない） ・行事や外出、イベントが中止・縮小 ・消毒作業の増加による業務負担の増　　　　など

【新型コロナをふまえた福祉人材の確保、定着に向けて】 P38、42、103、150参照

〔確保の視点〕

・福祉施設の職場体験の受入れ機会が減っているが、実習生の約５割は中学生時代に職場体験を行っている

・初任者職員の約３割が福祉職場の職場体験で興味を持っている

単位：%、n=127

	ある	ない
	49.6	50.4

図 35　福祉職場での職場体験の経験の有無〔実習生向け調査、単数回答〕

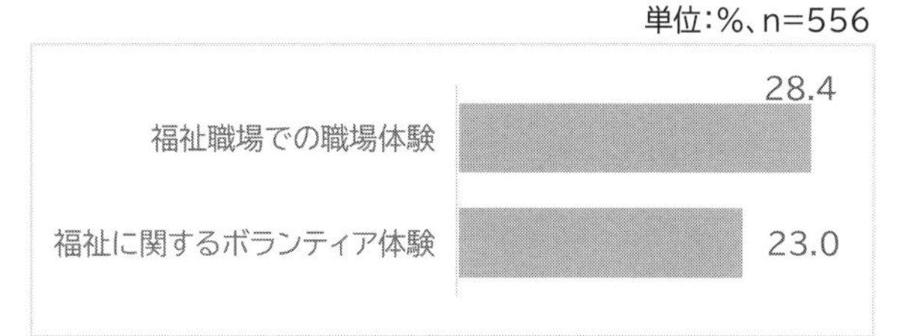

図 36　福祉職場に関心を持ったきっかけ〔初任者職員向け調査、複数回答〕

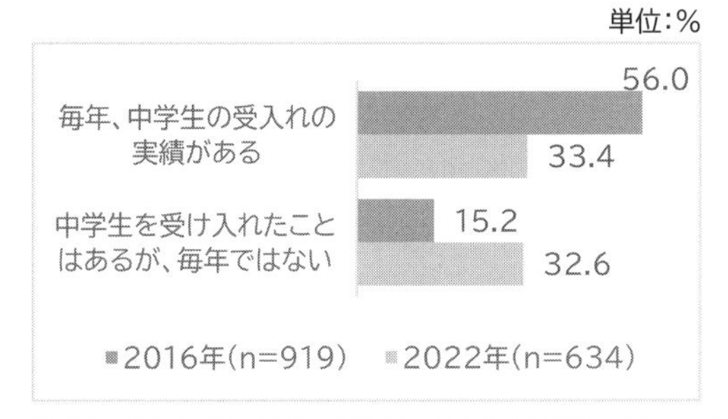

図 37　中学生の職場体験受入れ状況〔施設長向け調査、単数回答〕

人材確保に向けて、感染対策を行いつつ実習や職場体験などの機会を増やしていくとともに、それに変わる手段も検討していく必要がある。

〔定着の視点〕

・初任者職員の２割が、地域社会に働きかけることを将来的に担いたいと思っている（ポイント8参照）
・「担当する業務以外のことや地域に目を向ける力」の確保が難しくなっていると感じる施設長が約５割

・新型コロナの感染対策により、地域や外部との交流機会が減少している

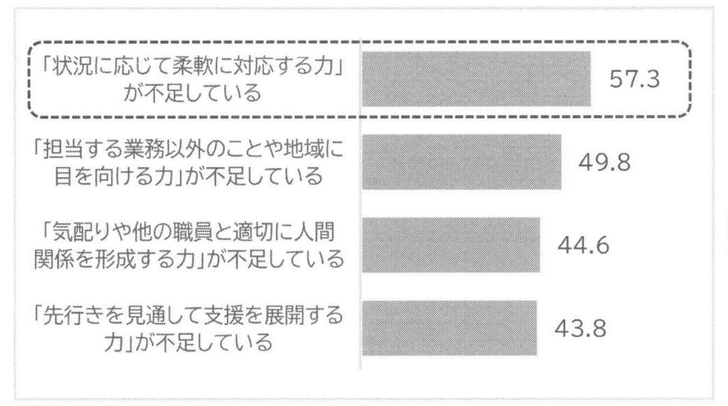

図 38　確保が難しくなっている資質〔施設長向け調査、複数回答〕

人材定着に向けて、感染対策を行いながら、現在働いている職員が地域公益活動をはじめとする地域の活動、外部やボランティアと接する機会も創出していくべき。

第2章

資料編
（調査結果）

1

A票（施設長向け）調査結果

Ⅰ　施設・事業所の現況

問1（1）種別

回答した施設・事業所の種別は、「保育園・こども園」が 35.2%、次いで「障害福祉施設（成人・知的）」が 19.4%、「特別養護老人ホーム」が 15.1%であった。（表1）

表1　種別（単数回答）

		n	%
1	特別養護老人ホーム	96	15.1
2	養護老人ホーム	9	1.4
3	軽費老人ホーム	9	1.4
4	老人保健施設	2	0.3
5	地域包括支援センター	7	1.1
6	高齢分野居宅サービス系事業所、施設	18	2.8
7	保育所・こども園	223	35.2
8	児童養護施設	36	5.7
9	自立援助ホーム	11	1.7
10	乳児院	10	1.6
11	母子生活支援施設	23	3.6
12	更生施設（宿提・宿泊所等）	13	2.1
13	救護施設	7	1.1
14	婦人保護施設	1	0.2
15	病院・診療所	2	0.3
16	障害福祉施設・事業所（児童・身体）	2	0.3
17	障害福祉施設・事業所（児童・知的）	10	1.6
18	障害福祉施設・事業所（児童・精神）	0	0.0
19	障害福祉施設・事業所（成人・身体）	18	2.8
20	障害福祉施設・事業所（成人・知的）	123	19.4
21	障害福祉施設・事業所（成人・精神）	3	0.5
22	その他	11	1.7
	全体	634	100.0

問1（2）事業形態

事業形態は、「通所のみ」が 47.6%、次いで「入所のみ」が 27.4%であった。（図1）

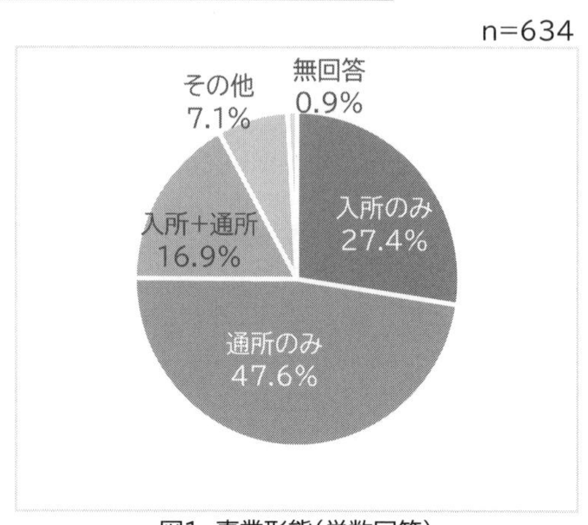

図1　事業形態（単数回答）

問1（3）経営主体

経営主体は、「社会福祉法人」が95.1％であった。（表2）

表2　経営主体（単数回答）

	経営主体	n	%
1	社会福祉法人	603	95.1
2	株式会社・有限会社	10	1.6
3	NPO法人	6	0.9
4	学校法人	4	0.6
5	宗教法人	2	0.3
6	個人立	2	0.3
7	公益財団法人	1	0.2
8	その他	6	0.9
	全体	634	100.0

問1（4）運営形態

運営形態は、「民設民営」が76.7％、「公設民営」22.4％であった。（図2）

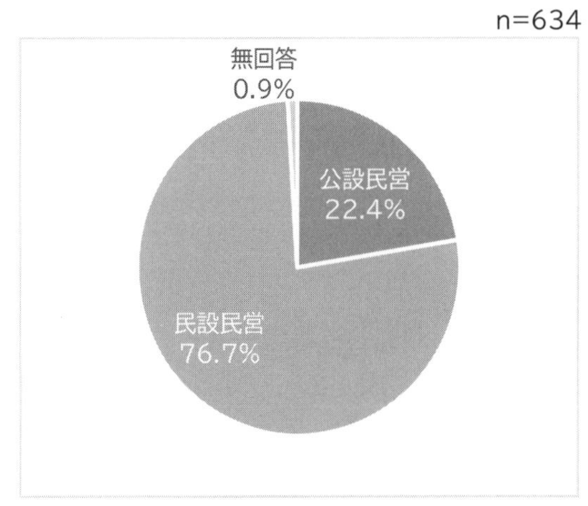

図2　運営形態（単数回答）

問1（5）法人規模

法人規模は、「法人で経営している施設・事業所は複数（多業種）」が45.7％、「法人で経営している施設・事業所は複数（同業種）」が41.3％であった。（図3）

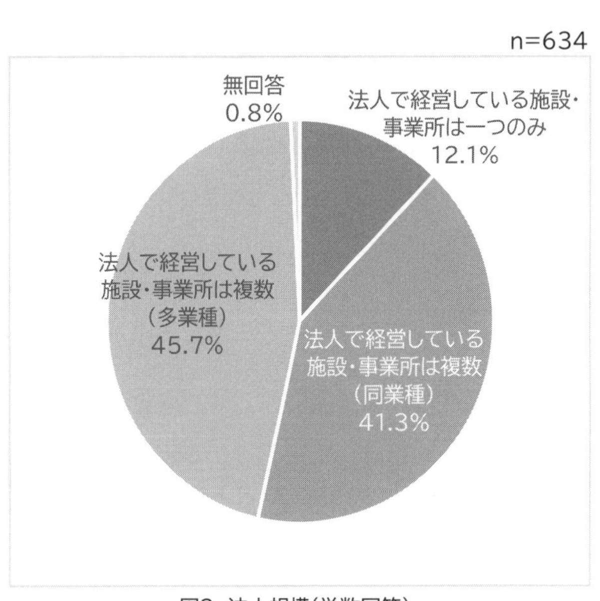

図3　法人規模（単数回答）

Ⅱ　職員構成の現況

問２-１　職員総数

職員総数（正規職員、常勤の非正規職員、非常勤の非正規職員）は、「21 ～ 50 人」の施設・事業所が 48.1％であった。（図４）

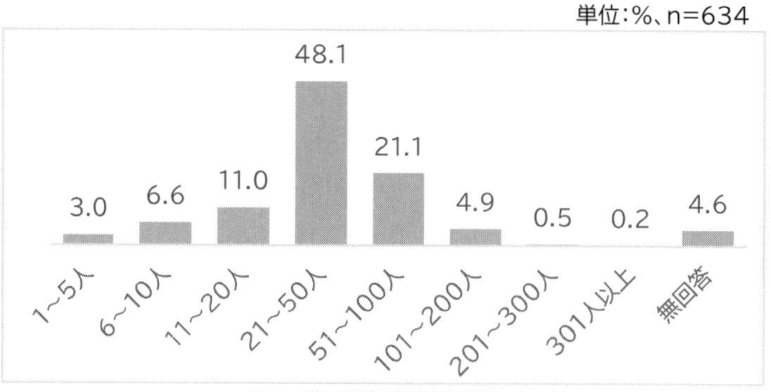

図4　職員総数(記述回答)

問２-２　正規職員・非正規職員の割合

問２-1 で尋ねた職員総数をもとに出した正規職員と非正規職員の割合は､「正規職員」63.9％､「非正規職員（常勤）」7.3％､「非正規職員（非常勤）」28.8％であった。（図５）

2016 年度は、「正規職員」が 62.1％、「非正規職員（常勤）」が 8.8％、「非正規職員（非常勤）」が 29.1％であり、大きな割合の変化はなかった。

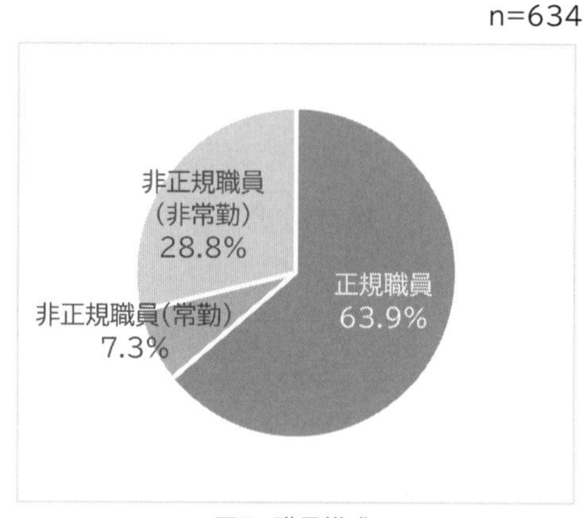

図5　職員構成

問３（１）派遣会社等の利用

派遣会社等の利用については、「利用していない」が 63.9％であった。「派遣会社からの派遣職員を配置している」施設・事業所は 15.5％で、「人材あっせん会社から有料で紹介してもらった職員を採用している」施設・事業所は 14.8％であった。（図６）

主な種別ごとにみると、「特別養護老人ホーム」では、派遣会社を利用していない施設・事業所が 32.3％なのに対し、「保育所・こども園」は 60.1％、児童養護施設は 83.3％となっており、種別によって利用状況に差があることが分かる。（表３）

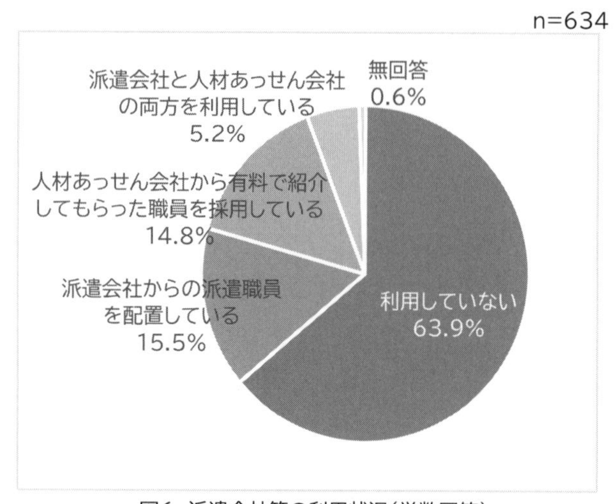

図6　派遣会社等の利用状況(単数回答)

表3　主な種別ごとの派遣会社等の利用状況(単数回答)

単位:%

	特別養護老人ホーム	保育所・こども園	児童養護施設	母子生活支援施設	乳児院	救護施設	障害者施設
利用していない	**32.3**	**60.1**	**83.3**	**100.0**	**90.0**	**42.9**	**73.1**
派遣会社を利用	30.2	14.8	8.3	0.0	0.0	28.6	12.8
人材あっせん会社を利用	21.9	19.3	8.3	0.0	10.0	28.6	9.6
派遣会社と人材あっせん会社両方を利用	11.1	4.5	0.0	0.0	0.0	0.0	3.8

問3（2）派遣職員・紹介斡旋

問3（1）で「利用していない」以外を選択した施設・事業所に、どのような職種に何名配置しているかを尋ねたところ、派遣職員・紹介斡旋ともに、「介護・支援員・保育等」の平均人数が最も多かった（表4）。2016 年度の結果は以下の通りであった。（表5）

表4　2022 年度の派遣職員等を配置している職種について、配置実績のある施設における平均人数（記述回答）

	介護・支援員・保育等	看護職員	相談職員	事務職員	その他
派遣職員	2.26 人	0.42 人	0.01 人	0.17 人	0.27 人
紹介斡旋	3.82 人	0.98 人	0.11 人	0.06 人	0.41 人

表5　2016 年度の派遣職員等を配置している職種について、配置実績のある施設における平均人数（記述回答）

	介護・支援員・保育等	看護職員	相談職員	事務職員
派遣職員	2.27 人	1.12 人	0.00 人	0.90 人
紹介斡旋	1.87 人	1.07 人	0.09 人	0.04 人

Ⅲ　人材確保の現況

問4（1）独自の人員配置基準

2022 年 10 月 1 日時点の人員配置基準について尋ねたところ、国基準（東京都の上乗せがある場合は都基準）よりも多く、独自の人員配置基準を定めている施設・事業所は 41.6%であった（図 7）。2016 年度は 45.0%だった。

独自の人員配置基準の内容は、「幼児クラスを複数担任にする（保育所・こども園）」、「介護職員・看護師を基準よりも３～４名多く配置する（特別養護老人ホーム）」など、これらの分野以外でも加配していることが分かった。

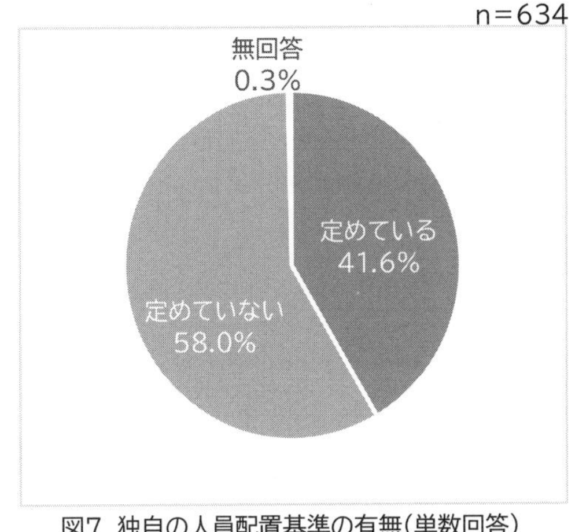

図7　独自の人員配置基準の有無（単数回答）

基準を定めている理由は以下の表６の通りで、保育分野では、「より安心・安全な保育を行うため」という回答が非常に多く、国・都基準の人員配置では、十分な保育を行うことができない現状が表れている。障害分野では「利用者の重度化や高齢化に対応するため」や、高齢分野では「業務やシフト体制に支障をきたすため」などの回答が多くみられ、このほかの分野でも、国・都基準の人員配置では、丁寧なサービスの提供や働きやすい職場環境の整備が難しい現状であるといえる。（表６）

表6［回答例］独自の人員配置基準を定めている理由（自由回答）　n=235

●利用者への支援の質の向上のため ●働きやすい勤務体制を維持するため ●職員の負担減少のため
国基準では良質的なサービスを担保できないため（特別養護老人ホーム）
在籍期間が長期化し、ADL 面の問題や認知症など介護を要する方も増えてきているため（養護老人ホーム）
保育の質の向上（保育所・こども園）
個別配慮が必要な子が多いため（保育所・こども園）
障害特性を踏まえ、利用者支援に必要な人員であるため（障害福祉施設　成人・知的）

高齢化や障害の重い方が増加しているので安全配慮のため（障害福祉施設　成人・知的）
個々の業務量や役割、休暇や休業制度の取りやすさを考慮すると必要な人数である（特別養護老人ホーム）
子育て中の職員が長く働き続けられる様にしている（保育所・こども園）
有給がとりやすい勤務体制にするため（保育所・こども園）
職員の休日など、シフトの確保が難しいため（自立援助ホーム）
働き方改革に対応するためには、国・都の配置基準では無理があるため（救護施設）
職員の負担を軽減し、より手厚いサービスを提供できる体制を作るため（特別養護老人ホーム）
国基準では子どもの支援を適切に行うことは難しく、現場の職員への負担も大きいため（保育所・こども園）
職員の業務負担を軽減するため（児童養護施設）

問４（２）独自の人員配置基準による配置人数より職員が不足している状況の有無

独自の人員配置基準を満たすための職員が不足している施設・事業所は28.5％だった（図８）。2016年度と比較すると、「特別養護老人ホーム」と「乳児院」では「不足している」と回答した割合が減少しているのに対し、「保育所」や「児童養護施設」、「救護施設」では割合が増加している。（表７）

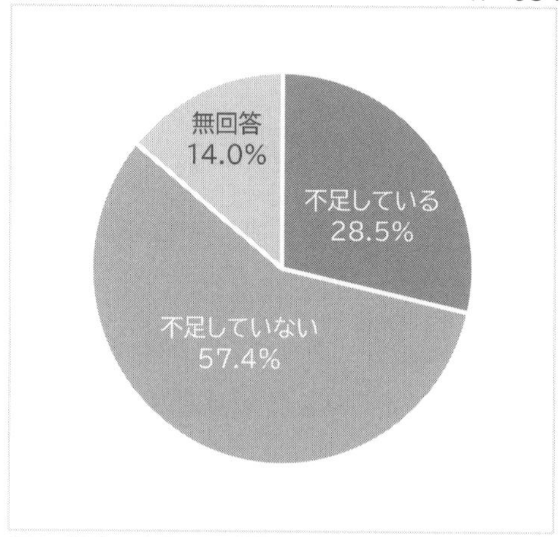

図8　独自の人員配置基準に対する職員の不足の有無（単数回答）

表７　主な種別ごとの独自の人員配置基準に対する職員の不足している状況　単位：%

	特別養護老人ホーム	保育所・こども園	児童養護施設	母子生活支援施設	乳児院	救護施設	障害者施設（児童）	障害者施設（成人）
2016年度	50.6	12.9	27.8	22.2	62.5	28.6	31.3	25.9
2022年度	**41.7**	**19.7**	**58.3**	26.1	**40.0**	**42.9**	33.3	29.2

問４（３）職員が不足している場合の対応

独自の人員配置基準に対して職員が「不足している」と回答した施設・事業所に、どのように対応しているか尋ねると、84.0％が「不足した人員の中で必要な取組みを実施している」と回答。「その他」では、「リーダー層が応援に入る（障害福祉施設　成人・身体）」や「派遣で対応している（特別養護老人ホーム）」といった内容が挙げられた。（図９）

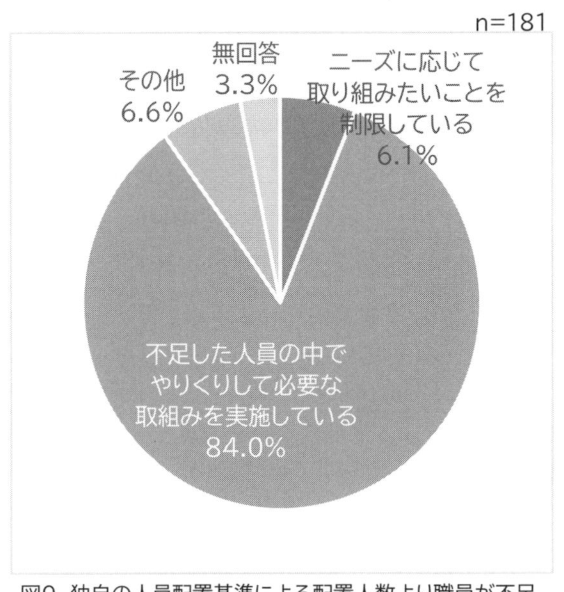

図9 独自の人員配置基準による配置人数より職員が不足している場合の対応について（単数回答）

問５（１）法人や施設・事業所の採用担当者の配置状況

2022年度は、新しく「採用担当者の配置状況」について問いを設けた。「法人に配置されている」施設・事業所は37.2％、「施設・事業所の単位で配置されている」施設・事業所は31.2％であった。（図10）

これについて、高齢（特別養護老人ホーム）・保育・障害の分野別でみると、以下のグラフの結果となった。（図11）

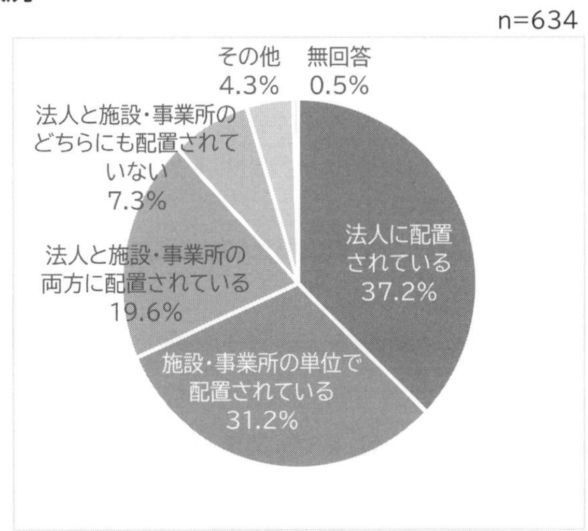

図10 採用担当者の配置状況（単数回答）

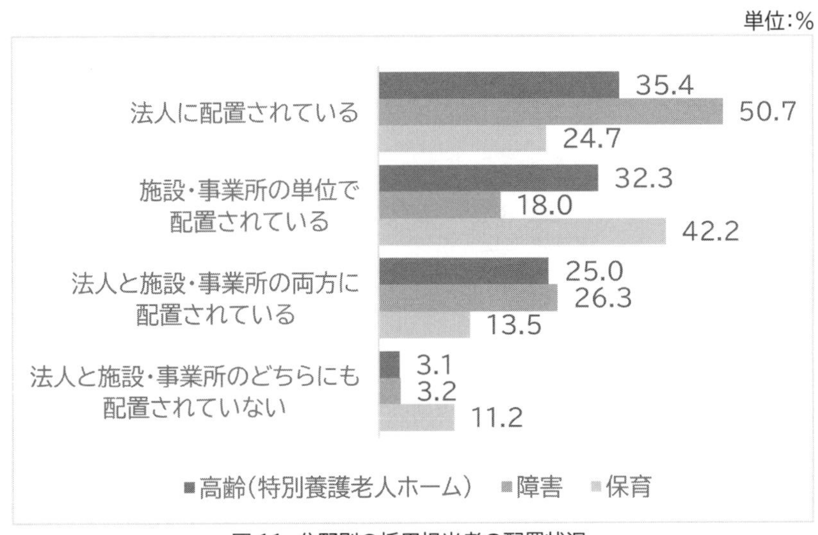

図11 分野別の採用担当者の配置状況

問５（２）正規職員の募集・採用の方法

正規職員の募集・採用方法については、「法人で一括して募集・採用している」のは50.0%、「施設・事業所の単位で募集・採用している」のは42.9%であった。2016年度は、それぞれ49.3%と38.1%で、割合に大きな違いはみられなかった（図12)。これについて、高齢（特別養護老人ホーム）・保育・障害の主な分野ごとにみると、以下のグラフの結果となった。(図13)

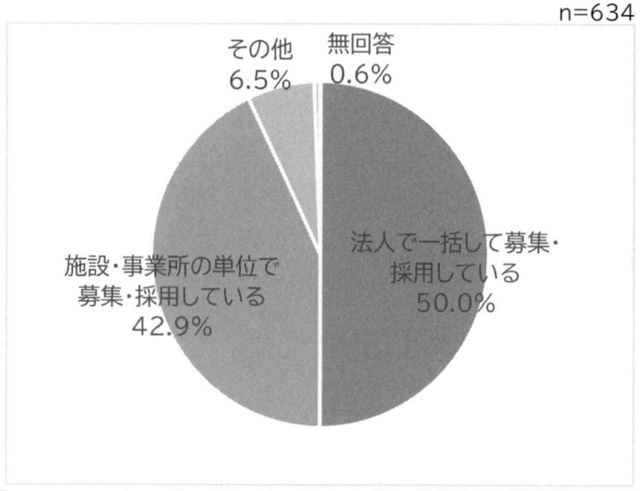

図12　正規職員の募集・採用の方法(単数回答)

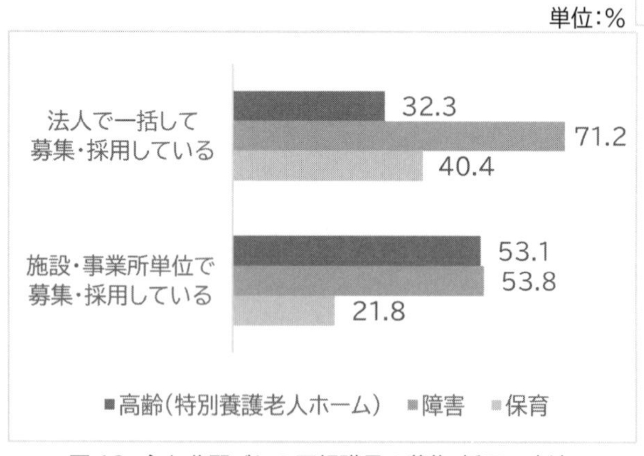

図13　主な分野ごとの正規職員の募集・採用の方法

問５（３）－１ 新卒者の募集に対して効果のあった手段

新卒者の募集に対して効果のあった手段は、「法人・事業所のホームページ」が51.3%、次いで「その他」が32.5%、「民間の求人サイト」が29.5%であった。「その他」の内容は、「実習生の受入れを通じて」や「大学や養成校とのつながりから」といった回答が多くみられた。(図14)

2016年度は「法人・事業所のホームページ」の割合が33.9%だった。今回の調査では、選択肢をC票（初任者職員調査）問６（５）に合わせ、回答方法を変更したため、2016年度と単純に比較することはできないが、近年は、よりホームページの重要性が高まっていることがうかがえる。

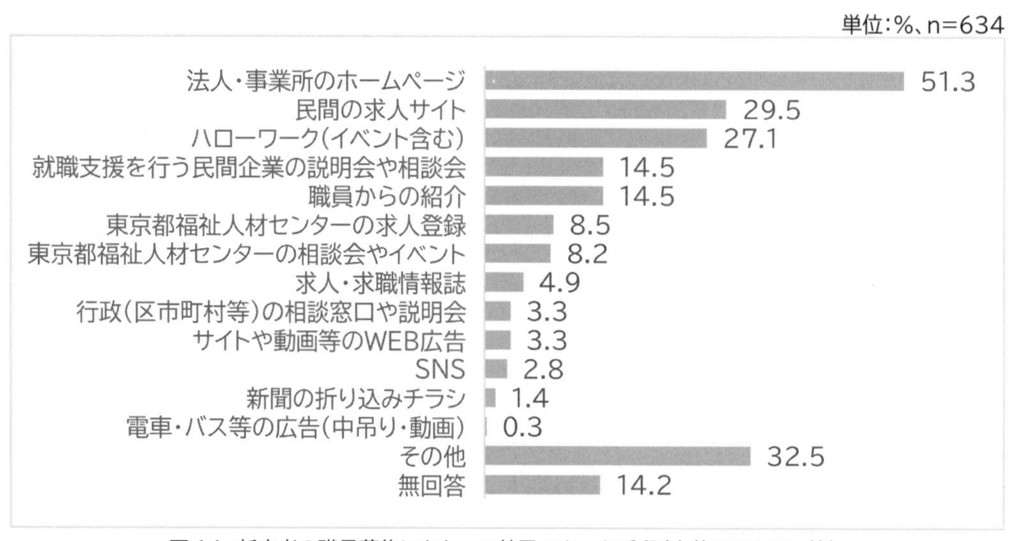

図14　新卒者の職員募集にあたって効果のあった手段(上位3つまで回答)

問5（3）- 2 既卒者の募集に対して効果のあった手段

既卒者の募集に対して効果のあった手段は「ハローワーク（イベント含む）」が60.4%、次いで「法人・事業所のホームページ」が51.3%、「民間求人サイト」が46.4%であった。「その他」の内容としては、「人材紹介会社」や「ポスターの掲示」、「ポスティング」などが挙げられた。新卒者の募集と比較すると、「職員からの紹介」が33.1%と高いのが特徴である。（図15）

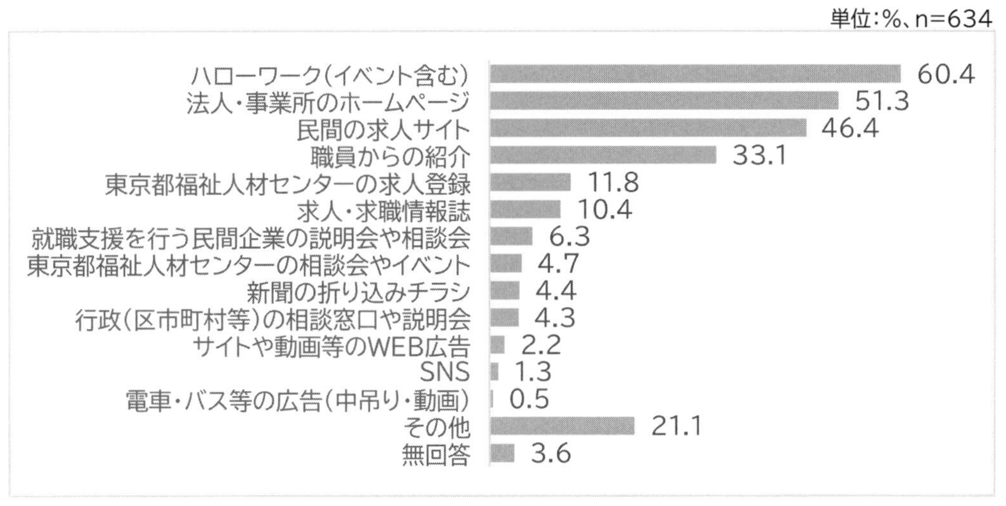

図15　既卒者の職員募集にあたって効果のあった手段（上位3つまで回答）

問5（4）職員募集にあたって、効果のあった手段の具体的な活用例

職員募集にあたって、効果のあった手段の具体的な活用例の主な回答は以下の通りであった。ホームページや動画を活用し、施設・事業所の様子や職員の声を届けられるよう工夫している姿がみられた。その一方で「実際に現場を見てもらうため、なるべく見学を行うようにし、採用につなげた」などの回答もあった。また、実習生の受入れや職員からの紹介などのつながりで採用を行っている施設・事業所も多数見受けられた。（表8）

表8［回答例］職員募集にあたって、効果のあった手段の具体的な活用例（自由回答）

n=223

●ホームページ ●動画やSNS ●説明会
ホームページを新しくし、これまでなかった採用専用ページも新設。少しずつ反響が出てきている（特別養護老人ホーム）
ホームページに動画を掲載し、働く職員の仕事の様子や声を届ける（保育所・こども園）
施設での生活の様子を伝え、仕事の魅力を発信している（児童養護施設）
イラストを用いた見やすいレイアウトにし、応募者の目に留まりやすいように工夫（病院・診療所）
法人で運営している動画サイトの動画の視聴者から動画の感想を含めて問い合わせがあり実際に採用につながった（特養）
法人のLINEアカウントを作成したら、問い合わせが増えた（保育所・こども園）
SNSで法人の紹介や実際の様子を配信し、障害福祉についてイメージがしやすいようにしている（障害福祉施設　成人・知的）
毎月、採用説明会を施設で開催し、複数の職員より仕事の魅力を発信している（児童養護施設）
法人で説明会を実施し、施設見学も積極的に行った（母子生活支援施設）

問5（5）2021 年度と 2022 年4～9月の新規採用（4月採用）および年度途中採用における応募状況

2021 年度と 2022 年4～9月の新規採用（4月採用）および年度途中採用における正規職員の応募状況は、新規採用（4月採用）については、「募集定員を満たす十分な応募が寄せられている」と回答した施設・事業所が 29.8%、年度途中採用については 16.6%であった（図 16）。2016 年度には、2015 年と 2016 年の状況について尋ねたが、それぞれ 32.0%と 16.2%であり、割合に大きな変化はみられなかった。

単位:%、n=634

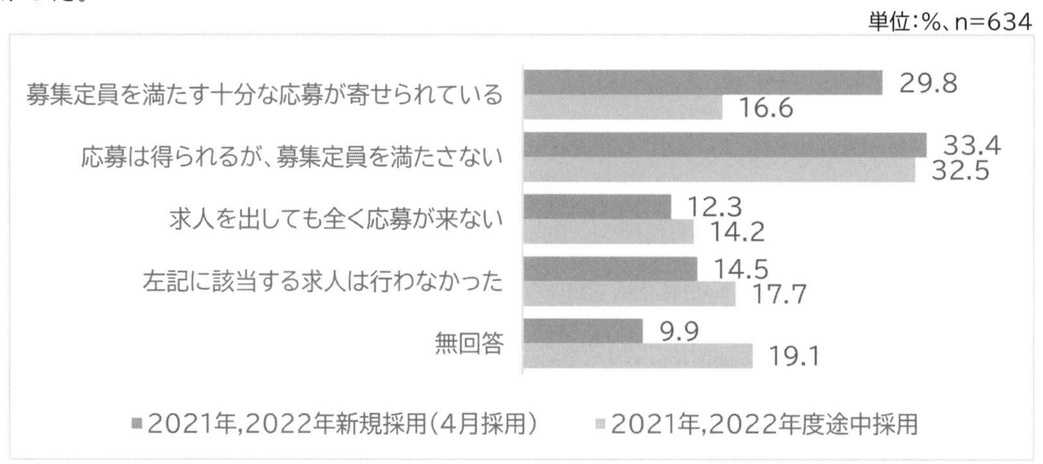

図 16　2021 年,2022 年の新規採用(4 月採用)および年度途中採用における正規職員の応募状況(単数回答)

「応募は得られるが、募集定員を満たさない」「求人を出しても全く応募が来ない」と回答した施設・事業所について、主な種別ごとに状況をみると「児童養護施設」が 33.4%だったのが、2022 年度は 66.7%に増加している。(表 9)

表 9　2021 年, 2022 年の新規採用(4 月採用)における募集状況について、「応募は得られるが、募集定員を満たさない」「求人を出しても全く応募が来ない」と回答した施設・事業所の主な種別ごとの割合

単位:%

	特別養護老人ホーム	保育所・こども園	児童養護施設	乳児院	救護施設	障害者施設(成人)
2016 年度	70.0	33.1	33.4	87.5	57.1	53.8
2022 年度	66.7	34.5	**66.7**	50.0	57.1	54.9

同様に、正規以外の職員の状況をみると、「募集定員を満たす十分な応募が寄せられている」と回答した施設・事業所は、2021 年と 2022 年の新規採用(4 月採用)で 15.3%、年度途中採用で 16.1%であった。(図 17) 2016 年度は、どちらも 20.0%であった。

単位:%、n=634

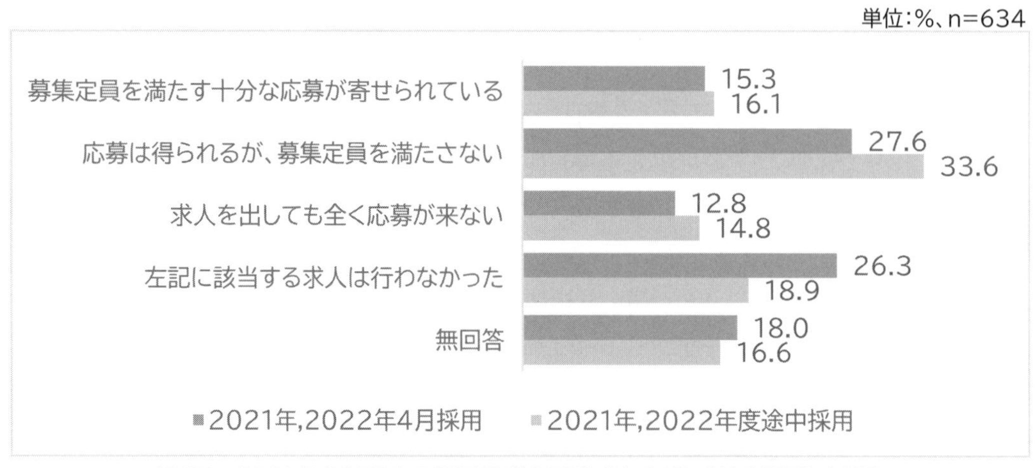

図 17　2021 年,2022 年の新規採用(4 月採用)および年度途中採用における正規以外の職員の応募状況(単数回答)

問5（6）2021年度と2022年4～9月における新規採用（4月採用）および年度途中採用の状況

2021年度と2022年4～9月における新規採用（4月採用）および年度途中採用者の「福祉を学んだ経験の有無」については、各施設・事業所が実際に採用した人数における分布状況を調べた。正規職員では、2021年と2022年の新規採用（4月採用）および年度途中採用のどちらについても、「福祉を学んだことがある」のは約6～8割であるのに対し、正規以外の職員では約3～5割であった（図18）。2016年度には、2015年と2016年の状況を尋ねたが、2022年度と同様の割合の傾向がみられた。

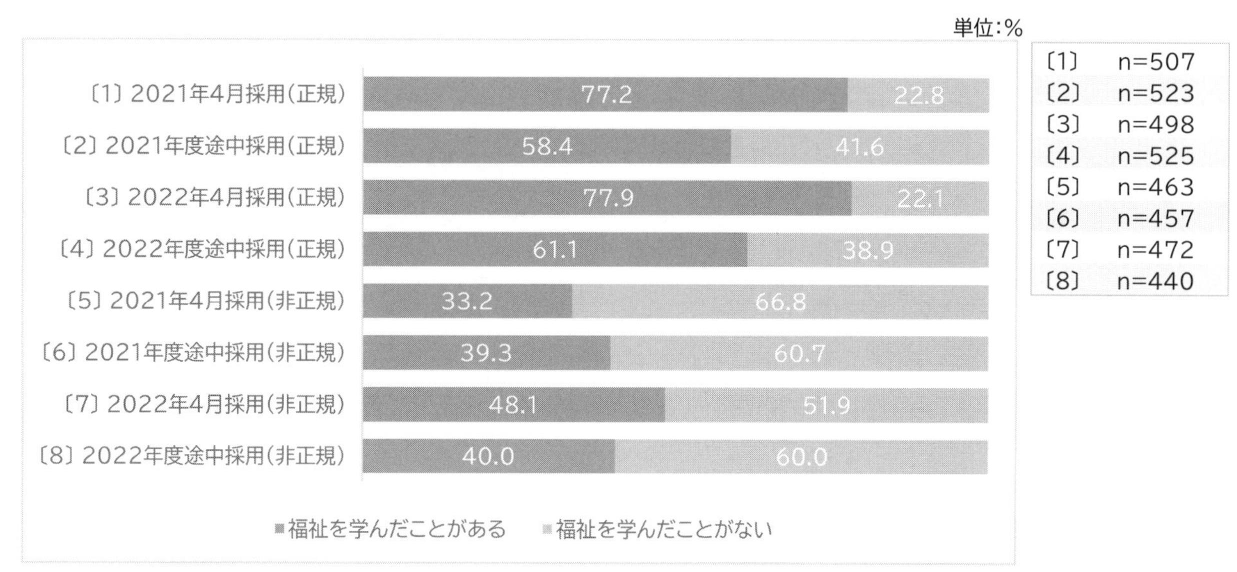

図18　2021年度および2022年4～9月における新規採用(4月採用)および年度途中採用者の福祉を学んだ経験の有無

2021年度と2022年4～9月における新規採用（4月採用）および年度途中採用者について、新卒か既卒か、既卒者の場合に福祉系の前職があるかないかを尋ねたところ、以下の結果となった。(図19)

例えば、「〔5〕2021年4月採用（非正規）」をみると、「既卒者（福祉系の前職なし）」が53.1％と、半数を占めている。2016年度は39.0％であり、14.1ポイントの増加となった。

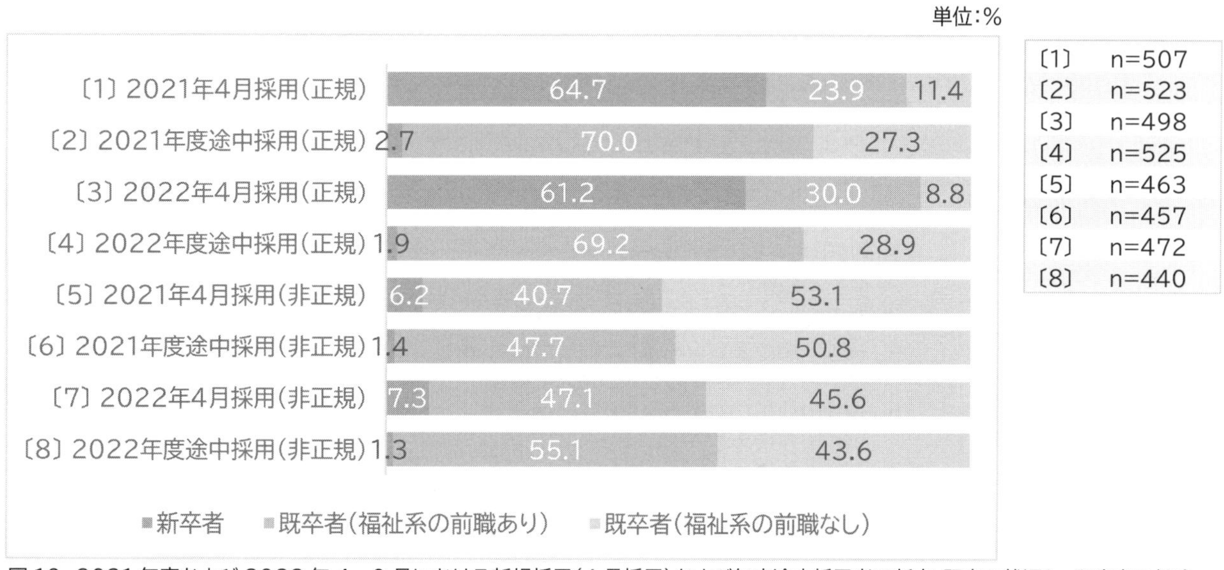

図19　2021年度および2022年4～9月における新規採用(4月採用)および年度途中採用者の新卒・既卒の状況と、既卒者の場合の福祉系の前職の有無

問５（７）福祉未経験者を採用するために配慮していること

採用前に福祉の仕事に従事したことがない、または学校等で学んだことがない「未経験者」を採用するために、施設・事業所で配慮していることは、「応募する前に職場を見学・体験できるようにしている」が 69.7％で、次いで「採用後に資格取得ができるよう支援している」が 53.2％、「採用後に OJT 担当やチューターを決めて、業務に慣れるよう支援している」が 52.1％であった。（図 20）

単位:%、n=634

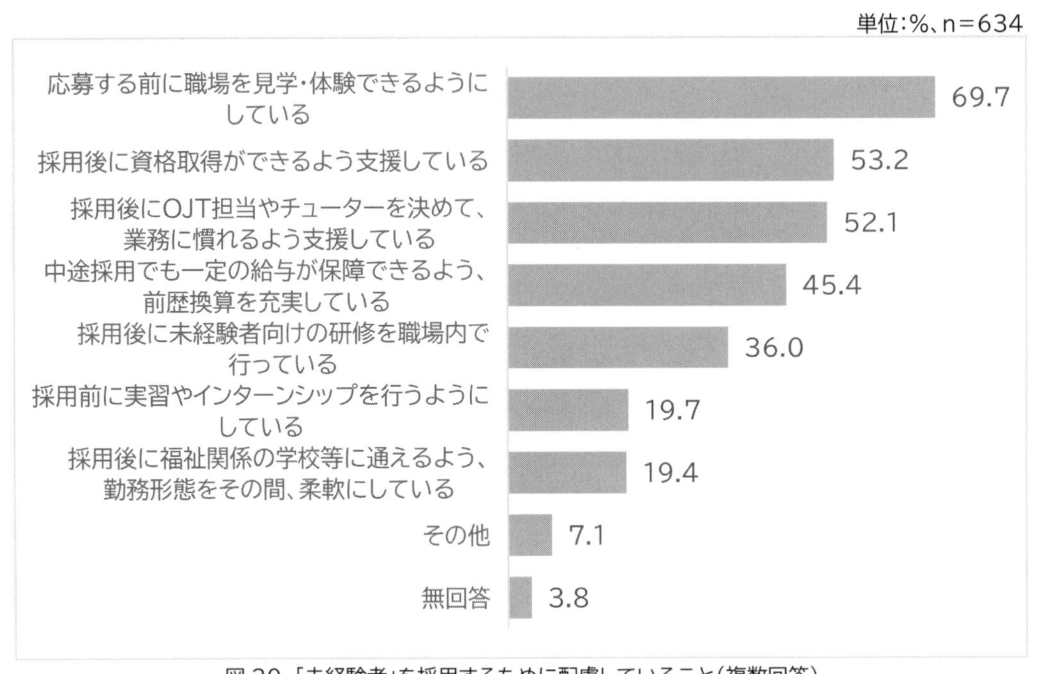

図 20「未経験者」を採用するために配慮していること（複数回答）

問５（８）５年前と比べた近年の新規採用者における変化

新規採用者について、５年ほど前と比べてどのような変化がみられるかを尋ねると、「応募してくる人が減っている」が 64.7％、次いで「中高年層からの応募が増えている」が 45.4％、「他の業界からの転職が増えている」が 27.0％であった。（図 21）

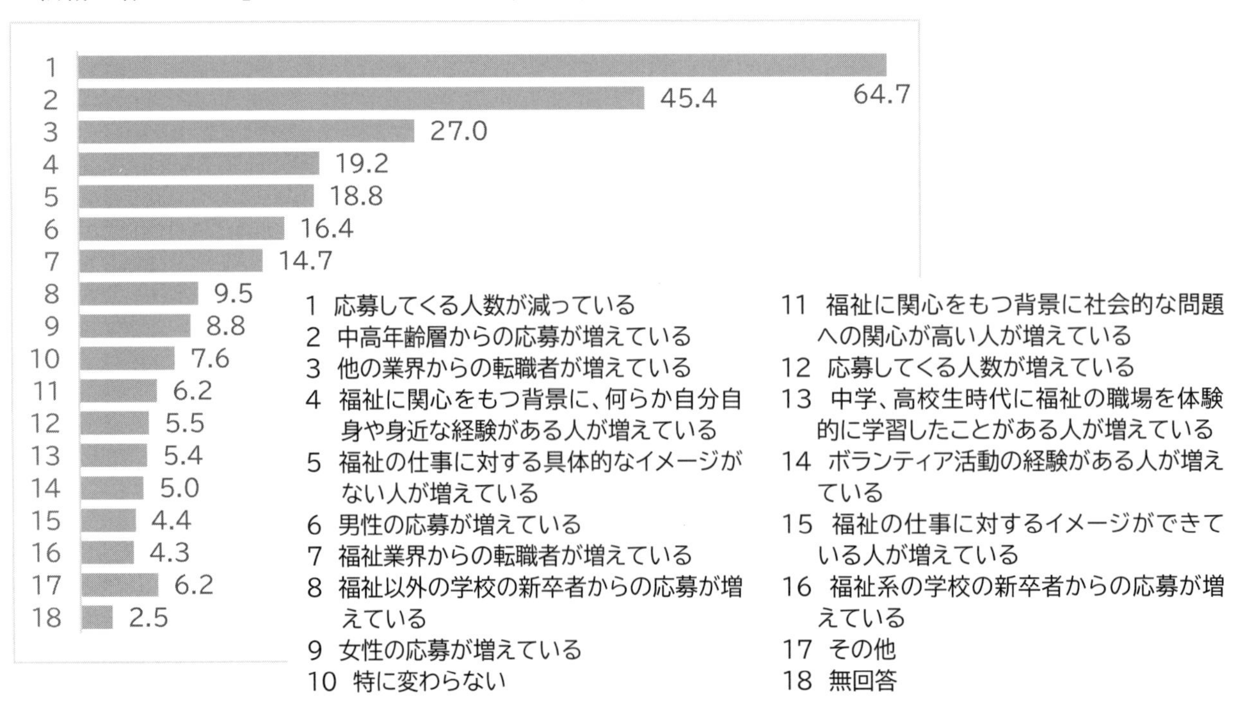

図 21 ５年前と比べた近年の新規採用者における変化（複数回答）

問6 （1）望ましい「量」の人材確保について

人材の確保について、望ましい「量」が十分に確保できているか尋ねると、「十分に必要な / おおむね『量』を確保できている」と回答した施設・事業所は、合わせて 58.4％であった。（図 22）

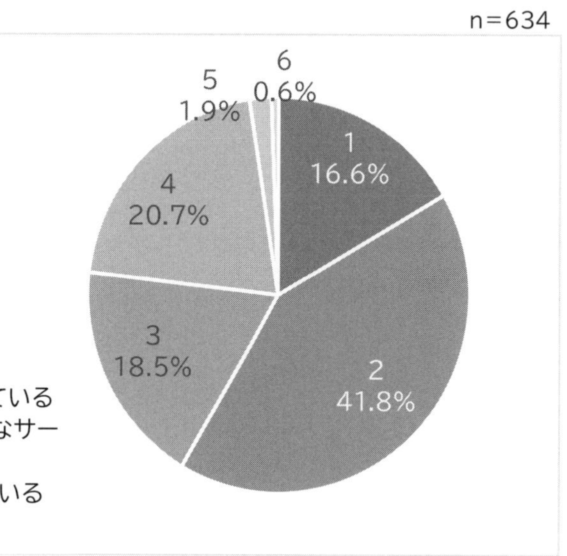

1 十分に必要な「量」を確保できている
2 十分とはいえないが、おおむね「量」を確保できている
3 必要最低限なサービスを展開するための「量」は確保できている
4 望ましい「量」としては確保できていないが、必要最低限なサービスは提供できている
5 「量」を確保できず、必要最低限なサービスに支障が生じている
6 無回答

図 22 望ましい「量」の人材確保について（単数回答）

問6 （2）望ましい「質」の人材確保について

同様に、望ましい「質」の確保の状況は、「十分に必要な / おおむね『質』を確保できている」と回答した施設・事業所は、合わせて 54.3％であった。しかし、「十分に『質』を確保できている」の回答の割合が 6.5％にとどまっており、「質」の確保が難しい現状であるといえる。（図 23）

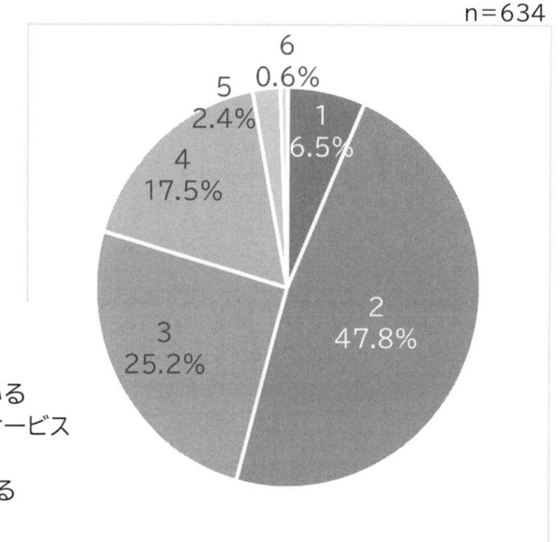

1 十分に必要な「質」を確保できている
2 十分とはいえないが、おおむね「質」を確保できている
3 必要最低限なサービスを展開するための「質」は確保できている
4 望ましい「質」としては確保できていないが、必要最低限なサービスは提供できている
5 「質」を確保できず、必要最低限なサービスに支障が生じている
6 無回答

図 23 望ましい「質」の人材確保について（単数回答）

問7 人材確保難の背景と原因

問6（1）（2）のいずれかで「4」もしくは「5」を選択した施設・事業所に「人材確保が難しい状況の背景と原因」を尋ねたところ、過半数を超える項目はなかったものの、「身体的・精神的に仕事がきつくなっている」が 45.8％、次いで「ローテーションや夜勤のある仕事が敬遠されやすい」が 30.3％、「賃金が低く、処遇を向上させるための給与財源が十分に確保できない」が 25.9％となった。（図 24）

単位:%、n=201

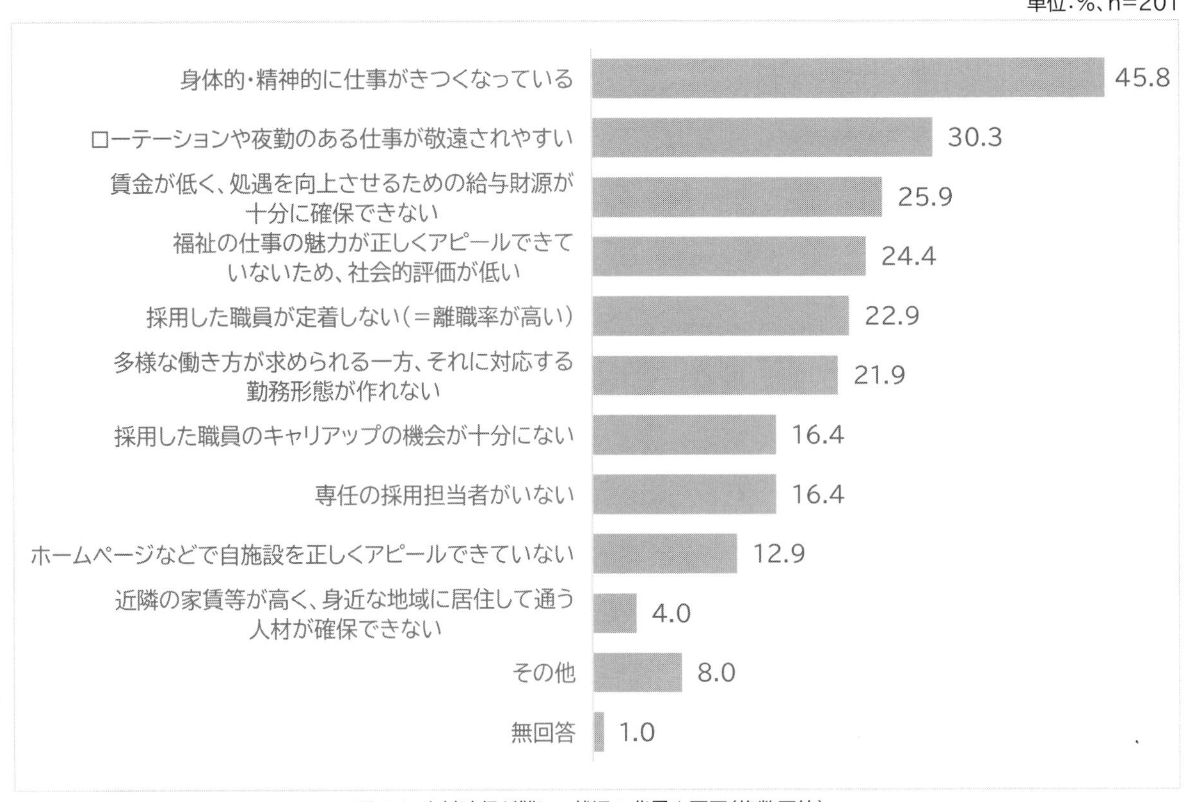

図 24 人材確保が難しい状況の背景や要因(複数回答)

問８　人材確保が難しい状況で、サービスの供給力に支障をきたさないよう工夫している取組み

問６(１)(２)のいずれかで「４」もしくは「５」を選択した施設・事業所に「人材確保が難しい状況で、サービスの供給力に支障をきたさないよう工夫している取組み」を自由回答で尋ねたところ、人材確保が難しい状況の中でも、業務改善に努める姿勢や、職員間のコミュニケーションや職場内の雰囲気、チームワークを大切にしている様子などが見受けられた。一方で、手が回っていないところに管理職やリーダー職、他の職員が入る対応や、短期的な派遣利用などの回答もみられた。(表 10)

表 10 [回答例]人材確保が難しい状況で、サービスの供給力に支障をきたさないよう工夫している取組み(自由回答)　n=64

●職場内で調整 ●働きやすい勤務体制や職場づくり ●業務負担の削減
他職種の連携(医務・リハ・介護)で相互に協力体制をとっている(障害福祉施設　成人・身体)
病休などで欠員の出る職場には、管理部門から人をやりくりして出している(保育所・こども園)
事務所の職員全員で人が足りない時に入っている(保育所・こども園)
日勤常勤や勤務時間の短縮、決まったシフトでしか働けない場合にも対応している(特別養護老人ホーム)
チームワークを大切にしている(更生施設)
職員間のコミュニケーションを密にし、やりがいを感じる施設づくりを心掛ける(障害福祉施設　成人・身体)
それぞれの事情(家庭、健康など)に配慮した勤務体系にしている(障害福祉施設　成人・知的)
休暇の取得などで生活とのバランスが取れるように配慮している(障害福祉施設　成人・知的)

ICTや介護ロボット導入による業務効率化、削減化に取り組んでいる（特別養護老人ホーム）
ICTを取り入れて仕事の負担の軽減をしている（保育所・こども園）

●その他
外国人を登用している。技能実習生、特定技能（特別養護老人ホーム）
新任職員やユニット長などの外部研修強化や、園内での共通項を確認する研修や話し合い（児童養護施設）
学生アルバイトやボランティアの活用（母子生活支援施設）

問9（1）2022年度施設実習生受入れ状況

2022年度における、福祉の仕事をめざす実習生の受入れ状況について、受入れ学校数を尋ねると、26.7%が「なし」と回答、次いで「3～5か所」が21.8%であった。2016年度と比較すると、「なし」や「1か所」、「2か所」と回答した割合が高くなり、「3か所以上」受け入れた施設・事業所の割合が少なくなっている。新型コロナの影響で、受入れを中止もしくは制限せざるを得なかった状況が表れているといえる。（図25）

単位：%

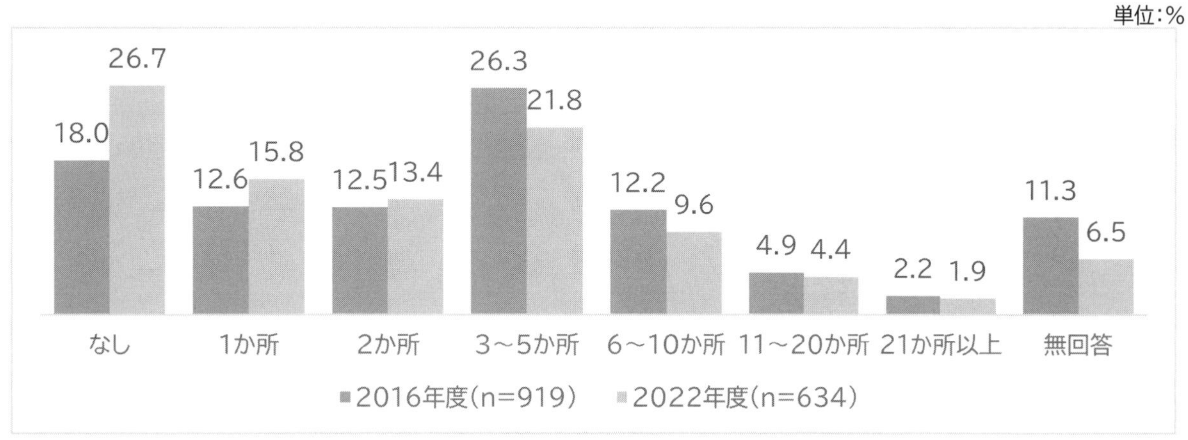

図25　2022年度の施設実習生の受入れ学校数（記述回答）

同様に、受入れ実習生の数についても尋ねたが、「なし」が26.3%、次いで「1～5人」が37.1%となった。2016年度と比べると、「なし」と「1～5人」と回答した施設・事業所の割合が高くなり、「6～10人」「11～20人」と増えるにつれて割合が少なくなる。コロナ禍で、人数を減らして実習生を受け入れていた状況であったことが分かる。（図26）

単位：%

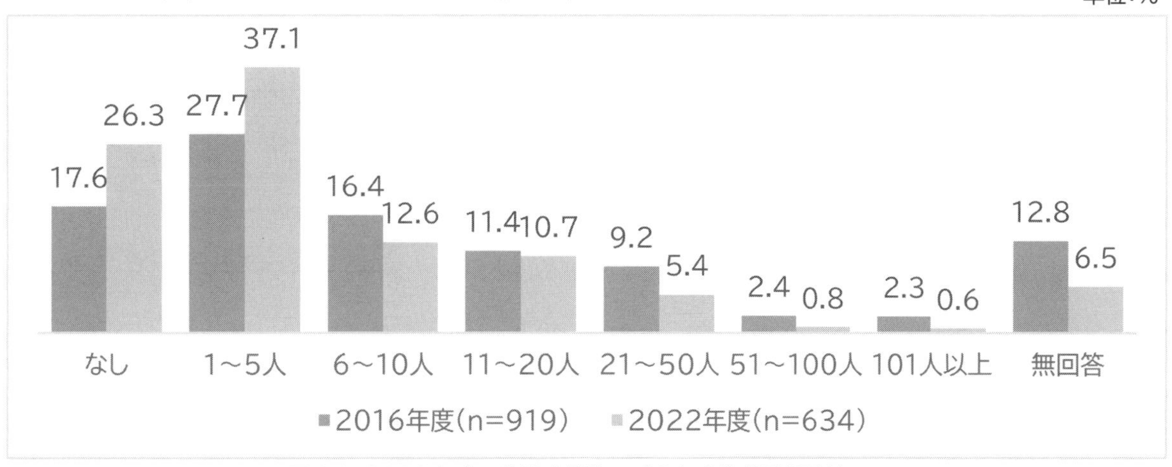

図26　2022年度の施設実習生の受入れ人数（記述回答）

問９（２）実習生受入れマニュアルの整備

実習生受入れのためのマニュアル整備について尋ねたところ、「施設の業務を理解し、必要となる実習教育を展開できるよう、マニュアルを整備している」施設・事業所は、2016年度は47.7％だったが、2022年度は53.8％と、過半数を超えた。（図27）

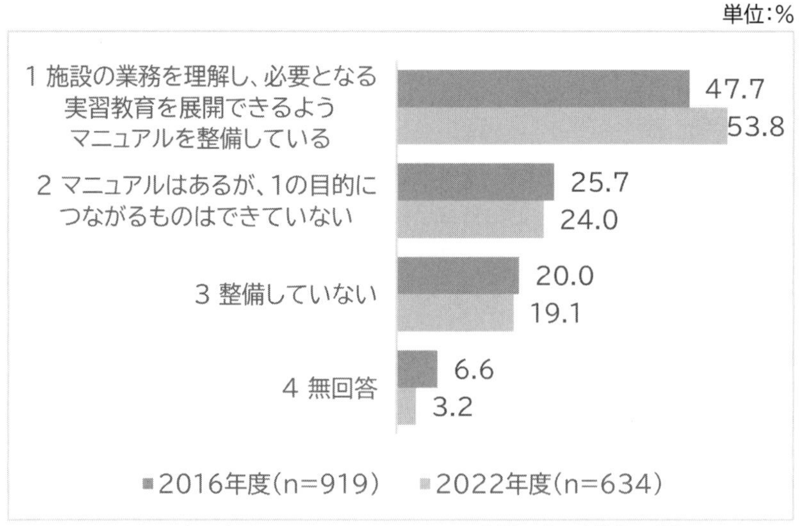

図27　実習生受入れのためのマニュアル整備の状況（単数回答）

問10（１）小中学校からの職場体験の受入れ状況

小中学校からの職場体験の受入れ状況についても尋ねたところ、「毎年、中学生の受入れ実績がある」が33.4％と最も多かったが、2016年度の56.0％と比較すると22.6ポイント減少した。次いで「中学生を受け入れたことはあるが、毎年ではない」が32.6％で、2016年度の15.2％から17.4ポイント増加した。（図28）

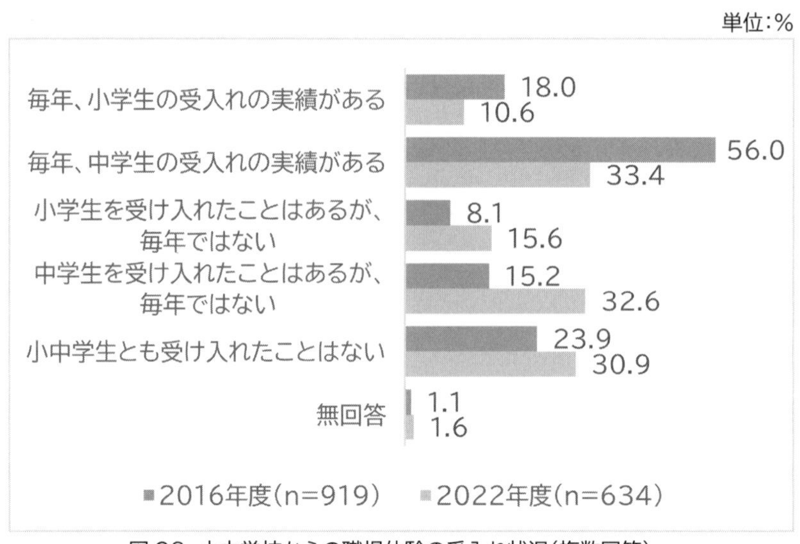

図28　小中学校からの職場体験の受入れ状況（複数回答）

問10（２）職場体験受入れマニュアルの整備

職場体験受入れマニュアルの整備状況は、「次世代の理解をすすめる視点でのマニュアルを整備している」と回答した施設・事業所は19.9％で、2016年度と同様の割合だった。問9（2）で尋ねた実習生受入れのためのマニュアルの整備状況と比べると、33.9ポイント少なくなっている。（図29）

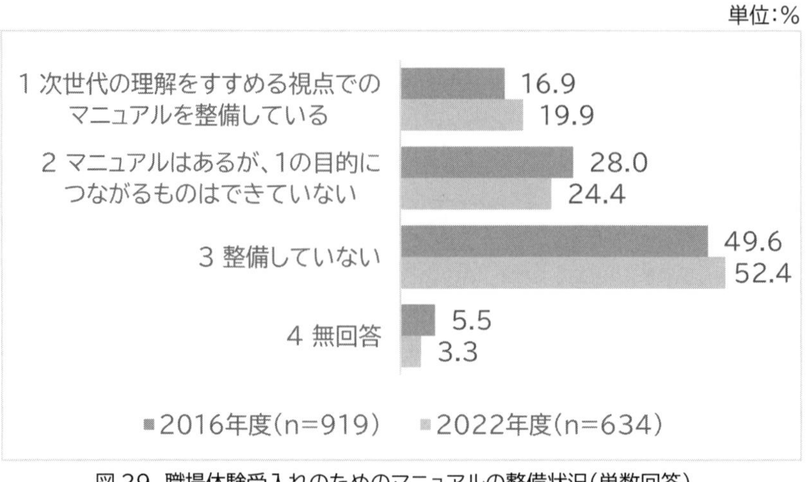

図29　職場体験受入れのためのマニュアルの整備状況（単数回答）

問10（3）東社協が作成している中学生の職場体験等に活用できるハンドブックやマニュアルの活用

東社協が作成している中学生の職場体験等に活用できるハンドブックを「活用している」と回答した施設・事業所は、11.0％であった。

「ハンドブックがあることは知っているが、活用していない」は36.6％、「ハンドブックがあることを知らなかったが、今後活用してみたい」は36.4％で、施設・事業所が活用したいと思えるようなツールの作成や、より一層の周知・広報が求められる。（図30）

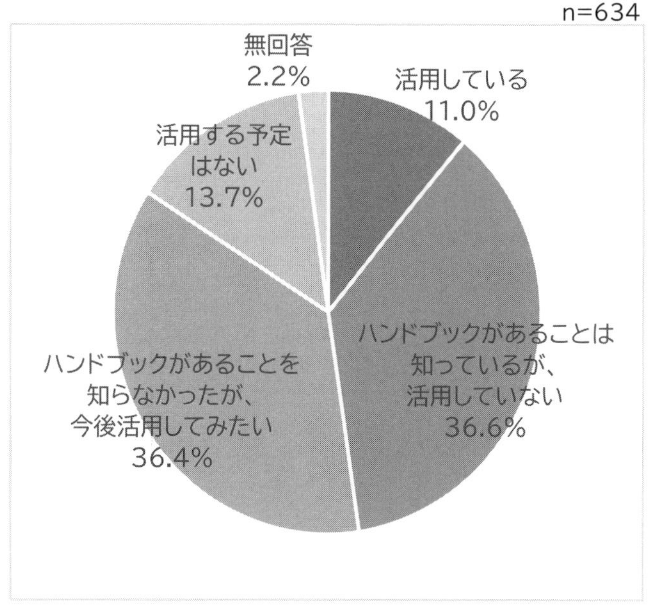

図30　東社協が作成している中学生の職場体験等に活用できるハンドブックやマニュアルの活用について（単数回答）

問11　実習生や職場体験に来た子どもたちに福祉の魅力を感じてもらうための工夫

実習生や職場体験に来た子どもたちに福祉の魅力を感じてもらうための工夫を尋ねると、以下のような回答が得られた。「コロナ禍でもできるだけ利用者と関わる時間を設ける」など、福祉の仕事の魅力を伝える様々な取組みがみられた。（表11）

表11［回答例］実習生や職場体験に来た子どもたちに福祉の魅力を感じてもらうための工夫（自由回答）　n=299

●利用者と交流する時間を設ける ●職員の働く姿を見てもらう ●福祉の仕事のやりがいを伝えるようにしている
利用者とのコミュニケーションを積極的に図れるよう参加型の内容を組み立てる（特別養護老人ホーム）
支援だけではなく、行事や各プログラムなど、利用者と一緒に実際に楽しい経験を共有できるようにしている（母子生活支援施設）
日中活動で利用者とともに作品づくりを行うなど、共同作業を行っている（障害福祉施設　成人・知的）
施設で働いている職員とのコミュニケーションを図ることで仕事への理解、イメージが湧くようにしている（特別養護老人ホーム）
職員が楽しいと思って仕事をしていることを感じてもらう（保育所・こども園）
福祉の仕事は大変であるが、その分、楽しみややりがいがあることを知ってもらう（障害福祉施設　成人・知的）
実習の振り返りや、職場体験での質問などを受ける時間を必ず設け、福祉のやりがいや魅力を伝えるようにしている（保育所・こども園）

Ⅳ 人材育成の現況

問 12　利用者ニーズの変化

利用者ニーズの変化を尋ねると、「利用者ニーズが多様化して、個別のニーズをきちんと把握する必要性が高まっている」と回答した施設・事業所が 73.6％で、次いで、「心理的なケアを必要とする利用者（保護者含む）が増えている」が 70.7％、「施設内で解決できるニーズではなく、関係機関との連携が必要となっている」が 61.5％、「利用者本人のみならず、利用していない家族にも課題がみられるケースが多くなっている」が 53.5％と、過半数を超えており、2016 年度と同様の割合だった。そのほかの項目についても、割合に大きな変化はなかった。（図 31）

単位:%

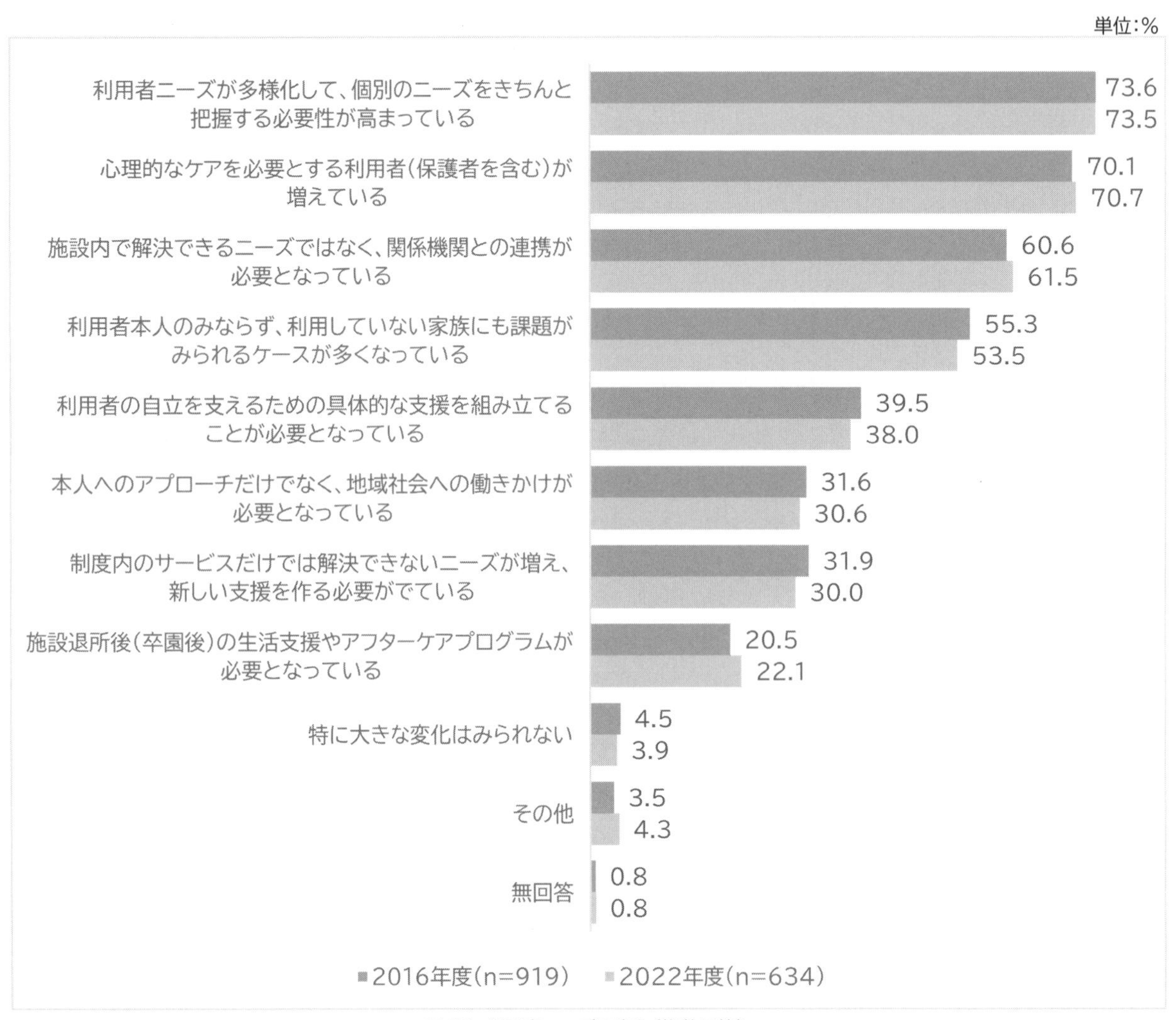

図 31　利用者ニーズの変化(複数回答)

問 13　正規職員の業務内容の変化

正規職員の業務内容の変化について、過半数を超える項目はなかったものの、45.4％の施設・事業所が「正規職員が担当するケースに、対応が困難なケースが増えている」と回答。次いで「施設外の関係機関との調整業務が増えている」が 40.9％、「制度改正が多く、内容の理解や対応に追われている」が 37.7％となっている。2016 年度と割合に差がある項目もあるが、上位にあがった項目に変わりはなかった。（図 32）

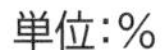

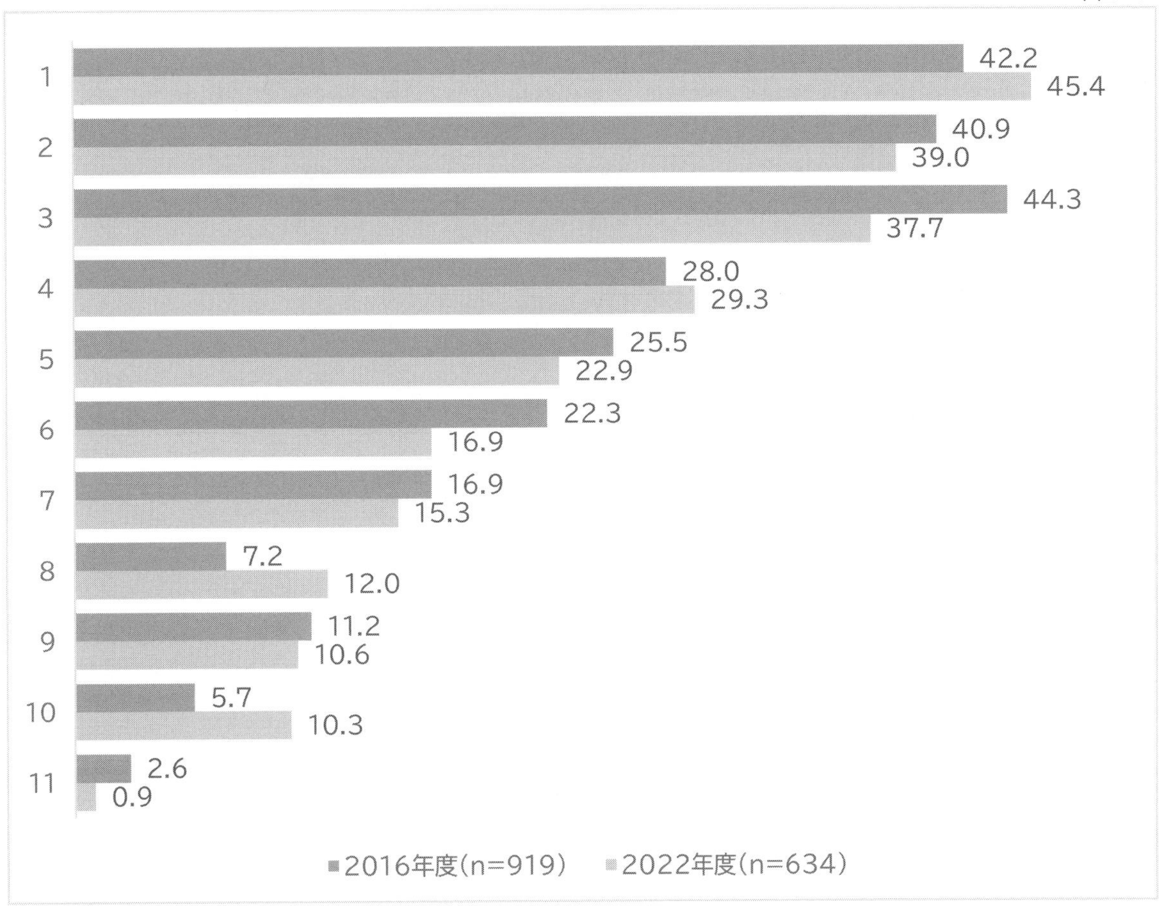

1　正規職員が担当するケースに、対応が困難なケースが増えている
2　施設外の関係機関との調整業務が増えている
3　制度改正が多く、内容の理解や対応に追われている
4　利用者一人に対して、複数の職種がチームを作って担当するようになっている
5　職員が定着しないため、新人職員や若手職員の指導・育成に追われている
6　非正規化がすすみ、正規職員が負担する業務が過重になっている
7　正規職員の中でも階層が分かれ、「マネジメントを主に行う職員」と「直接サービスを担う職員」に役割が分化している
8　特に変化はみられない
9　小規模化などで権限を付与する業務範囲が広がり、負担が増えている
10　その他
11　無回答

図 32　正規職員の業務内容の変化（複数回答）

問 14　適切に確保することが難しくなっている資質

人材確保をしていく上で適切に確保することが難しくなっている資質は「状況に応じて柔軟に対応する力」が 57.3%。次いで、「担当する業務以外のことや地域に目を向ける力」が 49.8%、「気配りや他の職員と適切に人間関係を形成する力」が 44.6%であった。2016 年度も同様の項目が上位だった。(図 33)

単位:%

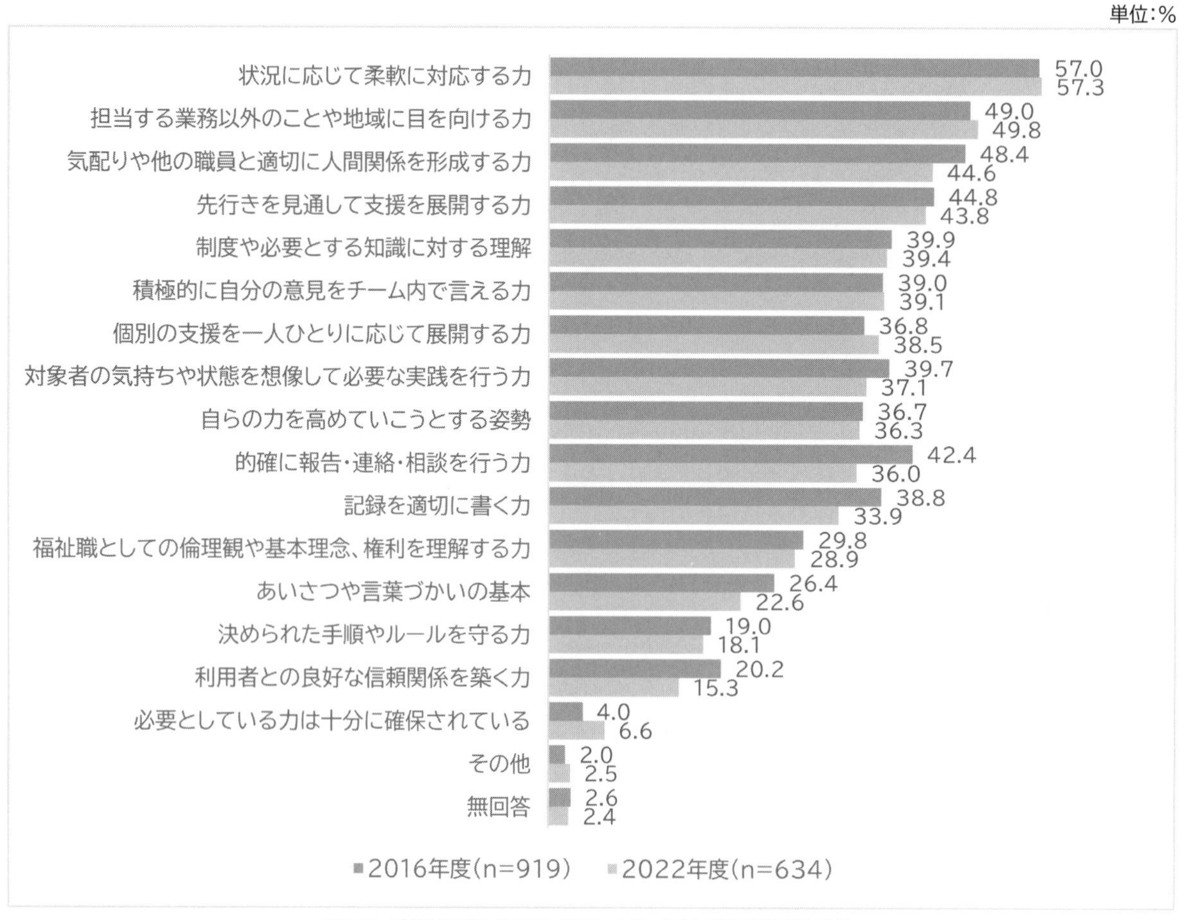

図 33　適切に確保することが難しくなっている資質(複数回答)

問 14 の「適切に確保することが難しくなっている資質」について、感じている課題を具体的に尋ねた。「コミュニケーションスキルや社会人基礎の欠如」や「自分で考えて行動する、向上する意識の欠如」などの回答があり、「コロナ禍の影響も少なからずあるのではないか」という声もきかれた。(表 12)

表12 [回答例]適切に確保することが難しくなっている資質の具体的内容(自由回答)　n=124

●コミュニケーションスキルや社会人基礎 ●自分で考えて行動する力
コミュニケーションをとって人と関わる能力の低下。少子化による家族の人数や様々な人と関わる機会の減少、スマホでのやりとりが多いことや、コロナ禍の影響もあると感じている(保育所・こども園)
社会人としてのマナー(挨拶や礼儀)(障害福祉施設　成人・身体)
自分で考え行動する、自分の意見を述べる、努力するというような資質(特別養護老人ホーム)
他の職員や子どもたちなど、相手の気持ちになって考えたり行動したりする資質(保育所・こども園)
マニュアル通りに動くことはできるが、創意工夫して業務や支援にあたること(児童養護施設)
リーダーなどの指示ができる人材(特別養護老人ホーム)

問 15　職員の育成にあたって行っている取組み

職員の育成にあたって行っている取組みについて、75.2%の施設・事業所が「年間の研修計画を策定し、計画的に職場内研修を実施している」、次いで「外部機関主催の研修への積極的な受講を促す」が 72.6%、「上司や先輩職員による入職後の OJT」が 63.4%だった。2016 年度と割合に違いが出た項目もあるが、上位の項目に変化はなかった。（図 34）

単位:%

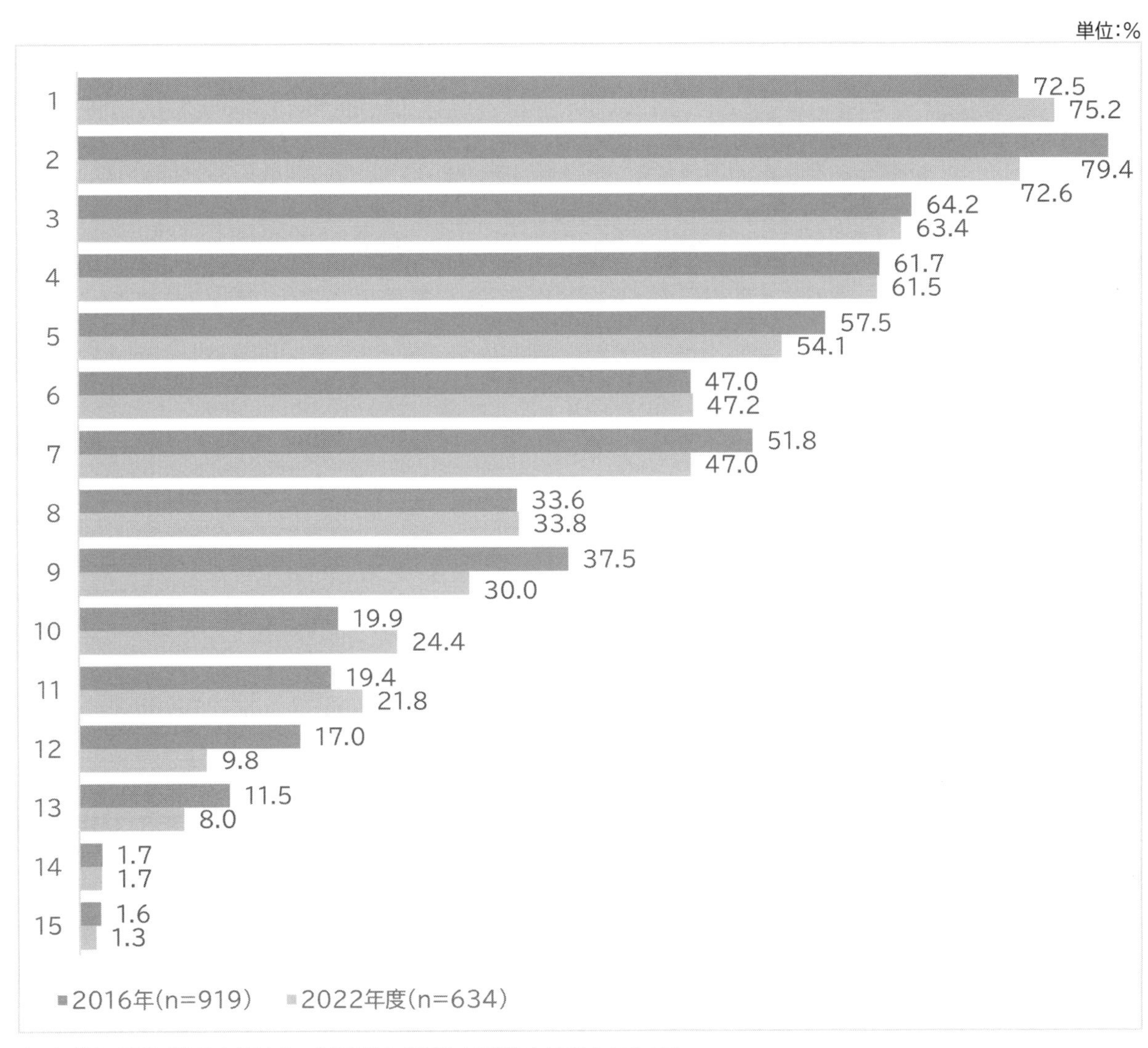

1　年間の研修計画を策定し、計画的に職場内研修を実施している
2　外部機関主催の研修への積極的な受講を促す
3　上司や先輩職員による入職後のOJT
4　施設としての研修体系の策定
5　施設として職員を育成する理念と方針の策定
6　業務目標制度の中で、年間の成長課題を明確にし、職員一人ひとりへの達成のためのアドバイスや指導
7　必要なスキルを高めるための資格取得を奨励している
8　チーム運営などのマネジメント力を高めるための研修への積極的な受講を促す
9　地域の関係機関との会議等への積極的な参加を促す
10　上記以外に、OJTを推進するためのマニュアル策定やOJT研修の実施
11　職員一人ひとりがキャリアビジョンを持てるよう、個別の育成計画の策定
12　地域住民に施設の取組みを説明する場への職員の積極的な参加を促す
13　小中学生等の次世代が福祉に関心をもてるような学習の場への職員の積極的な派遣
14　その他
15　無回答

図 34　職員の育成にあたって行っている取組み（複数回答）

問 15 の「職員育成にあたって行っている取組み」について、各施設・事業所が工夫していることの具体的な内容を自由回答で尋ねた。研修の充実や OJT の実施、地域との関わりの場の創出など、選択肢と同様の回答が多くみられたほか、人材育成委員会の立ち上げや、研究発表会の実施など様々な工夫がみられた。その一方で、職員体制や業務量の増加により、職員育成の取組みが行えていないといった声もきかれた。(表 13)

表 13 [回答例]職員の育成にあたって行っている具体的な取組み(自由回答) n=80

法人で研究発表会を行っている(特別養護老人ホーム)
委員会活動や研修の一部は職員主導で行うようにしている(特別養護老人ホーム)
新卒職員にはベテラン職員が「新人会」を毎月開催し、フォロー・育成している。他の職員には外部から専門講師を招き、現場で実践的な指導をしている(保育所・こども園)
施設内に人材育成委員会を立ち上げ、職員の育成に努めている(児童養護施設)
地域公益活動(こども食堂、夕食付学習支援)などで、関わりの難しい児童、保護者への支援を体験する(母子生活支援施設)
法人主催によるリーダー層の育成を目的とした研修を事業所間交流も兼ねて行う(障害福祉施設 成人・身体)

問 16 職員育成にあたって今課題となっていること

職員の育成にあたって今課題となっていることは、「次世代の指導職員が育成されていない」と回答した施設・事業所が 52.7%で、過半数を超えた。また、「直接サービスを志向する職員が多く、マネジメント業務が敬遠されやすい」ことも、若干ではあるが 2016 年度の割合よりも上回った。「その他」では、「コロナ禍で研修や他施設との交流が減少し、比較対象がなく、振り返りやスキルアップにつながりにくい」といった内容などが挙げられた。(図 35)

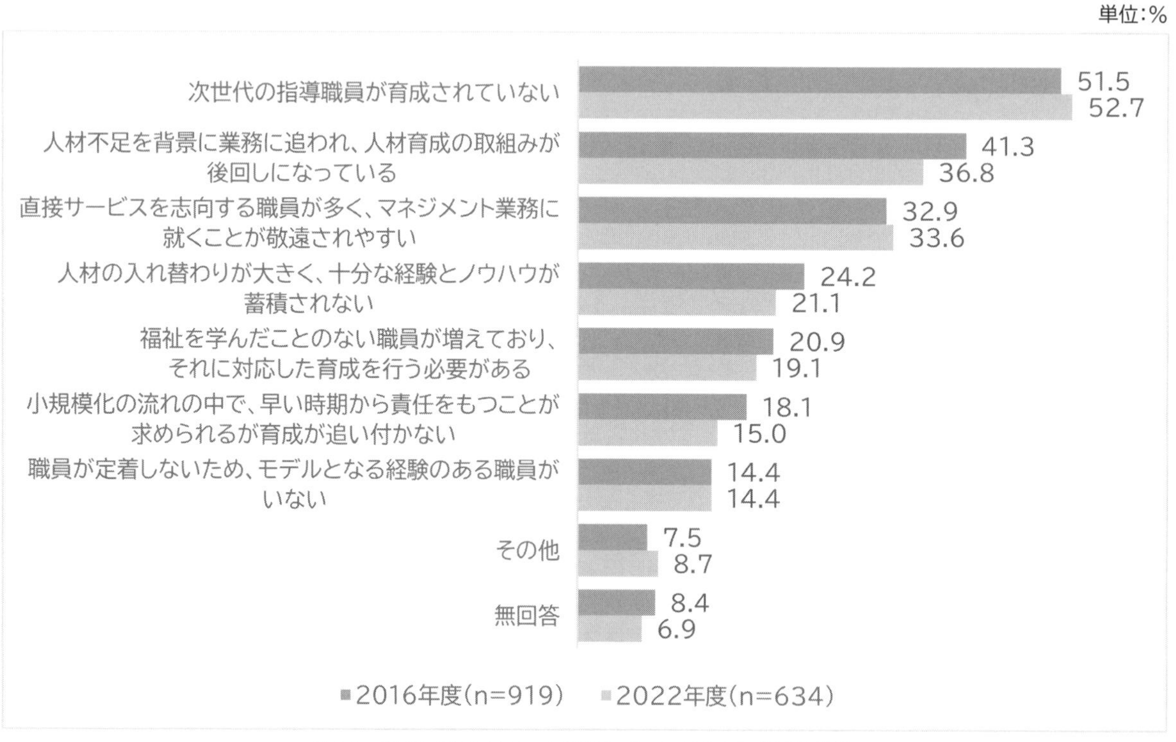

図 35 職員の育成にあたって課題となっていること(複数回答)

問 17　採用前に福祉を学んだことのない、または福祉の仕事の経験のない職員の育成の工夫

採用前に福祉を学んだことのない、または福祉の仕事の経験のない職員の育成について、工夫していることを自由回答で尋ねた。「外部研修受講の支援」や「内部研修や勉強会の実施」、「資格取得の支援」、「育成プログラムの設定」にカテゴリ分けができた。そのほか、個別の研修内容の作成や、ミスマッチやギャップをなくすための入職前研修や実習、入職時オリエンテーションの実施などが挙げられた。また、徐々に仕事を覚えてもらい、ゆとりをもって支援にあたることができるよう工夫をしている姿もうかがえた。（表 14）

表 14 ［回答例］未経験職員の育成の工夫（自由回答）　n=165

(1)外部研修受講の支援
福祉未経験者対象の研修に派遣（児童養護施設）
他施設の見学（自立援助ホーム）
積極的に外部の研修に参加させている（障害福祉施設　成人・知的）
東社協のキャリアパス対応研修に積極的に出している（障害福祉施設　成人・知的）
区の動画研修をフル活用（その他）

(2)内部研修・勉強会 ●法人や施設・事業所独自の研修や介護職員初任者研修等 ●勉強会
新任研修の一環として、介護技術の基礎知識の研修を座学と現場で実施。配信型研修動画も活用（特別養護老人ホーム）
入職後、施設自前で行っている介護職員初任者研修を受講（費用補助あり）。施設内での新人研修シラバスがあり、計画的に介護の「基本のき」から研修を進める制度がある。外国人職員についても日本語検定へ備えたカリキュラムがある（特別養護老人ホーム）
法人全体で、経験年数別に、人材育成研修を行っている（保育所・こども園）
職種に関係なく、子どもに関する点について話し合いの機会を持っている（保育所・こども園）
1年目については基礎学習に力を置いて研修カリキュラムなども組んでいる（児童養護施設）
介護初任者研修を受講させている（救護施設）
法人全体で新任職員研修を年一回、一週間実施。また、スペシャルラーニングで基本的な知識を学んでもらう（障害福祉施設　成人・身体）
サポーターズカレッジを活用し、短い動画で福祉についてのトピックを学べる。自施設では打ち合わせ後に定期的に視聴し、レポートを施設長に提出するようにし、自己研鑽を奨励している（障害福祉施設　成人・知的）
入職時研修について、経験者用の研修と未経験者用の研修と分けている（障害福祉施設　成人・知的）
新任研修で基本理念や支援の基礎研修を行っている（障害福祉施設　成人・知的）
フォローアップ研修で、一年間を通じて福祉や利用者支援、施設の仕事を理解する（障害福祉施設　成人・知的）
法人として、障害理解や支援技術の向上を目的とした動画を作成（障害福祉施設　成人・知的）
経験の有り無しに関わらず、毎月1回勉強会を実施している（障害福祉施設　成人・知的）
職場内で研修（事例検討、社会資源の知識習得）を定期的に実施している（更生施設）
法人が初任者研修や実務者研修を授講できるケアスクールを設置、運営している（老人保健施設）

(3)資格取得の支援
資格取得を奨励し、金銭的な補助を行っている(特別養護老人ホーム)
採用後に資格を取得できるよう実務者研修等の受講費用を施設が負担し、かつ、外部研修として勤務扱いで受講できるよう環境を整えている(特別養護老人ホーム)
介護福祉士受験に際して、施設内で受験対策講座を行っている(特別養護老人ホーム)
就業しながら資格の勉強を行い、資格取得を促している(保育所・こども園)
資格取得のためにシフトを調整している(自立援助ホーム)
法人内で社会福祉主事の取得を予算化し、養成校に入学させている(その他)

(4)育成プログラムを設けている ●アドバイザーや育成担当者の配置 ●OJT やチューター制度
新卒者には 2 週間~1 か月間の集合研修を実施し、社会人としてのマナーや介護の基礎知識を学習する(特別養護老人ホーム)
育成プログラムを福祉系卒と経験なしで分け、経験のない人にも仕事を覚えてもらい、定着できるようにすすめている(特別養護老人ホーム)
アドバイザーを設置し、介護技術を基礎から学ぶ期間を設けている(特別養護老人ホーム)
複数担任のクラスに配置し、常に OJT ができるようにしている(保育所・こども園)
職員育成指導担当者につき、指導を受けながらの実践を行っている(保育所・こども園)
現場ではクラスリーダーが相談役となり、当番は経験のある職員と組み、丁寧に指導する(保育所・こども園)
フレッシャートレーナー制を設けている(保育所・こども園)
個別の面談を月 1・2 回、新任研修として 3 か月程度実施している(児童養護施設)
OJT。実際の業務を通じて、人権擁護や福祉サービスの考え方を伝える(更生施設)
福祉の経験が長い職員が多いので実体験を OJT などで伝える(障害福祉施設　成人・身体)
上司や同僚との面接回数を増やし、業務について振り返る時間を割く(障害福祉施設　成人・知的)
OJT を基本に、先輩職員との交換日誌を活用するなど、何でもすぐに確認できる体制にしている(障害福祉施設　成人・知的)
入職後、1年間チューターが付き、育成にあたる(障害福祉施設　成人・知的)
3 か月間は 1 人になることのないように担当指導職員を付け、不安にならないようにし、育成している(障害福祉施設　成人・知的)
エルダー制度を導入している(母子生活支援施設)
プリセプター制度を実施。支援の方法や手順について統一されない事態や支援に対する考え方の整理が仕切れない事態が出てくる時には、経験年数が少ない職員程、混乱したり悩んでしまったりすることが多いと考える。それに対してスタッフ会議をこまめに開催し、悩みを出し合うことで心理的にも落ち着き、前向きさが出てくる。また、先輩職員からアドバスをもらえる機会にもなり、効果的だと考えている(障害福祉施設　成人・身体)
先輩職員とともに支援にあたるようにして、なるべく1人の利用者と関わるようにしながら利用者理解のポイントや業務の流れを覚えてもらうようにしている(障害福祉施設　成人・知的)

問18　キャリアパスの導入状況

施設・事業所におけるキャリアパスの導入状況を尋ねたところ、「直接処遇を担う職員の職位、職責または職務内容に応じた任用要件を定めている」と回答した施設・事業所は60.7%にのぼり、2016年度の50.5%を10.2ポイント上回った。

また、「1～6の内容について、就業規則などの明確な根拠規定を書面で整備し、全ての直接処遇職員に周知している」施設・事業所は40.5%と、2016年度の14.8%から25.7ポイント増加している。そのほかの項目についても、2016年度の割合よりも上回っているものが多く、キャリアパスの導入がすすめられてきているといえる。（図36）

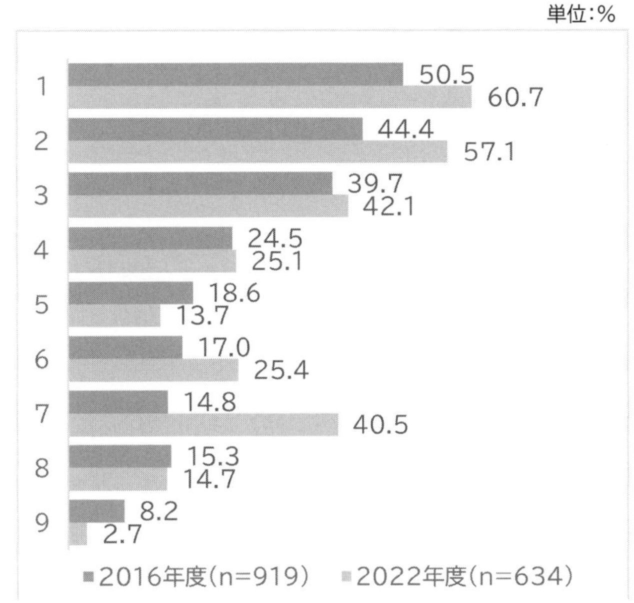

1　直接処遇を担う職員の職位、職責または職務内容に応じた任用要件を定めている
2　1の職位、職責または職務内容に応じた賃金体系を定めている
3　1の中で、任用要件と「人事考課制度」をリンクさせている
4　1の中で、任用要件と「目標管理制度」をリンクさせている
5　1の中で、任用要件と「国家資格の取得」をリンクさせている
6　1の中で、任用要件と「育成・研修制度」をリンクさせている
7　1～6の内容について、就業規則などの明確な根拠規定を書面で整備し、全ての直接処遇職員に周知している
8　上記1～7のいずれにもあてはまらない
9　無回答

図36　キャリアパスの導入状況（複数回答）

問19（1）キャリアパスのしくみを導入する上で課題に感じること

施設・事業所において、キャリアパスのしくみを導入する上で課題に感じることを自由回答で尋ねたところ、回答を以下のように分類することができた。2016年度も同様の分類となったが、今回は「研修」に関する内容が、特に保育所・こども園から多くみられた（表15）。そのほか、職員数が少ないことや利用者への支援を評価することの難しさから、キャリアパスのメリットが感じられないといった声もきかれた。

表15［回答例］キャリアパスのしくみを導入する上での課題（自由回答）　n=249

(1)人材不足による課題 ●目の前の仕事に追われている ●育成をすすめるための人材が不足している
体調不良で休む職員が多いため、手一杯な状況で育成まで手が回らない（特別養護老人ホーム）
30代の人材が不足しており、次の管理職候補となる人材育成が急務（特別養護老人ホーム）
常勤と非常勤の立場の違う職員に対して、同じ職種でも同じ形が導入できない。現下の施設運営に追われ、個々の職員に対し、計画的に必要な業務を経験させる余裕がない（高齢分野居宅サービス系事業所、施設）
キャリアパスのしくみができていない、日々の仕事で時間がとれない（保育所・こども園）
Zoomによる取得が定着したが、自園にいても受けられない日が多く、人材確保が課題（保育所・こども園）
少人数の職場のため、育成をすすめるための人材が不足している（母子生活支援施設）

(2)ポストや資金に関する課題 ●職員数が少なくポストが用意できない ●資金面が厳しい
法人が小さく、十分なキャリアパスのしくみが取れない(高齢分野居宅サービス系事業所、施設)
自事業所内にステップアップできる部署がないため、モチベーションアップができない(高齢分野居宅サービス系事業所、施設)
キャリアパスについては１法人１保育園では難しい課題(保育所・こども園)
小さい事業所のため昇進の限界がある(自立援助ホーム)
限られた職員数の中で、各職員の段位と業務内容が理想通りとならないことがある(母子生活支援施設)
職員数の少なく、キャリアパスのしくみづくりが難しい(更生施設)
一施設のため管理職ポストが限られており、委員会や活動・作業等の役割を工夫して活用しているが、施設内で上昇感のある異動を組むことが難しい(障害福祉施設　成人・知的)
キャリアに対する給付金の確保(経営運営上)(特別養護老人ホーム)
他業種と比較すると、キャリアに見合った昇給を図ることができない。また、資格取得等の支援をしているが、取得後に転職する職員も多く、人材育成コストに見合ったリターンを得られていない(地域包括支援センター)
昇格しても職員が満足できる賃金体系ではない。また、本部(地方)と東京に事業体が分かれているために異動に抵抗感があり、ポストに適した職員異動の配置が難しい(障害福祉施設　成人・知的)

(3)職員の意識や周知の課題 ●キャリアパスに関する関心が低く、キャリアアップを希望する職員が少ない ●職員全体への周知・徹底が難しい
キャリアパスに対する関心が低く、あまり自分のキャリア形成をしていない職員が多い(特別養護老人ホーム)
施設におけるゴールは管理職と専門職の二方向だが、前者を敬遠する傾向がある（特別養護老人ホーム)
職員の関心やスキルレベルが様々なので、統一的なパスが作りにくい(老人保健施設)
女性が多く、結婚や出産、育児等で休業することも多いので、キャリアパスを作成しても、人材育成が難しい(保育所・こども園)
明確にしていても、積極的に上を目指そうとする人材は少ない(保育所・こども園)
キャリアアップを希望する上昇志向の職員が少ない(特に管理職)(救護施設)
職員一人一人が必ずしもキャリアパス向上を目指しているわけではない(障害福祉施設　成人・知的)
個々人での資格取得等のキャリアパスには積極的でも、組織強化のための昇進に対して消極的な職員が多い(障害福祉施設　成人・知的)
力のある職員がマネジメント層を目指すよう動機づけすること(障害福祉施設　成人・精神)
全職員に周知し、理解と具体的イメージをつかめるようにすること（特別養護老人ホーム)
一人ひとりのキャリアパスについて、十分な説明ができていない(保育所・こども園)
制度の内容・趣旨等について、職員全体への周知・理解を深めていく(児童養護施設)
効果や成果がデータ化・視覚化しづらい福祉職という特色と人事考課制度との関連につき、全職員が画一化された理解の上で進んでいるわけではない(乳児院)

(4)研修に関する課題
無料の研修が少なく負担（保育所・こども園）
研修に派遣したいが、適切な研修がみつからず、派遣できない現状（保育所・こども園）
研修を受けるために抜けた職員の代わりに入る職員がいない（保育所・こども園）
研修を受けてもなかなか実践に結びつかない（保育所・こども園）
キャリアアップ研修にも積極的に参加してもらっているが、実技、実施（対保護者、園児）の部分に活かしきれない職員もおり、そのずれをどう評価していくか模索中（保育所・こども園）
労働時間＝保育時間で研修をする時間がとれずスキルアップしていく時間がない（保育所・こども園）
研修を受けるための時間の確保（児童養護施設）

(5)しくみや具体的な設定、評価に関する課題 ●法人と施設・事業所や、施設・事業所間の連携が難しい ●評価者により差がある ●現状のキャリアパスのしくみの見直しが必要 ●様々な職種や働き方に対応したしくみの設定 ●人事考課制度や賃金、職務内容とのリンク ●具体的な提示や目標設定の課題
法人全体でしくみを整備していくことが望ましいが、各事業所間の連携が取りにくい（自立援助ホーム）
法人内での多種多様な施設異動が伴う状況を考慮したキャリアパスの構築（母子生活支援施設）
法人統一の評価制度があるが、多業種を行う性格上、事業所間で所得格差が残る（障害福祉施設　成人・知的）
考課者によって評価がずれないように、公正公平な評価を行うしくみの構築（障害福祉施設　成人・知的）
人事評価制度と重複する項目も多く、キャリアパス制度を上手く活用できていない（特別養護老人ホーム）
1年単位での担任編成となり、スムーズにキャリアパスのしくみを運用できていない（保育所・こども園）
担当クラス等が毎年変わり、乳児担当と幼児担当では求められるキャリアが異なり、次年に向けてのキャリアパスの目標づくりが難しい（児童養護施設）
一人ひとりをキャリアパスにあてはめて育成していくこと（特別養護老人ホーム）
細分化した職員のキャリアに合わせると分かりづらくなる（高齢分野居宅サービス系事業所、施設）
多岐にわたるそれぞれの専門職に対応した取組みを構築することが困難（病院・診療所）
年齢や経験数のばらつきとキャリアアップを希望する人材の育成方法の確立（障害福祉施設　成人・知的）
職位と手当てとバランスが難しい（保育所・こども園）
人事考課制度の未整備と、賃金体系のリンクされていない（自立援助ホーム）
人事考課制度の結果と紐づけているが、適切な評価につながっていない（障害福祉施設　児童・知的）
キャリアを描いても新たな基準や価値があらわれるので具体的なビジョンの提示が難しい（保育所・こども園）
一人一人の課題と目標の見極めが難しい（保育所・こども園）
キャリアパスの明確化（障害福祉施設　成人・身体）
処遇改善加算がネックとなり、キャリアパスのしくみを阻害している（特別養護老人ホーム）
保育では処偶改善Ⅱのように職務・職責で金額が設定されていて、そもそも保育士の賃金が安く底上げが必要だが、そこがキャリアップとセットにされていることに違和感がある（保育所・こども園）

問 19（2）職員一人ひとりがキャリアビジョンを持って成長していく上での課題

職員一人ひとりがキャリアビジョンを持って成長していく上での課題を自由回答で尋ねたところ、以下のような回答が得られた。課題は、魅力的なキャリアアップのしくみやモチベーションの維持・向上ができる環境の整備などの「しくみの構築や環境の整備」、「指導や支援に関する課題」、「職員の意識などに関する課題」に分類することができた。（表 16）

表 16 ［回答例］職員一人ひとりがキャリアビジョンを持って成長していく上での課題（自由回答） n=214

(1)しくみの構築や環境の整備 ●魅力的なキャリアアップのしくみが必要である ●モチベーションが維持・向上できる環境を整える ●ロールモデルとなる人材の存在がいない ●しくみの明確化ができていない
上昇志向の職員が少ないように感じるため、キャリアアップを魅力的なものにしていく工夫が必要（特別養護老人ホーム）
ここでキャリアを積んでいきたいと思える施設の魅力づくりを行うこと（特別養護老人ホーム）
保育園で働く保育士、栄養士、看護師の職業にやりがいと魅力を感じて働けるように環境（人的）を整えること（保育所・こども園）
管理職は魅力ある職種であることの PR 活動。自分のパフォーマンスを最大限に発揮できる意識改革・働き方改革の推進（救護施設）
分かりやすい給与アップや、キャリアアップの提示が出来るとどう頑張るか、その結果がどう反映されるのかが見えるので、モチベーションが上がるのではないか（養護老人ホーム）
介護の技術だけでなく、マネジメントの力を育てていくこと（高齢分野居宅サービス系事業所、施設）
法人内で人事異動の整備が未整備で、職員のモチベーションアップを図るのが難しい（母子生活支援施設）
職員としての成長ステップを細分化して、現場内でステップアップを実感できる仕組みの構築（更生施設）
昇格することに魅力を感じる組織作りや処遇（障害福祉施設　児童・知的）
モチベーションの高い職員が力を発揮できる役割を担うしくみの構築（障害福祉施設　成人・身体）
自由に目標を持つことのできる組織性と、その風土を醸成することが必要（障害福祉施設　成人・知的）
目指すべきロールモデルの存在、指導職や管理職を目指したいと思えるような処遇の改善（地域包括支援センター）
ロールモデルがいないためビジョンが持てない（更生施設）
ロールモデルになる人材を育てるしくみが構築されていない（障害福祉施設　成人・知的）
明確な評価システムの構築が不十分（特別養護老人ホーム）
キャリアパスとして、制度上は整備しているものの、職員一人ひとりにおいて実際にイメージとして定着できるような取組み、工夫が十分でない。キャリアパスと連動した研修のあり方などが課題（乳児院）
給与などとの連動がなく、資格や職責については理解しているが、キャリアアップへのビジョンが具体的には見えづらい（母子生活支援施設）
キャリアパスの役割と賃金体系をより明確にする必要がある（障害福祉施設　成人・知的）

(2)指導や支援に関する課題 ●個々の指導ができていない ●時間を確保できていない
毎年個々に自分で目標を定め、直属の上司が目標面接を行っているが、それを施設として個々の育成計画まではつなげられていない(特別養護老人ホーム)
仕事を通して、何を成し遂げたいか、そのためにはどのような目標をもっていけばよいかを明確にしていくこと(保育所・こども園)
職員一人ひとりの育成計画の作成をどのようにしていったらよいかわからない(障害福祉施設　成人・知的)
多様なキャリアビジョン(人生の目標)を持って働いており、必ずしも職場内だけでは収まらないことをどう支援するか(障害福祉施設　成人・知的)
業務に追われ育成に時間がなかなか割けない(保育所・こども園)
面接の時間を設けて一人ひとりの成長を支えたいが、十分な時間を確保できていない(母子生活支援施設)
もう少し業務に余裕をもって働ける環境を提供できないと、育成に繋げる機会も作れない(障害福祉施設　成人・知的)

(3)職員の意識などに関する課題 ●マネジメント業務を目指す職員が少ない ●指導する立場の職員が不足している
マネジメント業務に魅力を感じる職員が多くない。キャリアビジョンが現場作業で完了していること(特別養護老人ホーム)
保育士は直接処遇を望み、キャリアアップをさほど求めない方が多い(保育所・こども園)
キャリアパスに基づいた個人目標の設定がされてこない点(保育所・こども園)
保育現場でキャリアアップしていく過程が明確でないため、研修の受講だけだと、将来的な目標などを感じとっていないように思う(保育所・こども園)
具体的な達成数字があるわけではないので数年後の自分のキャリアのイメージが付きにくい(児童養護施設)
現場スタッフの中で管理職に就きたいと思う者がおらず、制度や地域資源などにも興味を持たない職員が多い(障害福祉施設　成人・知的)
最近は昇格(主任や係長職等)を目指す職員が少なく、専門性は高めたいがリーダーシップは取りたくないという人材が増えているように思える(障害福祉施設　成人・知的)
指導する職員が少ない。人員の不足から指導する時間が足りない。指導する職員の能力が足りない(特別養護老人ホーム)
指導をしている職員層が、職員一人ひとりにどのように成長していってほしいか共有しきれていないこと(保育所・こども園)
一定の職務経験を積んだ職員が、部下職員の育成や組織マネジメントを担っていくという責任感の向上(保育所・こども園)

V　人材定着の現況

問 20　2021 年度実績の離職状況

2021 年 4 月 1 日時点の職員数と 2021 年度の離職者数を尋ね、得られた回答をもとに、「2021 年度の離職者数」÷「2021 年 4 月 1 日時点の職員数」を算出したところ、離職率は 11.3%であった。厚生労働省が発表している「令和 3（2021）年雇用動向調査」によると、全国の産業・事業所における離職率は、13.9%、「医療、福祉分野」は 13.5%である。離職率「10%未満」の施設・事業所が最も多く、51.8%で、次いで「10 ～ 20%未満」が 31.8%だった。（図 37）

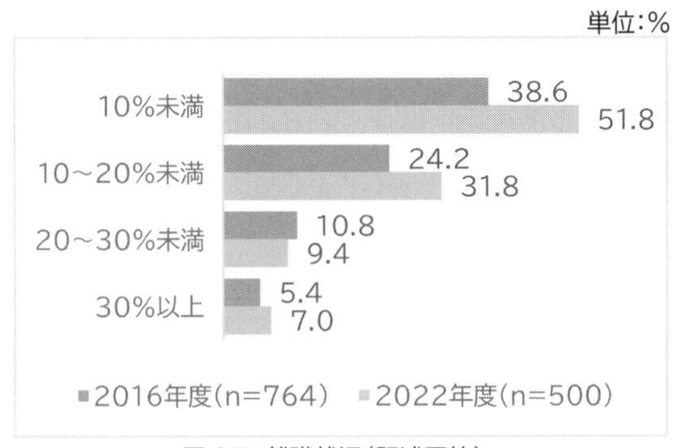

図 37　離職状況（記述回答）

勤務年数ごとの離職率をみると、「1 年未満」は 28.5%と、2016 年度の 31.5%からは減少しているが、高止まりの傾向にある。「1 年以上 5 年未満」は 13.8%、「5 年以上 10 年未満」は 8.1%、「10 年以上」は 5.5%と、勤務年数が長くなるごとに、離職率は減少している。勤務年数 1 年未満の新任職員の定着が引き続きの課題であり、適切なサポートが必要であるといえる。（図 38）

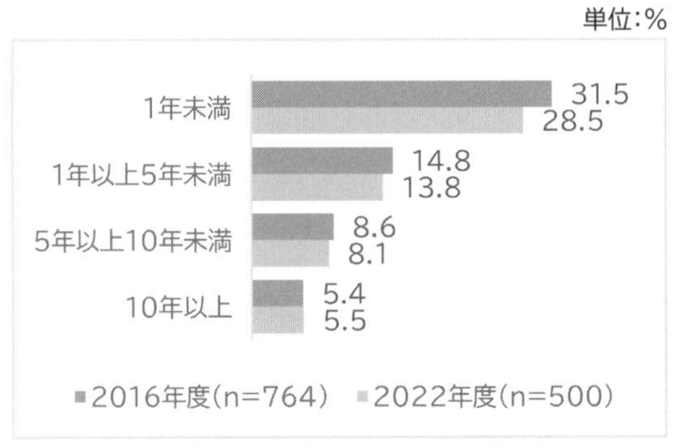

図 38　勤務年数ごとの離職率（記述回答）

主な分野ごとに、勤務年数別の離職率をみると、特別養護老人ホーム、養護老人ホーム、軽費老人ホーム、地域包括支援センター、高齢分野居宅サービス系事業所・施設を含めた高齢分野の離職率は 13.4%、勤務年数 1 年未満の離職率は 37.2%と、全体の数字よりもやや高くなっている。障害分野はそれぞれ 9.4%、23.5%、保育ではそれぞれ 11.1%、27.9%という結果となった。（図 39）

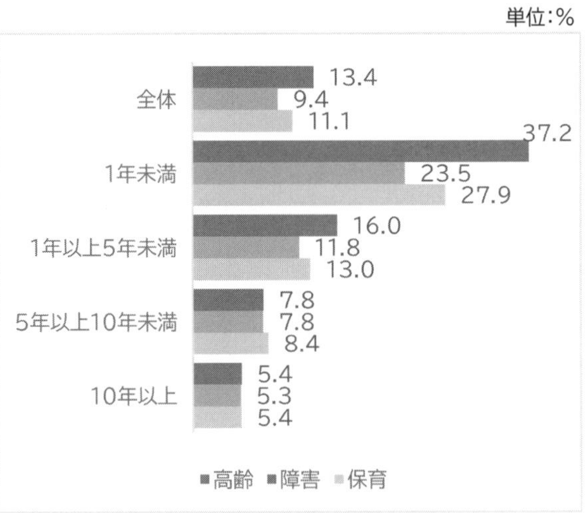

図 39　分野ごとの勤務年数別離職率

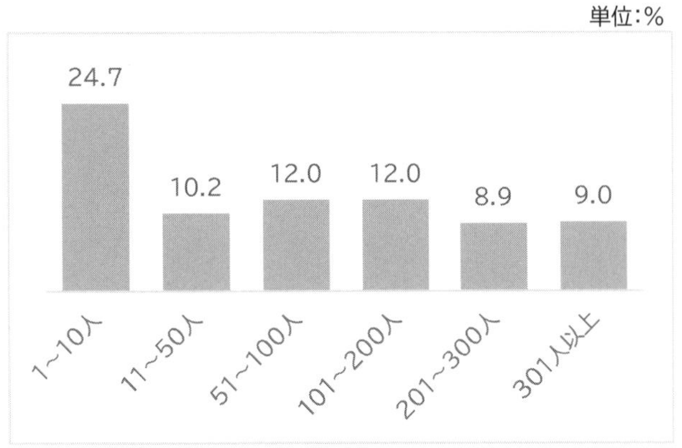

図 40　職員総数ごとの離職率

また、職員数ごとでも離職率を求めると、職員数「1 ～ 10 人」の施設・事業所の離職率は 24.7%であり、「201 ～ 300 人以上」の施設・事業所の離職率が最も低く、8.9%であった。（図 40）

問 21　過去３年間における職員退職の事由

過去３年間における職員退職事由を尋ねたところ、「本人が業務に適合していなかった」が 37.5％、次いで「職場の人間関係がうまくいかなかった」が 35.6％、「身体的など健康上の理由」が 35.2％であった。2016 年度と比べると、上位にあがってきた項目に違いはないが、「うつ病などの精神的な疾患」が 16.6％から 25.2％と 8.6 ポイント増加した。

「その他」の内容としては、「家庭の事情」などの回答のほか、「転居」や「福祉業界以外への転職」などがみられた。（図 41）

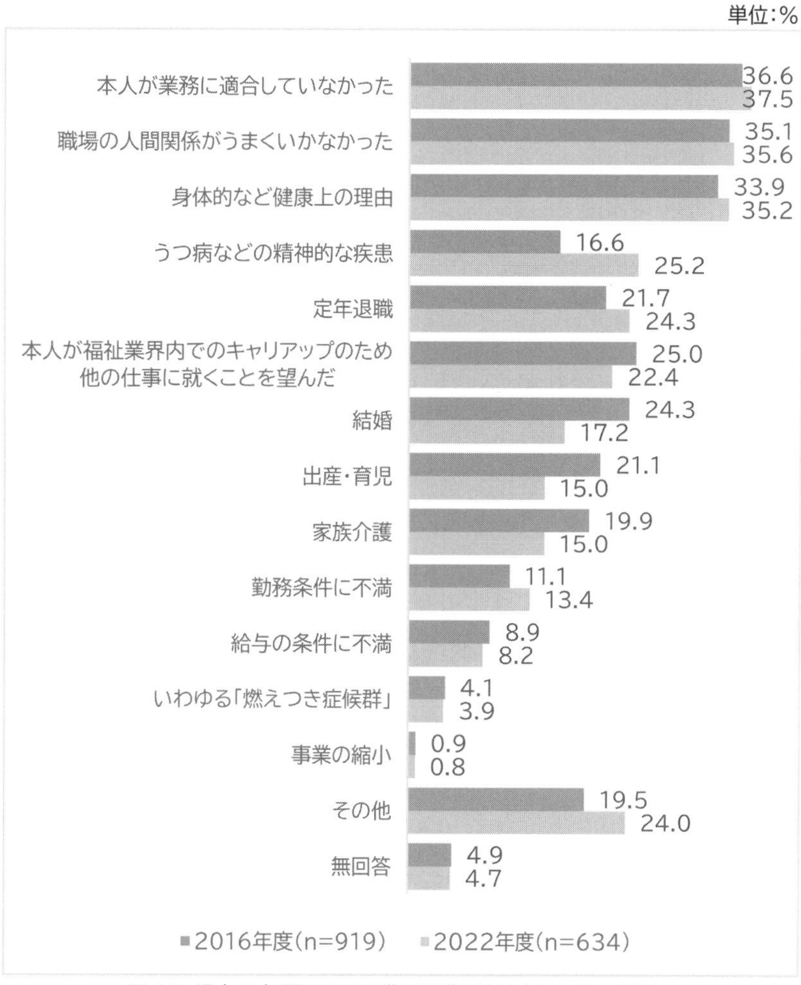

図 41　過去３年間における職員退職の事由（4 つまで回答）

主な分野ごとに上位３つまでを 2016 年度と比較すると、以下の結果となった。（表 17）

表 17　主な分野ごとの過去３年間における職員退職の事由（複数回答）

	2016 年度		2022 年度	
	特養		**特養**	
1 位	職場の人間関係がうまくいかなかった	56.6%	身体的など健康上の理由	68.8%
2 位	本人が業務に適合していなかった	53.0%	本人が業務に適合していなかった	65.6%
3 位	身体的など健康上の理由	46.4%	職場の人間関係がうまくいかなかった	56.3%
	保育所		**保育所**	
1 位	結婚	41.5%	その他（転居など）	32.3%
2 位	出産・育児	35.1%	職場の人間関係がうまくいかなかった	30.5%
3 位	身体的など健康上の理由	29.8%	本人が業務に適合していなかった	28.7%
	障害福祉施設		**障害福祉施設**	
1 位	本人が業務に適合していなかった	34.2%	本人が業務に適合していなかった	41.7%
2 位	職場の人間関係がうまくいかなかった	32.4%	職場の人間関係がうまくいかなかった	37.2%
3 位	本人が福祉業界内でのキャリアアップのため他の仕事に就くことを望んだ	27.1%	身体的など健康上の理由	30.8%

問 22　職員定着における課題

施設・事業所における職員の定着について、課題となっていることを自由回答で尋ねたところ、主な回答として「人間関係」や「業務量の増加や勤務形態等による負担の増加」、「育成機会の不足」といった内容がみられた。（表 18）

表 18 ［回答例］職員の定着についての課題（自由回答）　n=209

●人間関係、健康面 ●職場環境、業務負担 ●育成の機会が不足している
職員同士の人間関係の難しさ。コミュニケーションの難しさ（保育所・こども園）
職場における職員同士のコミュニケーション（児童養護施設）
人間関係が上手くいかないと、退職か精神疾患による休職の傾向が増えている（障害福祉施設　成人・知的）
ここ数年で、メンタル不調による休職者や退職者が目立つようになった（特別養護老人ホーム）
コロナ禍で昼食・休憩時間も含めて、職員同士の交流を制限しているので、特に若い職員や新しく入職した職員とのつながりを築く機会が減っている（障害福祉施設　成人・知的）
女性が多く、家庭（育児）と仕事の両立が特に正規職員だと難しい（保育所・こども園）
ローテーション勤務の職場で、育児や介護が理由で退職する職員が少なからずいる（児童養護施設）
3 年務めると他業種や他施設へ転職する人が多く、キャリアが蓄積されない（障害福祉施設　児童・知的）
夜勤業務があり不規則勤務を行っているため。休みの数が少ない（障害福祉施設　成人・知的）
配置職員数が少なく、一人当たりの業務量が多いこと（自立援助ホーム）
課題や会議録作成が多く、定時で退勤できない、または持ち帰りとなっている（障害福祉施設　児童・身体）
利用者の高齢化による介護度の上昇が、職員に対しての身体的な大きな負担となりつつある。また、現場リーダーとなる職員が少ないことから職員が不安を感じている（障害福祉施設　成人・知的）
法人として他事業所に異動する制度があり、その際に退職が増える傾向がある（特別養護老人ホーム）
職員数が少なく、変則勤務、一人勤務も多いため、OJT を継続的に行うことが難しい（母子生活支援施設）
人材育成や定着支援の方法が確立されていない（障害福祉施設　成人・知的）
給与水準が低いため、若い男性職員は必ず他業界への転職を考える（障害福祉施設　成人・知的）
職員数が少なく、変則勤務、一人勤務も多いため、OJT を継続的に行うことが難しい（母子生活支援施設）
人材育成や定着支援の方法が確立されていない（障害福祉施設　成人・知的）

問 23　職員が安心して働き続けることができるために行っている環境整備

職員が安心して働き続けることができるために行っている環境整備は、「休暇の取得促進・新設」が 69.2%。次いで、「多様な働き方のできる柔軟な勤務シフト」が 51.3%、「経験や能力に応じた処遇改善」が 50.6%と過半数を超えた。2016 年度と比較をしても、上記の項目のほか、「メンタルヘルスに関する相談体制の充実」と回答した割合も増加している。「ICT 等の活用に関する相談体制の充実」は 2016 年度が 59.8%だったのに対し、2022 年度は 44.2%に減少した。

2022 年度に新しく設けた「OJT やチューター制度の充実」は 34.1%であった。（図 42）

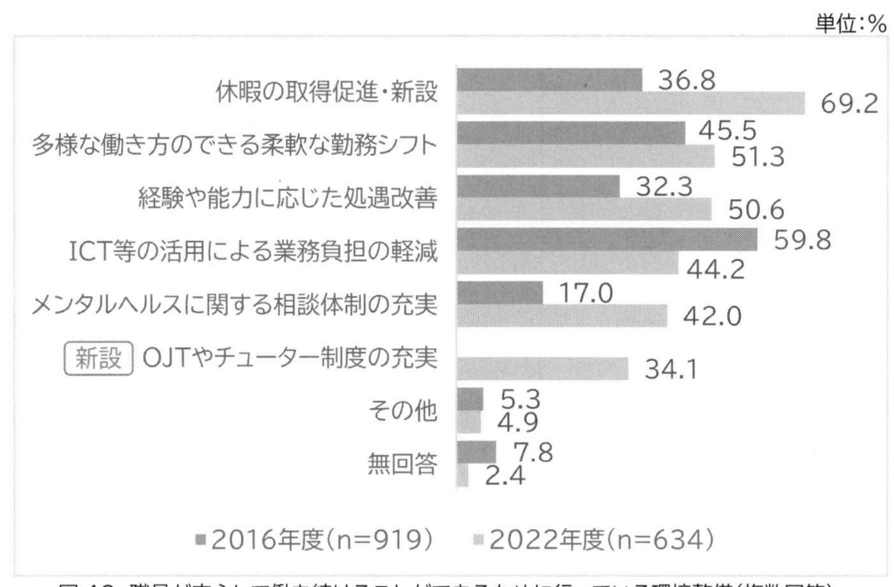

図42　職員が安心して働き続けることができるために行っている環境整備（複数回答）

Ⅵ　その他

問24　福祉人材確保のすそ野を広げるために、優先的に働きかけるべき層

福祉人材の確保のすそ野を広げるために、優先的に働きかけるべき層は、69.2％の施設・事業所が「出産や育児のためにいったんは退職し、その後、再就職を希望する人」と回答した。次いで「次世代の子どもたち（小中学生、高校生）」が65.8%、「潜在化している有資格者」が58.8%と過半数を超えた。2016年度の割合と若干の違いはあるものの、上位に上がる項目に違いはみられなかった。(図43)

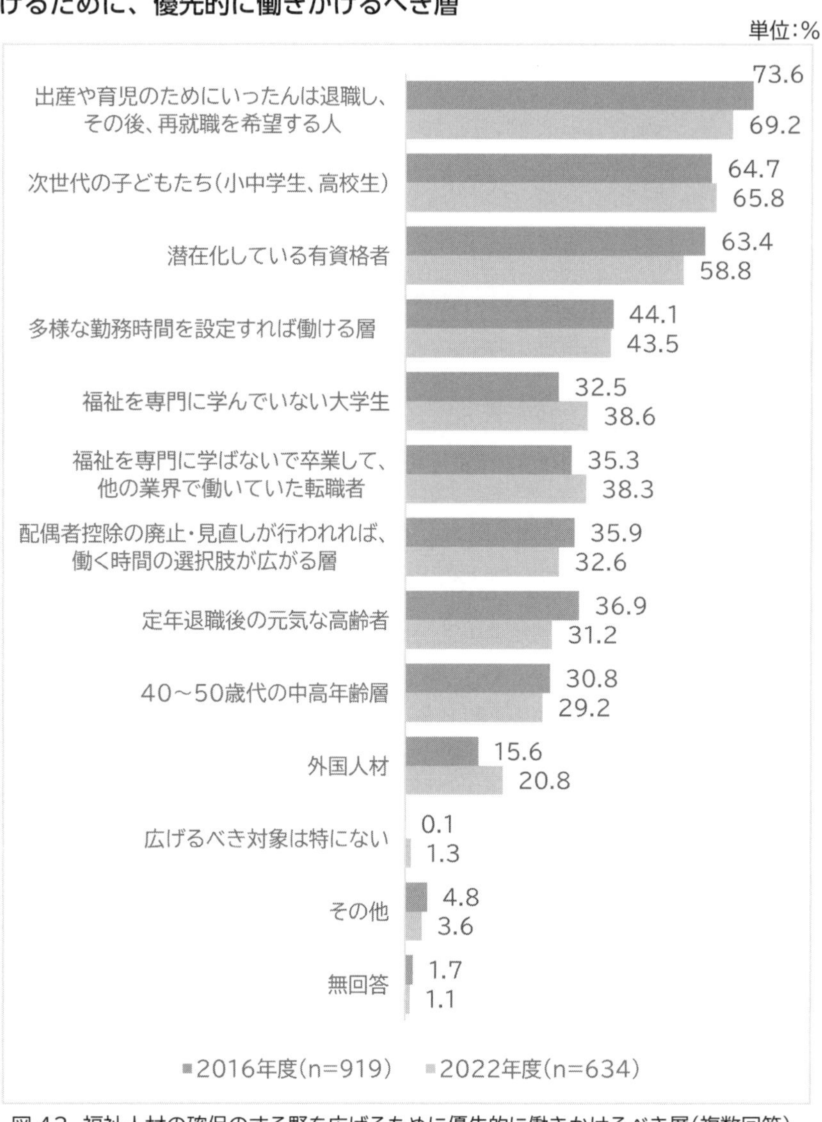

図43　福祉人材の確保のすそ野を広げるために優先的に働きかけるべき層（複数回答）

問 25（1）短期的な確保をすすめる上で有効と思われる層

短期的な確保をすすめる上で有効と思われる層については、過半数を超えた項目はなかったが、問 24 と同じく、「出産や育児のためにいったんは退職し、その後、再就職を希望する人」が最も多く、44.6％であった。次いで、「潜在化している有資格者」が 39.0％、「多様な勤務時間を設定すれば働ける層」が 31.9％だった（図 44）。分野ごとでも同様の傾向がみられたが、特別養護老人ホームでは、「潜在化している有資格者」と回答した施設・事業所が 54.2％と過半数を超えていた。

このような層を確保していくために必要な条件整備を自由回答で尋ねたところ、主に「多様な働き方に対応できる柔軟な勤務体制の構築」や「子育て世代の雇用における職員の条件の見直し」、「非正規職員なども含めた全体の給与の底上げや処遇改善」に関する内容がみられた。（表 19）

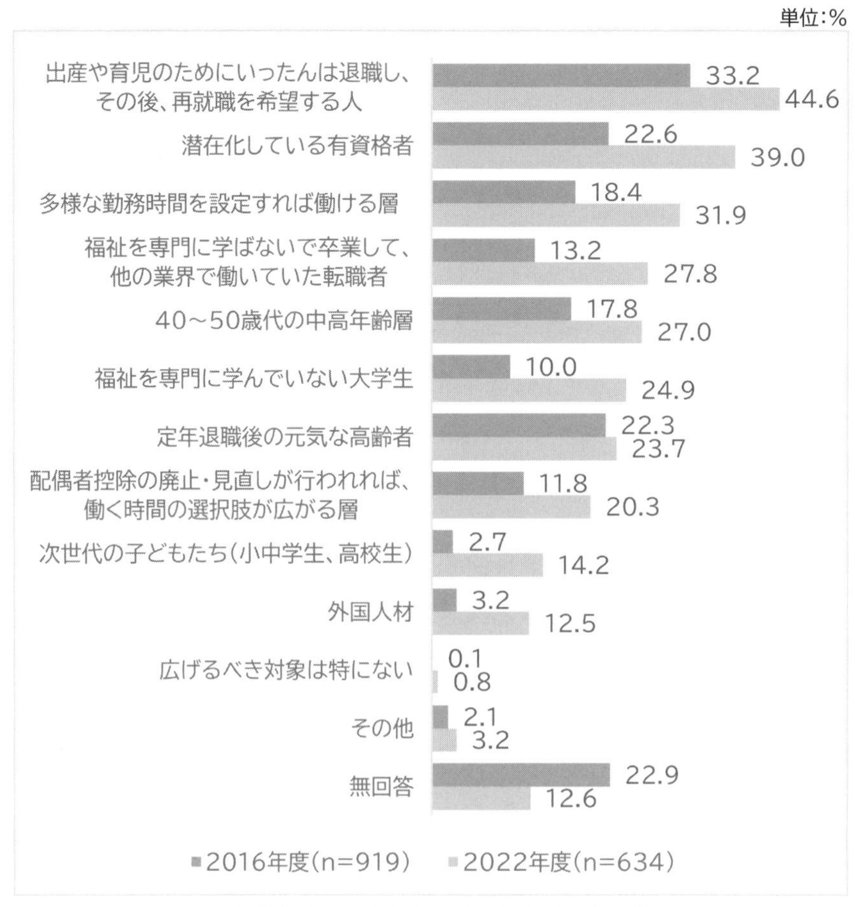

図 44 短期的な確保をすすめる上で有効と思われる層（複数回答）

表 19 ［回答例］短期的な確保をすすめる上で必要となる条件整備（自由回答） n=170

柔軟なシフト体制（特別養護老人ホーム）
60 歳を超えても多様な勤務形態が選択できるしくみづくり。時短や勤務日数のフレキシブルな対応と、経験に見合った待遇（高齢分野居宅サービス系事業所・施設）
相談しやすい、提案しやすい、意見を聞いてもらえるなど、働きやすい職場環境の改善。臨時職員も含めた処遇の改善に取り組んでいるが、全体的な給与の底上げが必要と感じている（保育所・こども園）
子どもを育てながらでも無理なく働ける環境（保育所・こども園）
入所施設の勤務シフトの見直し。子育て世帯への支援策の充実。非正規職員の柔軟な活用（障害福祉施設 児童・知的）

問25（2）中長期的な確保をすすめる上で有効と思われる層

中長期的な確保をすすめる上で有効と思われる層についても、過半数を超える項目はなかったが、49.5%の施設・事業所が「次世代の子どもたち（小中学生、高校生）」と回答した。次いで、「福祉を専門に学んでいない大学生」が35.6%、「福祉を専門に学ばないで卒業して、他の業界で働いていた転職者」が33.8%であった。（図45）

このような層を確保していくために必要な条件整備を自由回答で尋ねると、「職場体験など、学校教育の中で福祉について学べる時間の充実」や「ボランティアや実習生の積極的な受入れ」、「福祉職のイメージ改善」、「人員配置基準、給与、処遇の見直し」といった回答が得られた。（表20）

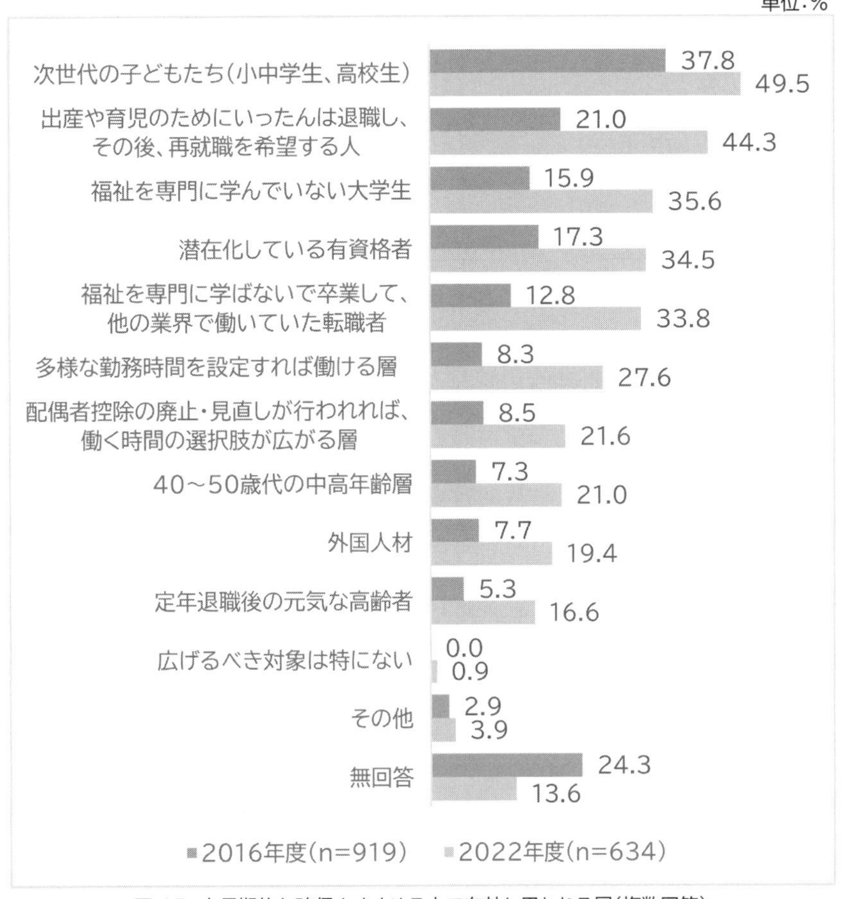

図45　中長期的な確保をすすめる上で有効と思われる層(複数回答)

表20 [回答例]中長期な確保をすすめる上で必要となる条件整備(自由回答)　n=147

待遇の見直し。若い世代が魅力的に感じるものを整備(特別養護老人ホーム)
教育体制の点検及び修正。資格取得に向けてのフォローアップ(特別養護老人ホーム)
労働内容に見合った専門職としての処遇改善が必要(高齢分野居宅サービス系事業所、施設)
保育の仕事について知ることができ、興味を持てるような交流の場の機会を多く設ける(保育所・こども園)
税金の制度が変わることで(扶養控除)年間所得を気にせず働ける整備(保育所・こども園)
福祉の仕事の魅力の浸透。福祉を学ぶ学生に向けてもさらなる発信が必要(母子生活支援施設)
福祉の仕事の体験や学べる機会を増やすこと。総合学習の授業に入れ込むなど(更生施設)
学校などと積極的に交流を持つ機会を増やす(障害福祉施設　成人・身体)
HP などでの職場の魅力発信、気軽な実習生・インターンシップ・アルバイトの受け入れ、多様な働き方のシステム作り(障害福祉施設　成人・知的)

問 26　外国人材の受入れ状況について

外国人材の受入れについて、雇用の状況や受け入れて良かったこと、工夫したことなどを尋ねた。

ここでの「外国人材」は、短期間日本で働く外国人から、日本に長く住んでいる外国人までを指し、例えば、EPA、留学生、定住者、永住者、日本人の配偶者等、永住者の配偶者等、介護、技能実習、特定技能、特定活動 46 号などの方を想定している。

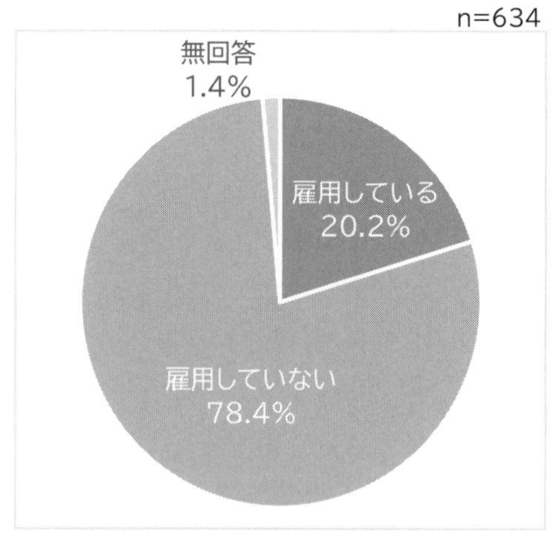

図46　外国人材の雇用状況（単数回答）

（1）外国人の雇用の有無

外国人材の雇用については、「雇用している」施設・事業所が 20.2％、「雇用していない」施設・事業所は 78.4％であった。（図 46）

主な分野ごとにみると、特別養護老人ホーム、養護老人ホーム、軽費老人ホームを含めた高齢分野では 61.4％が「雇用している」と回答し、多くの施設・事業所で介護職員として外国人材を雇用していることが分かる。障害や保育の分野では約 1 割の施設・事業所が雇用している。（図 47）

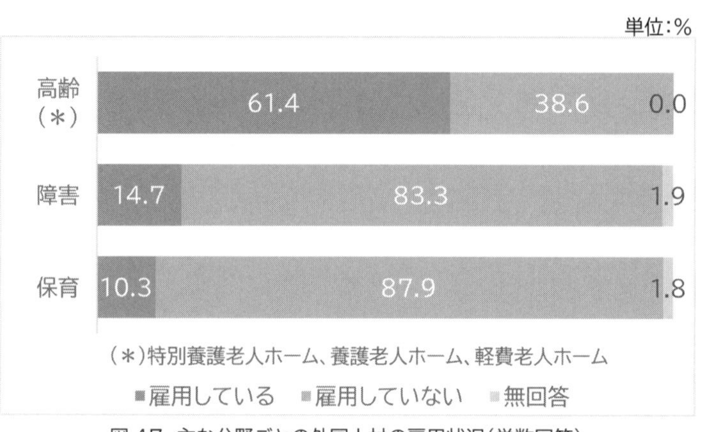

図 47　主な分野ごとの外国人材の雇用状況（単数回答）

（2）雇用人数

外国人材を雇用している施設・事業所に、雇用人数を尋ねると、「1 ～ 3 人」が 57.8％、次いで「4 ～ 6 人」が 21.9％であった。（図 48）

主な分野ごとにみると、どの分野でも「1 ～ 3 人」が最も多い割合となったが、高齢分野では「4 ～ 6 人」も 34.3％を占めている。（図 49）

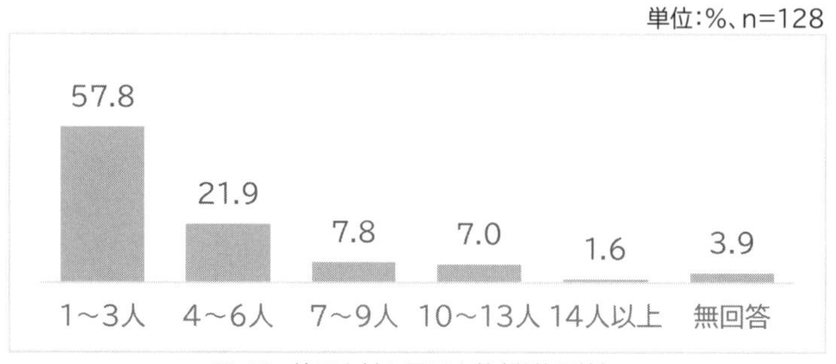

図 48　外国人材の雇用人数（単数回答）

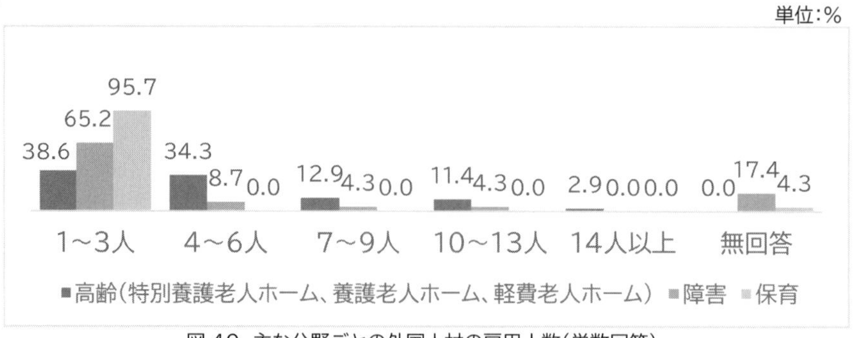

図 49　主な分野ごとの外国人材の雇用人数（単数回答）

（3）外国人材を受け入れて良かったこと

外国人材を受け入れて良かったことは、「異文化への理解が深まった」が45.3%、次いで「指導体制の見直しができた」が30.5%、「職場の雰囲気が良くなった」が28.9%だった。（図50）

具体的には、「外国人教育担当者を設置して指導することで、これまでにはない課題に気づくなど、自らの業務内容への理解が深まった（特別養護老人ホーム）」や「外国人職員の母国料理を子どもたちと一緒につくり、異文化への理解が進んだ（児童養護施設）」、「伝え方などの仕組みが日本人に対しても有効な方法であった（障害福祉施設　成人・知的）」といった声がきかれた。

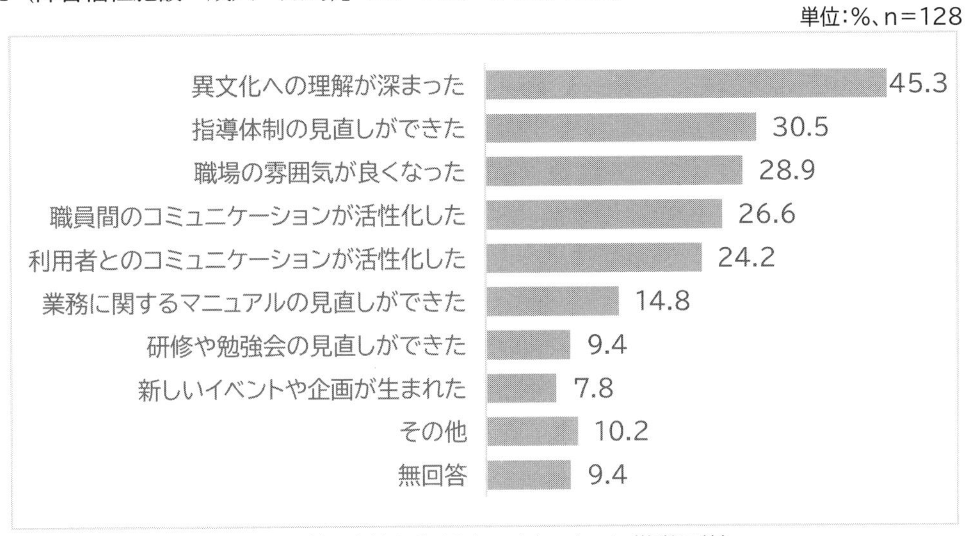

図50　外国人材を受け入れて良かったこと（複数回答）

（4）外国人材の受入れにあたり工夫したこと

外国人材の受入れにあたって工夫したことは、「外国人職員への説明を丁寧に行った」が62.5%と過半数を超えた。次いで、「外国人職員への業務に関する指導の時間を確保した」が35.9%、「住居や生活に必要な物品を用意した」が28.9%であった。（図51）

具体的には、「利用者の名札や記録用紙等にローマ字表記を追加。口頭で理解を得ることが難しい場面では動画等で説明する（特別養護老人ホーム）」や「衣類の準備、支給。住居の提供。地域のコミュニティへの参加促進を行い、定期的に参加している。日本人職員＋先輩外国人職員を必ず付けてOJTを行っている（障害福祉施設　成人・知的）」といった工夫が挙げられた。

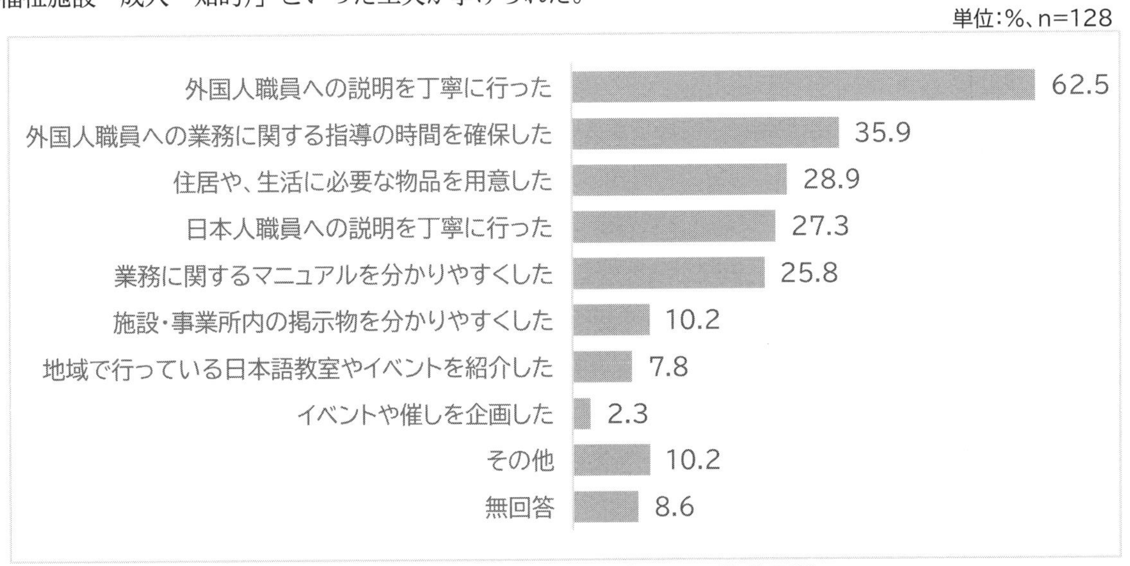

図51　外国人材の受入れにあたり工夫したこと（複数回答）

（5）外国人材の受入れにあたり、整備が必要だと思われること

外国人材の受入れにあたって整備が必要だと思われることは、「指導できる人員」が59.0%、次いで、「日本語の指導」が44.3%、「利用者の理解を深めるための取組み」が31.9%であった。(図52)

具体的には、「言葉の壁があるので、申し送りや記録等正確に行うために日本語教育は必要。日本の文化等の理解をしてもらい、利用者理解を深めてもらう必要がある（特別養護老人ホーム）」、「マンツーマンでの指導が必要なため、人員にゆとりがないと丁寧な指導が難しい（その他）」といった内容が挙げられた。また、保育や児童分野からは、子どもたちと接する仕事であるため、言葉以外にも日本の文化などを教えることは難しいのではないかといった声も寄せられた。

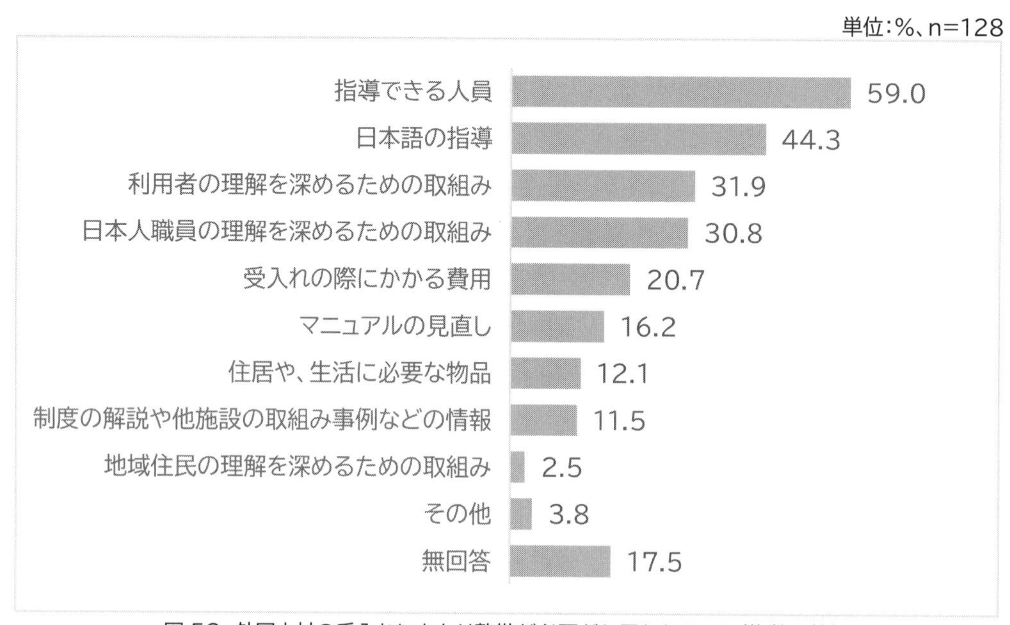

図52　外国人材の受入れにあたり整備が必要だと思われること（複数回答）

問 27　福祉業界が協働して福祉人材の確保・育成・定着をすすめていくために必要な取組み

福祉業界が協働して福祉人材の確保・育成・定着をすすめていくために必要な取組みについて尋ねたところ、上位にあがってくる項目は2016年度と同様で、「福祉の仕事の専門性を明確にし、処遇改善をすすめる」が71.8%、次いで「福祉の仕事の魅力と正しい理解を発信していく」が67.7%、「教育分野と連携して、福祉の仕事に関する理解を次世代に向けて積極的にすすめる」が67.4%であった。（図53）

最も割合が多かった「処遇改善」については、「個人的な給料改善のみに終始せず、人員配置や人件費率の改善により、労働負荷を下げることも重要（特別養護老人ホーム）」や「福祉は、命を預かる大変な仕事。大きな重責を担うに値する賃金改善をしなければ、人材確保は難しい（保育所・こども園）」などの声がきかれた。これらと合わせて、「人と関わる仕事だからこそのやりがいや楽しさなどを若い世代へ伝える（特別養護老人ホーム）」といった、福祉の仕事の正しい情報発信を引き続き行うことが必要といえる。

単位:%

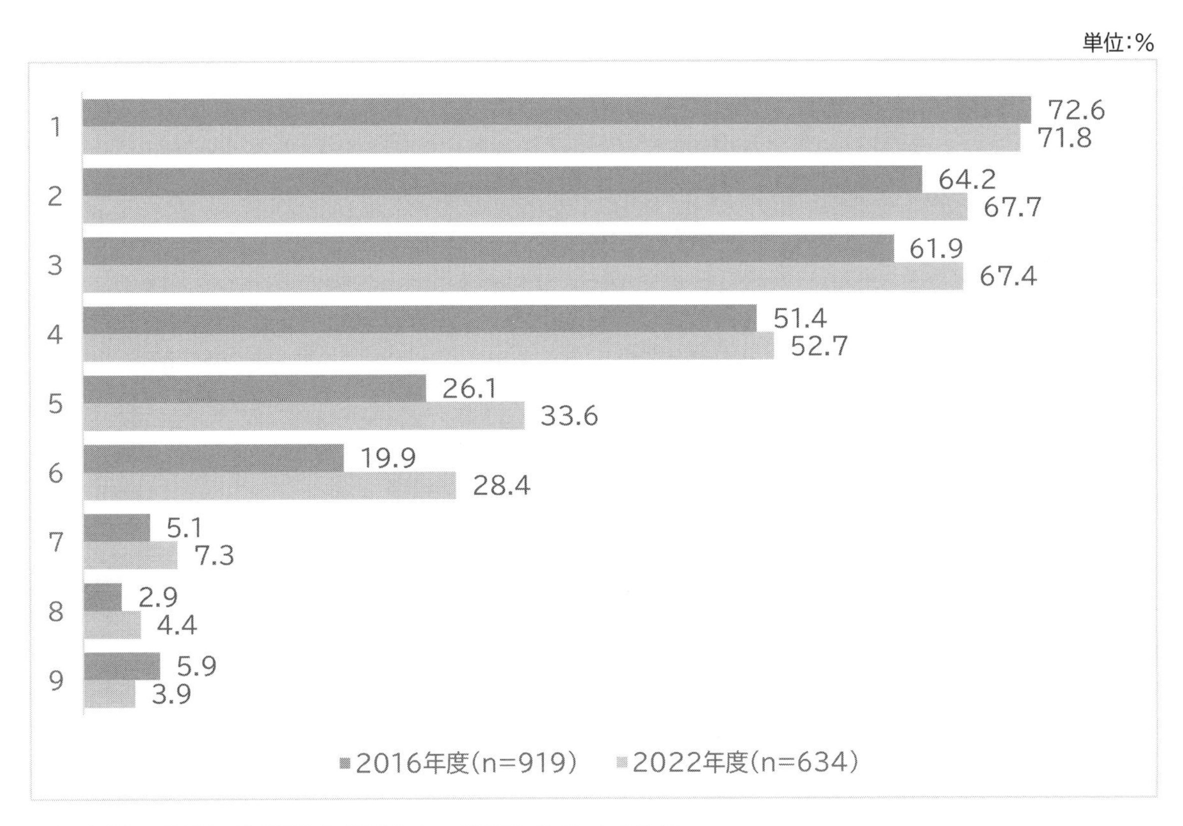

1 福祉の仕事の専門性を明確にし、処遇改善をすすめる
2 福祉の仕事の魅力と正しい理解を広く発信していく
3 教育分野と連携して、福祉の仕事に関する理解を次世代に向けて積極的にすすめる
4 地域で各施設が積極的に魅力ある実践に挑戦する姿を発信し、福祉の仕事のイメージを高める
5 福祉業界外の人材が福祉業界に入っていることを業界が協働して推進する
6 福祉業界内の転職をキャリアとして位置付け、業界内での人材の流動をすすめる
7 福祉業界で協働するよりも、福祉人材の確保は個々の事業所の課題である
8 その他
9 無回答

図 53　福祉業界が協働して福祉人材の確保・育成・定着をすすめていくために必要な取組み（複数回答）

問 28　福祉人材の確保・育成・定着のために、地域の他の施設等と連携して取り組んでいること

福祉人材の確保・育成・定着のために、地域の他の施設等と連携して取り組んでいることを自由回答で尋ねた。福祉人材の「確保」については、区市町村域などで種別を超えた合同就職説明会への参加や、学校への積極的な訪問、実習生等の受入れといった内容がみられ、「育成・定着」の面では、合同研修や交流研修などを実施している施設・事業所があることが分かった。

これらは 2016 年度の結果とも同様の傾向だが、今回は、新型コロナの影響でこれまで地域の他施設と連携して行っていたことが休止・中止となっている状況もみられた。逆に「感染症対策として連携を図ることができ、今後さらに高めていきたい」といった期待もある。（表 21）

表 21 ［回答例］福祉人材の確保・育成・定着のために、地域の他の施設と連携して取り組んでいること（自由回答）　n=144

(1)人材の確保に関すること
法人の垣根を超え、合同で自地区に介護人材を取り込む体制づくりとし、毎年、合同就職フェア＆合同研修会を開催している（特別養護老人ホーム）
合同就職相談面接会の開催、地域内の専門学校と連携して留学生の学費支援など（特別養護老人ホーム）
近隣小学校への総合的な学習の授業への特別講師としての職員の派遣を実施。福祉の仕事について、小学生のうちに教える機会を提供できていると思っている（特別養護老人ホーム）
地域の小学校高学年に認知症サポーター養成講座を開催している（地域包括支援センター）
地域全体で就職フェアを行ったり、情報共有を進めたりしている（保育所・こども園）
近隣大学への出張講義の時間を設定して頂く等、大学生に向けて魅力を発信している（児童養護施設）
地域の社会福祉協議会と社会福祉法人と連携して、就職フェアを行っている（母子生活支援施設）
同じ地域の幼児・児童施設、医療機関、福祉事業所等が連携し、協力体制を確立し、町づくり、職員採用促進のため、イベントや HP、SNS 等を活用し、活動している（障害福祉施設　成人・知的）

(2)人材の育成・定着に関すること
法人内の施設と応援体制や研修を合同で行うなど連携している。お互い学び合える、助け合える環境を作っている（保育所・こども園）
地域の協議会に参加。その中で定員問題や職員の資質や技術の向上に向けた取組みとして研修等を計画、職員を参加させている（保育所・こども園）
業界組織の活動で、同種別施設との研修や交流等で知見を拡げる取組みを継続している（施設見学,実践発表,職員交換研修など）（障害福祉施設　児童・知的）

(3)その他
感染症対策で連携を図ることが理解できたので、今後さらに高めていきたい（特別養護老人ホーム）
行っていたことはコロナでほとんど中止となってしまった（保育所・こども園）
コロナ禍は他施設との職員交換研修を実施していたが、現在はできていない（障害福祉施設　成人・身体）
他施設での体験実習を実施して、職員の質の向上や支援の気づきなどに取り組みたかったが、コロナで実施できなかった（障害福祉施設　成人・知的）

問29　福祉人材の確保・育成・定着のために、国や東京都、区市町村において取り組むべき施策

福祉人材の確保・育成・定着のために、国や東京都、区市町村において取り組むべき施策についても自由回答で尋ねた。主な内容としては、給与や人員配置基準、住宅費補助などの「処遇改善」、福祉の仕事に対する社会的地位の向上などをめざした「魅力の発信と正しい理解の促進」、「人材確保に関する費用の補助」、「学校教育との連携」などが挙げられた。（表22）

表22 [回答例]福祉人材の確保・育成・定着のために、国や東京都、区市町村において取り組むべきこと（自由回答）　n=257

(1)処遇改善 ●給与水準の引き上げ ●宿舎への補助や支援 ●職員配置基準の見直し
処遇改善の手当の増額、ガス・電気・食費の高騰に対する国や都の補助など施設運営に関する補助金の増額など（特別養護老人ホーム）
福祉人材全体の給与水準を上げる。人員増が可能な人件費の確保（軽費老人ホーム）
多様な働き方ができる仕組みづくり（高齢分野居宅サービス系事業所、施設）
宿舎借り上げ制度の継続（保育所・こども園）（保育所・こども園）
職員が安心して仕事を続けられる制度（児童養護施設）
職員配置基準および処遇の大幅な向上（乳児院）
福祉施設で働く介護職員以外の職員への処遇改善（救護施設）
とにかく給与水準を引き上げることをしてほしい（障害福祉施設　児童・知的）

(2)福祉の仕事の魅力発信 ●正しい情報発信や広報 ●学校教育との連携
福祉や介護の楽しさを、プラスのイメージで発信すること（特別養護老人ホーム）
福祉サービスの多くは、利用している人にとっては電気や水道と同じように、重要で基本的な社会インフラ。利用していない人は、その重要さが理解しづらい面がある。この乖離をもう少し埋めることができるような動きをしてほしい（高齢分野居宅サービス系事業所、施設）
福祉事業の魅力を国や区市町村がもっとアピールする必要がある（保育所・こども園）
不況に強く安定しており、女性が活躍できる業態などの事実を広報してほしい（障害福祉施設　成人・知的）
小中高の段階に、福祉への理解や魅力、働きがいを伝えるカリキュラムを位置づける（特別養護老人ホーム）
学校教育の場から福祉の必要性を広く周知し、国の施策として推進してほしい（障害福祉施設　成人・身体）
コロナ禍、ICT の拡大など、人との直接的な関わりが減っている。学生時代にいろいろな人と関わったり協働したりする経験が必要。「人を好き」になることができるような人材育成を望む（障害福祉施設　成人・知的）

(3)人材確保への補助や支援
人材確保に向けての助成金（派遣料や紹介手数料等）（特別養護老人ホーム）
人材紹介会社の制限（費用等）（保育所・こども園）
人材採用にかかる経費の補助制度がほしい（障害福祉施設　成人・知的）

問 30　福祉人材の確保・育成・定着のために、東社協として取り組むべきこと

福祉人材の確保・育成・定着のために、東社協として取り組むべきことを自由回答で尋ねた。処遇改善等の働きかけや、人材確保・育成の機会の充実、福祉の魅力に関する発信、情報提供などの回答が得られた。現状や課題を整理し、多様な視点からの取組みの実現が求められている。（表 23）

表 23 ［回答例］福祉人材の確保・育成・定着のために、東社協として取り組むべきこと（自由回答）　n=164

(1)人材の確保に関すること
人材紹介、ツールの開発・充実（特別養護老人ホーム）
保育フェアは就業につながるので、現在行っている複数区のフェアを増やせるとありがたい（保育所・こども園）
「福祉のお仕事」の活性化や、合同就職説明会の開催件数・開催地域を増やしたり、都内をブロックに分け年数回開催したりするなど（母子生活支援施設）
新卒採用・中途採用など人材確保イベントの積極的な実施（障害福祉施設　成人・知的）
小中学生、高校生向けの体験型実習等の機会を作っていただきたい（障害福祉施設　成人・知的）

(2)人材の育成・定着に関すること
研修機能の充実（特別養護老人ホーム）
職種、階層別または横断的な多様な研修の機会を作ってほしい（地域包括支援センター）
人材育成に向けた取りくみ方など、リーダー層研修の充実（保育所・こども園）
職員育成のための研修の実施。オンライン研修だと参加しやすいが、直接会っての交流や雑談なども貴重な機会だと感じている（障害福祉施設　成人・知的）

(3)福祉の魅力の発信や情報提供、都や国への働きかけ
若者に興味を持ってもらうため、時代の先を行くイメージアップの方策（特別養護老人ホーム）
福祉現場の紹介と職員の貢献度アピール・処遇の改善などのPR（高齢分野居宅サービス系事業所、施設）
福祉職のイメージアップに尽力してほしい（更生施設）
施設や事業所間の格差が生まれないような情報集約と啓発（児童養護施設）
各団体の取組みなどを知る機会を作ってほしい。人事考課などはなかなか他の取組みを知る機会がないので、ぜひ参考にしたい（障害福祉施設　児童・知的）
各事業所の優れた実践を共有できるようにする働き（障害福祉施設　成人・身体）
職員の配置基準の改善への働きかけ（保育所・こども園）
東京都への要望、福祉業界全体として声をあげられるようなとりまとめ（母子生活支援施設）
他業種との給与格差是正や人員配置基準の見直し等の政策などを進めてもらえるよう、調査・研究をし、行政に積極的に働きかけてほしい（障害福祉施設　成人・知的）

(4)その他
外国籍の人が働く環境を整えるための援助（特別養護老人ホーム）
政治家や行政にインパクトのある提案や、一般の人への福祉のイメージアップ戦略をたてられる東社協の人材の育成（保育所・こども園）
福利厚生の充実。施設単位だと限界がある（児童養護施設）

問31　新型コロナの感染拡大による福祉人材の確保・育成・定着への影響

新型コロナの感染拡大による福祉人材の確保･育成･定着への影響を自由回答で尋ねた。「特に影響はなかった」という回答が一定数あった一方で、「施設見学等や実習生の受入れを中止にせざるを得ず、人材の確保が困難だった」や、「研修機会の減少や業務の増加により、育成が十分に行えなかった」、「通勤や対面の業務に不安を感じる職員がいた」、「職員間の交流がなくなってしまった」といった声が多くきかれた。（表24）

表24［回答例］新型コロナの感染拡大による福祉人材の確保･育成･定着への影響（自由回答）　n=267

(1)人材の確保について ●体験や施設見学、実習の受入れができなかった ●職場体験の受入れを中止せざるを得ず、福祉の魅力発信の機会が減ってしまった
コロナ禍で人材を確保するまでの福祉体験や施設見学等が困難で、ホームページや説明会だけでは職員の確保につながらない（特別養護老人ホーム）
新型コロナの影響で他業種からの未経験者の転職があった（特別養護老人ホーム）
中学生の職場体験が3年間中止となり将来的に福祉の専門学校に進もうとする人が減るのではないか。コロナと少子化でこれから新人（新卒）を確保するのはそうとう厳しくなる（保育所･こども園）
実習生受入れがなかなかできなかったので学生の入職に結びつかなかった（保育所･こども園）
コロナ禍で学生が施設に実際に赴いて事業所をじっくりと見ることができなかった（児童養護施設）
リモートでの就職説明会に切り替えてから、参加希望者が減っていった（母子生活支援施設）
見学会や実習･ボランティアの受入れを停止したため、福祉の魅力の発信機会が持てず、採用に苦戦した（障害福祉施設　児童･知的）

(2)人材の育成について ●研修機会の減少 ●指導の時間の確保
感染症についての知識などは身についたと思われるが、新人育成においては通常の業務を指導する機会を確保することに苦慮した（特別養護老人ホーム）
外への視点と外からの目がなくなり、意識が内側に向いている。ケアに必要な考えや、大事すべきことが考えにくくなってしまっているため、育成にブレーキがかかっている（特別養護老人ホーム）
職員の精神的な負担の増加により、今までに増して新人育成が難しい（時間と人手）（保育所･こども園）
外部の研修がWEB研修になり、従来の研修に比べ、「薄い」研修になってしまっている（児童養護施設）
オンライン研修のメリットもあるが、知識の定着は集合式が望ましい（障害福祉施設　児童･身体）

(3)人材の定着について
多くの職員が集まる機会がつくれないため、職場を離れた関係構築が難しい。また、プライベートでの息抜きに影響があり、ストレスをためてしまう職員も少なくない（特別養護老人ホーム）
実習をしたことのない学生が、入職した際、自分が思っていたのと違うと、退職した人がいた。コロナで実習ができず、授業もオンラインが多かったそう（保育所･こども園）
横のつながりが持てないことで、職員同士のコミュニケーション不足が生じている（児童養護施設）

B票（指導的職員向け）調査結果

年齢

回答した指導的職員の種別は、40歳代が最も多く45.7%、次いで50歳代が25.3%、30歳代が20.5%であった。（図54）

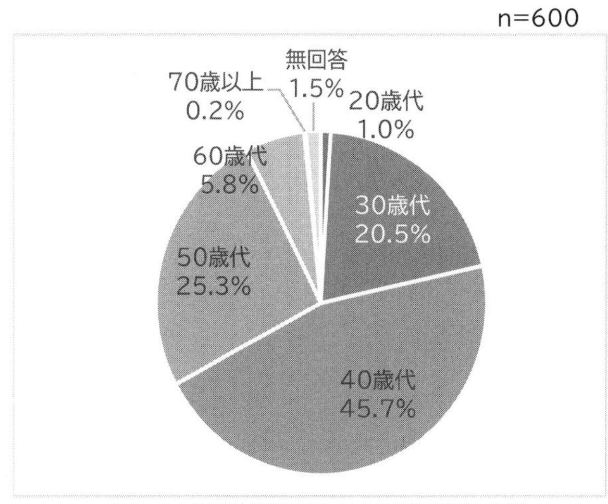

図54　指導的職員回答者の年齢（単数回答）

Ⅰ　施設・事業所の現況

問1（1）種別

回答種別は、「保育所・こども園」が最も多く36.5%、次いで「障害福祉施設・事業所（成人・知的）」が18.6%、「特別養護老人ホーム」が15.7%であった。種別ごとの回答率は以下の通り。（表25）

表25　種別ごとの回答状況（単数回答）

		n	%
1	特別養護老人ホーム	94	15.7
2	養護老人ホーム	5	0.8
3	軽費老人ホーム	9	1.5
4	老人保健施設	1	0.2
5	地域包括支援センター	6	1.0
6	高齢分野居宅サービス系事業所、施設	14	2.3
7	保育所・こども園	219	36.5
8	児童養護施設	39	6.5
9	自立援助ホーム	5	0.8
10	乳児院	9	1.5
11	母子生活支援施設	22	3.7
12	更生施設（宿提・宿泊所等）	11	1.8
13	救護施設	6	1.0
14	婦人保護施設	1	0.2
15	病院・診療所	2	0.3
16	障害福祉施設・事業所（児童・身体）	3	0.5
17	障害福祉施設・事業所（児童・知的）	11	1.8
18	障害福祉施設・事業所（児童・精神）	0	0.0

19	障害福祉施設・事業所(成人・身体)	15	2.5
20	障害福祉施設・事業所(成人・知的)	110	18.3
21	障害福祉施設・事業所(成人・精神)	1	0.2
22	その他	17	2.8
	全体	600	100.0

問1 (2)事業形態

「通所のみ」が45.8%と最も多かった。(図55)

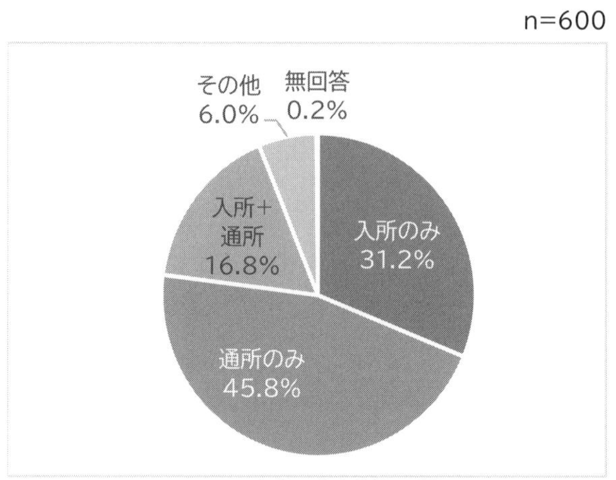

図55 事業形態(単数回答)

問1 (3)経営主体

経営主体は「社会福祉法人」が94.3%であった。(表26)

表26 経営主体(単数回答)

	経営主体	n	%
1	社会福祉法人	556	94.3
2	株式会社・有限会社	11	1.8
3	NPO法人	4	0.7
4	学校法人	4	0.7
5	個人立	3	0.5
6	公益財団法人	2	0.3
7	宗教法人	1	0.2
8	その他	7	1.2
9	無回答	2	0.3
	全体	600	100.0

問1（4）運営形態

「民設民営」が約7割を占めており、次いで「公設民営」が25.5%であった。（図56）

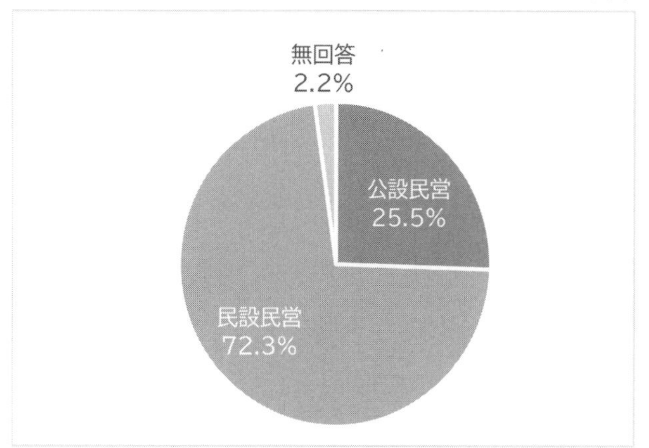

図56　運営形態(単数回答)

問1（5）法人規模

法人規模を尋ねたところ、「法人で経営している施設・事業所は複数（多業種）」が45.3%と最も多かった。ただし、「法人で経営している施設・事業所は複数（同業種）」が42.8%と、ほぼ同じ割合であった。（図57）

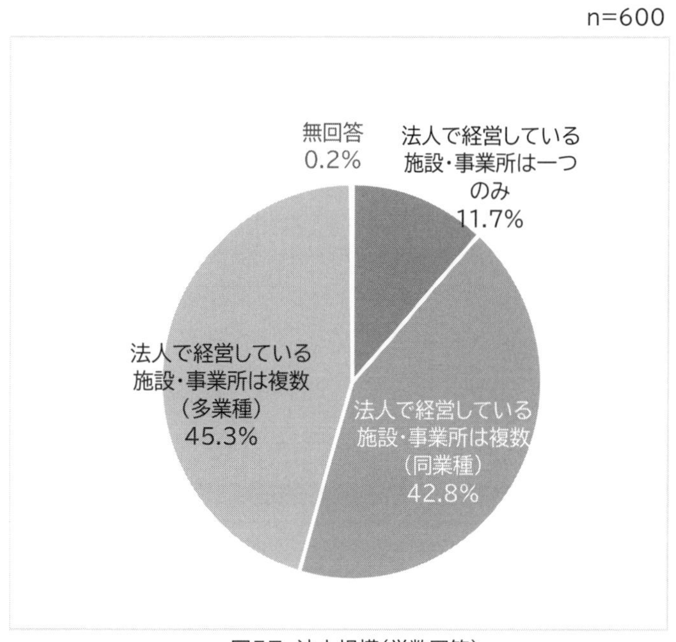

図57　法人規模(単数回答)

Ⅱ　指導職の現況

問２（1）職種

「介護員・指導員・支援員・保育士」が81.3％で最も多い。（図58）

「その他」の具体的な回答として、「機能訓練指導員」、「栄養士」、「支援員」、「サービス管理責任者」などの回答が挙げられた。

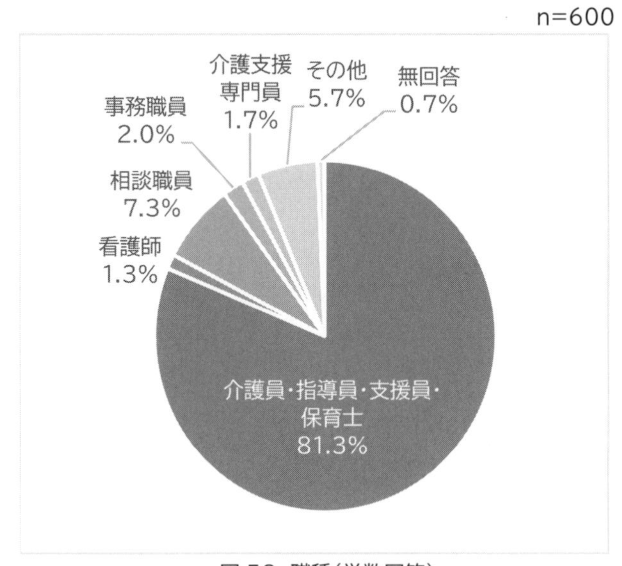

図58　職種（単数回答）

問２（2）雇用形態

回答者の97.3％が「正規職員」と、大多数を占めた。（図59）

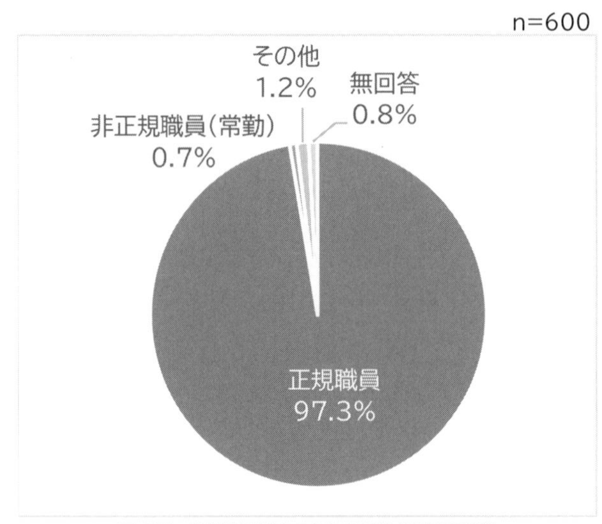

図59　指導的職員の雇用形態（単数回答）

問２（3）役職についてからの経験年数

指導的職員が役職についてからの経験年数で、最も多かったのは「～半年」で13.3％、次いで「～２年」が12.8％、「～３年」が11.7％と続く。（図60）

役職名を尋ねたところ、「主任」や「リーダー」の名称がつく役職の回答があった。主な名称は以下の表の通りであった。（表27）

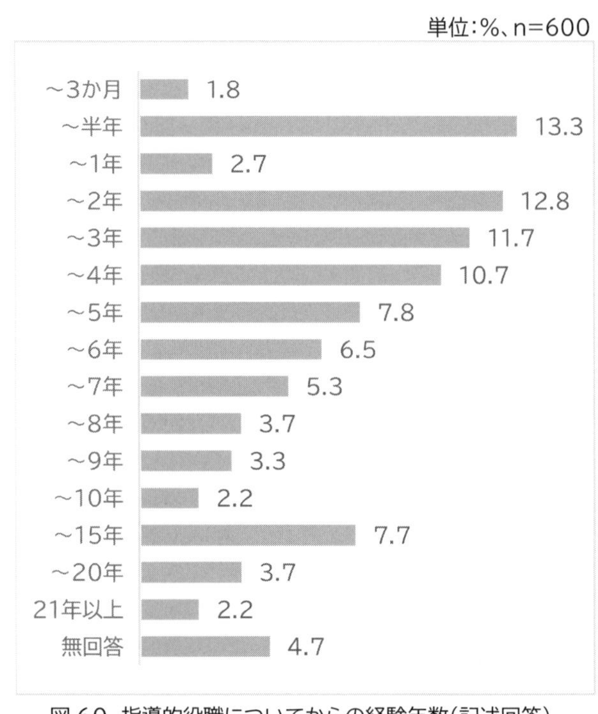

図60　指導的役職についてからの経験年数（記述回答）

表27 ［回答例］役職名（自由回答） n=571

●主任
介護主任、主任支援員、主任保育士、主任介護支援専門員、主任生活相談員、主任生活支援員・・・
●リーダー
保育リーダー、ケアリーダー、介護リーダー、支援リーダー、グループリーダー、ユニットリーダー・・・

問3 （1）現在の法人・事業所における勤務年数

回答のあった指導的職員の現在の法人・事業所における勤務年数は「21年以上」が最も多く30.8%、次いで「～20年」、「～15年」が22.5%と、15年以上勤務している割合が全体の4分の3であった。（図61）

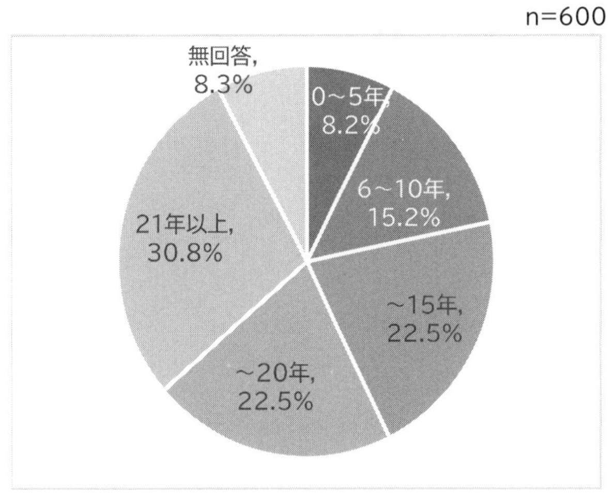

図61 指導的職員の現在の法人･事業所における勤務年数（記述回答）

問3 （2）福祉職場での勤務年数

回答のあった指導的職員の福祉職場での勤務年数は、「21年以上」が45.3%と約半数であった。（図62）

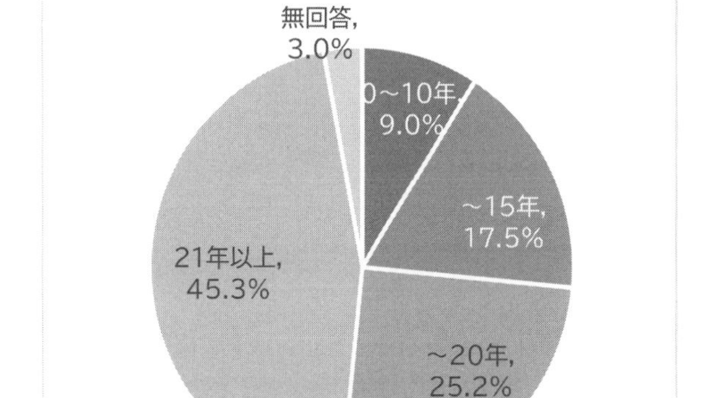

図62 指導的職員の福祉職場での勤務年数（記述回答）

問3 （3）現在の職場以外での従事経験

現在の職場以外での従事経験で最も多かったのは「福祉職場（同種別）」で22.0%であった。（図63）

「その他」の回答では、「飲食業」、「幼稚園」、「販売員」などの回答があった。

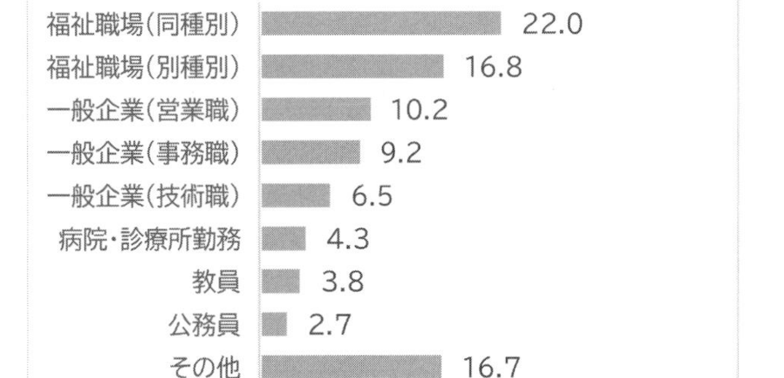

図63 現在の職場以外での従事経験（複数回答）

問3（4）最初の福祉職場への就職前の自身の最終学歴における専攻分野

指導的職員の最初の福祉職場への就職前の最終学歴は、「福祉（社会学）」が49.2%と半数を占めている。「教育系」が次いで16.8%であった。（図64）

「その他」として、「保育」が多く、「農業」、「芸術」などの回答が挙げられた。

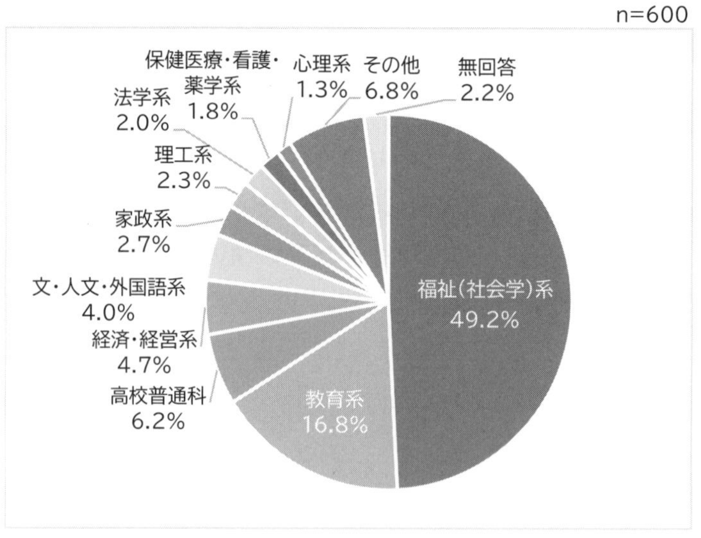

図64　最初の福祉職場への就職前の最終学歴における専攻分野（単数回答）

問4 保有している資格名、取得時期

保有している資格を採用前と採用後に分けて尋ねた。「保育士」や「社会副主事任用資格」は採用前に取得している割合が多かった（図65・66）。「介護福祉士」、「介護支援専門員（ケアマネジャー）」は採用後の方が取得した職員が多く、「社会福祉士」は採用前と採用後の割合が変わらないことから、高齢等の分野で働きながら資格を取得し、専門性を高めている職員が一定数いる状況がうかがえる。

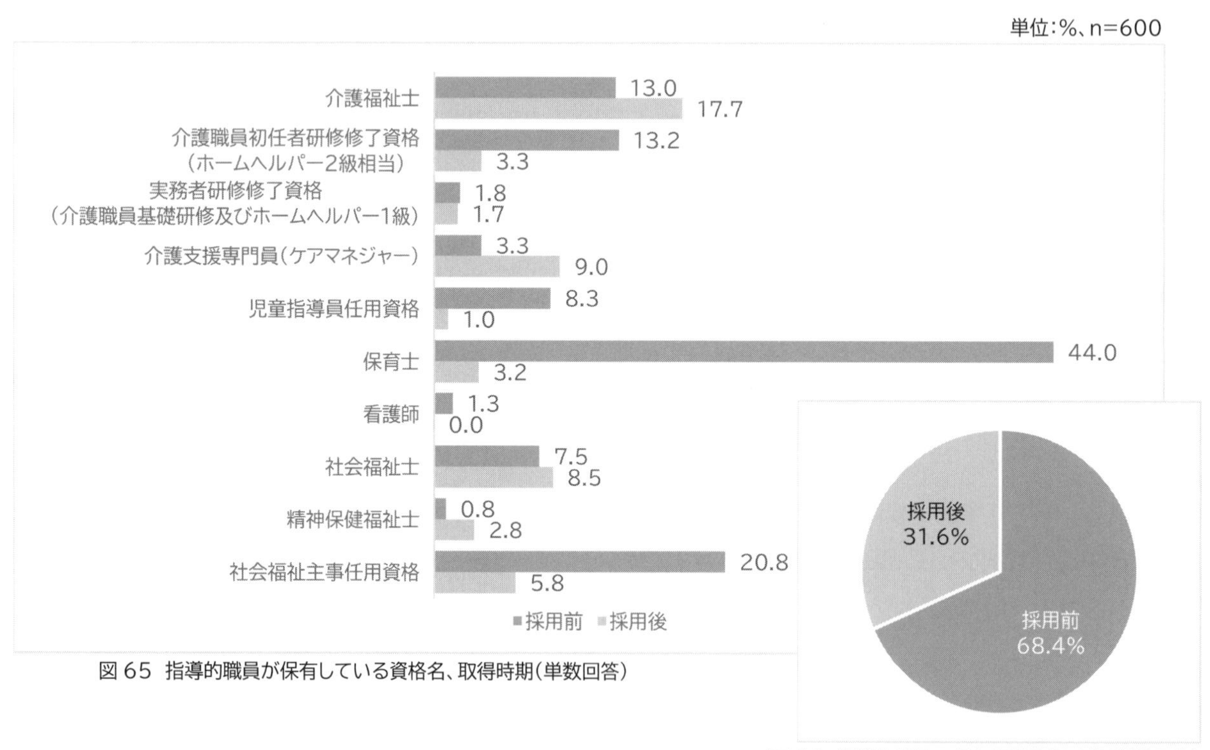

図65　指導的職員が保有している資格名、取得時期（単数回答）

図66　指導的職員の保有資格取得時期（単数回答）

問5 指導的職員として担っている業務

指導的職員として担っている業務は、「職員のやりとりに対するサポート業務」（91.0%）、「業務の管理（業務分担や調整）業務」（86.7%）、「直接サービス」、「スーパービジョン、指導・育成」（86.2%）などが多く挙がった。（図67）

「その他」の内容は「実習生の受入れ、指導」、「地域との連携、活動」などが挙げられた。

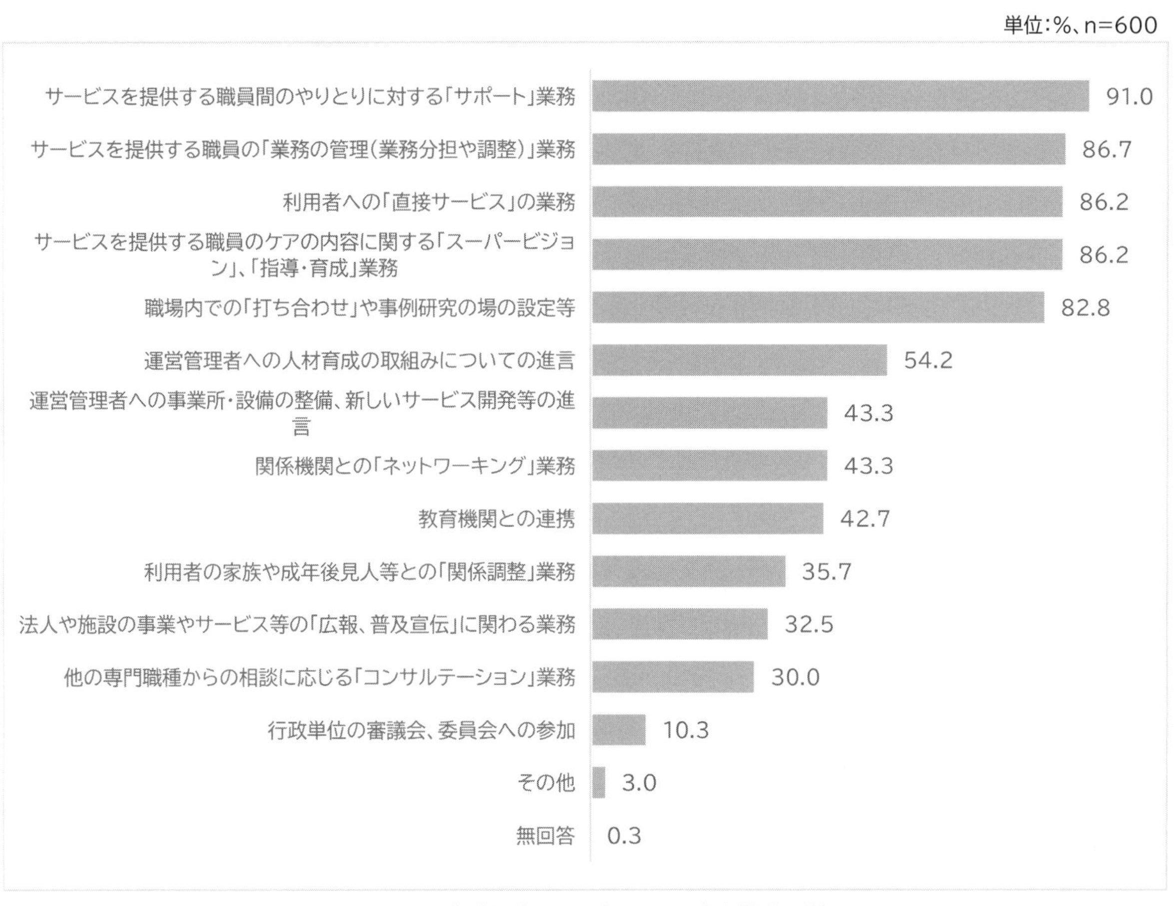

図67　指導的職員として担っている業務（複数回答）

問6（1）最近5年間で見られる業務量の変化

業務量の変化を尋ねたところ、「業務量が増えた」が71.5%であった。（図68）

2016年度は、同項目が72.4%と、ほとんど今回と変わらなかった。

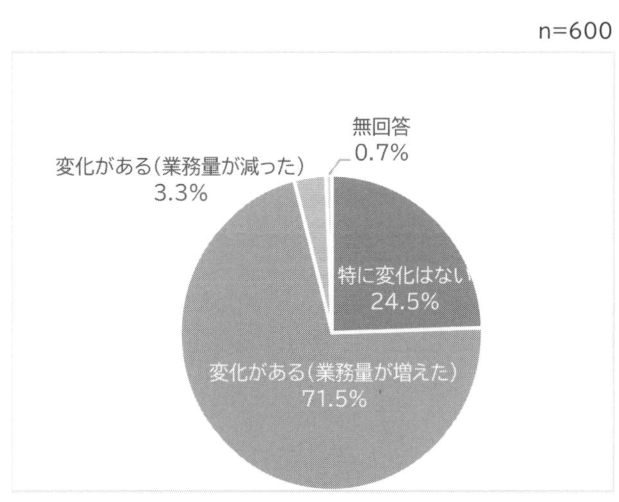

図68　指導的職員の業務量の変化（単数回答）

問６（２）最近５年間で増えたと感じる業務内容

指導的職員として担っている業務は、「人材不足に起因するシフトの調整や運営上の方策を提案する役割」（55.5%）、「困難な課題を有するケースへの対応」（55.0%）が過半数を超えたほか、「サービス提供のマネジメントや、直接サービスを提供する職員を指導する役割」（47.5%）などが上位にあがっている。（図 69）

「その他」の内容は「ICT 整備に係る業務」、「採用業務」「新型コロナ対応」（主に保育、障害分野から）などが挙げられた。

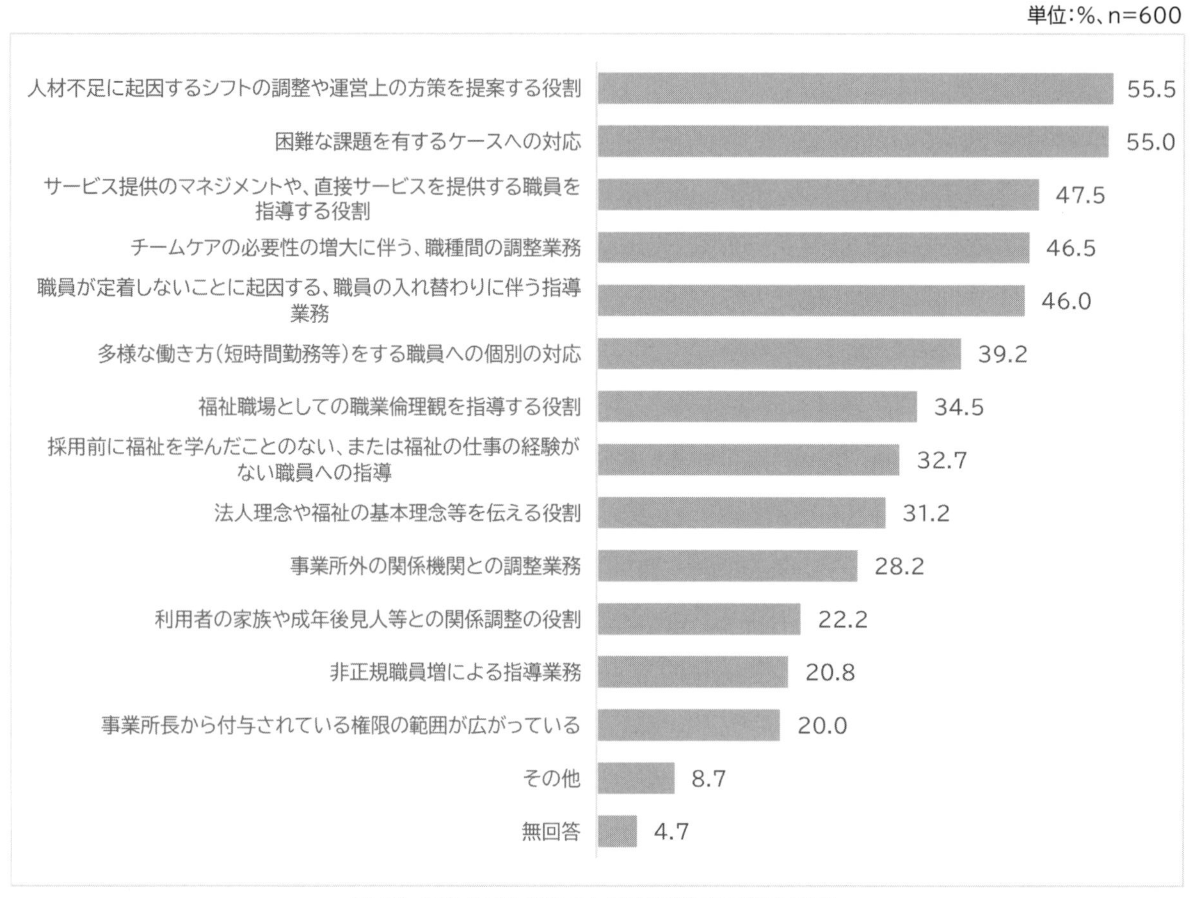

図 69　最近5年間で増えたと感じる業務内容(複数回答)

問7　指導的職員が考える役割ややりがい

指導的職員に自身の役割ややりがいを尋ねた。（図 70）

（1）「A：マネジメント型」（組織やサービスを最適な状態に保つための管理・調整者としての役割）か、「B：プロフェッショナル型」（これまでに修得した高いサービス技法を活かして、部下や後輩の見本となる専門職としての役割）かを尋ねた。「A に近い」「どちらかというと A に近い」を合計する（以下、「A」とする。「B」も同様）と、72.4% と約 7 割の指導的職員が役割を「マネジメント型」と捉えている。2016 年度は「A」が 66.4% (n=1,016) とその割合は増えている。

（2）「指導的業務への希望」では、「A：希望して行っている」が 47.5%、「B：他に就く人がおらず仕方なく行っている」が 51.5% と、ほぼ同じ割合だったが、仕方なく行っている職員の方がやや多い結果となった。2016 年度は「A」が 43.9%、「B」が 53.0% とその差はあまり変わっていない。

（3）「指導的職員としての望ましい実践」では、「A：望ましい実践ができている」のは 47.9%、「B：望ましい実践ができていない」のは 51.0% と、「できていない」の回答がやや多かった。2016 年度は、「A」が 48.0%、「B」が 49.8% と、こちらもほぼ同様の結果となった。

（4）「指導的職員としてのやりがい」では、「A：やりがいを感じている」が 74.7%、「B：やりがいを感じていない」が 24.4% と、やりがいを感じている指導的職員の方が多数を占めた。（2）で希望して指導的職員を担っているのは 47.5% だったが、それを上回っている。2016 年度も同様の結果がみられた。

（5）「指導的職員としての待遇」では、「A：待遇は見合っている」が 57.2%、「B：待遇は見合っていない」が 41.9% であった。2016 年度は「A」が 44.7%、「B」が 53.4% だったので、待遇が見合っていると感じる指導的職員が増えていることが分かった。

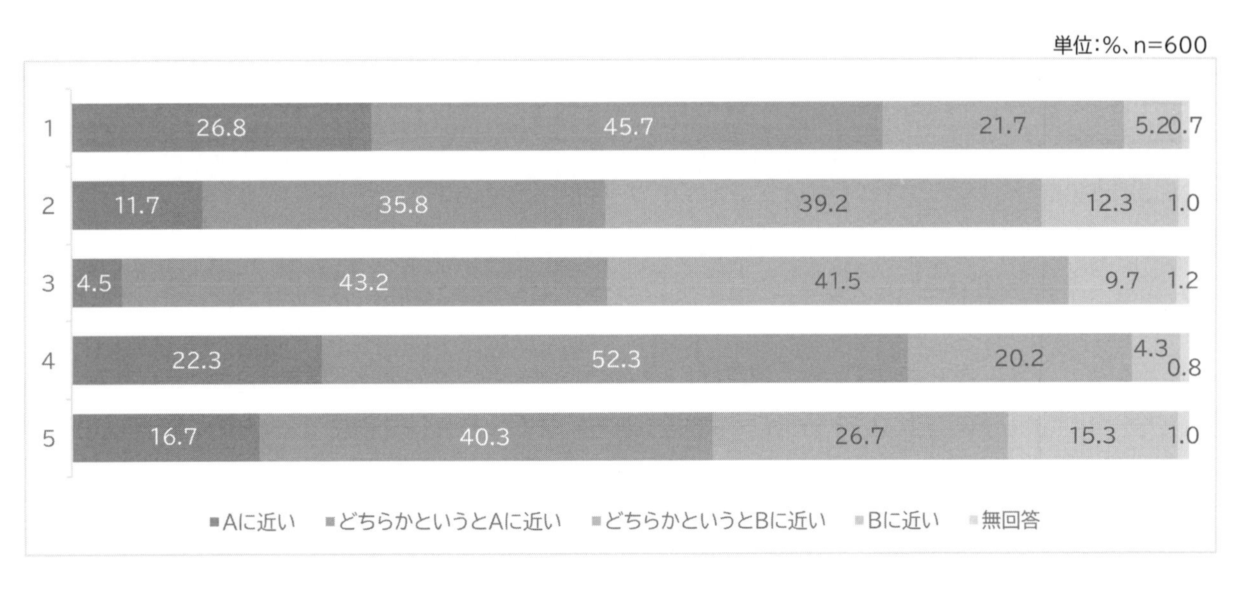

1 A:マネジメント型、B:プロフェッショナル型

2 A:希望して役職に就き指導的業務を行っている、B:他に就く人がおらず仕方なく行っている

3 A:指導的職員として望ましい実践ができている、B:望ましい実践ができていない

4 A:やりがいを感じている、B:やりがいを感じていない

5 A:自らの待遇は見合っている、B:求められる専門性や役割に見合っていない

図 70　指導的職員が考える役割ややりがい（単数回答）

問８（１）事業所における指導的職員として求められる実践

指導的職員として求められる実践を自由回答にて尋ねた。（表 28）

主に「職員の指導、助言、育成」、「働きやすい職場環境の整備」、「業務分担や職員間の調整」が挙げられた。また、「リーダーシップの発揮」や「職員の見本となる存在であること」等、指導的職員としてのあり方についての意見もあった。

表 28 ［回答例］指導的職員として求められる実践（自由回答）　n=473

(1)職員の指導、助言、育成 ●根拠を持ち、職員一人ひとりの経験や性格に合わせ、指導していくこと ●自身の経験や専門性や、法人の理念と照らし合わせる ●OJT やエルダー
根拠をしっかり持った指導、説明をする。利用者の気持ち、相手の気持ちをしっかり考えられる。本人のできるところを延ばす。できていない事は根拠を持って注意をする（特別養護老人ホーム）
専門的な知識と経験から園の方針に沿った指導ができる（保育所・こども園）
指導的職員自身の接遇等日頃の立振舞いが、重要視されており、信用・信頼される職員を目指す必要がある。その上で、実践的な経験を踏まえたスーパーバイズを行い、全てを引き受けてしまうのではなく、気付きを与える様な関わりが求められている（児童養護施設）
言葉や知識ではなく、実践を通して、規律をベースに自らの行いを基に指導していく事。納得理解してもらう為に、まずは自身で考えてもらう事から伝えていく（乳児院）
将来的に法人の管理職になりたいと思えるように、やりがいのある職場環境を提供し、丁寧に OJT を行ってやりがいを感じてもらえるようにする（障害福祉施設　成人・知的）

(2)働きやすい職場環境の整備 ●職員が働きやすく、能力を発揮できる環境の整備 ●新人からベテランまで職員同士のコミュニケーションをサポート ●職場環境を整備することで、職員の定着にもつなげる
職員の特性やスキルを把握し、それぞれの自主性や想像力が発揮できる様な環境を作る。また、スキルや意欲を伸ばすための OJT の仕組みを作る（高齢分野居宅サービス系事業所、施設）
法人や園の方針を職員に伝え、保育の中に落とし込み子ども達の環境が良くなるよう、同じ思い考えで保育できること（保育所・こども園）
職員が自分の意見をだせる、話し合える職場づくりを行う。困った時迷ったときに同僚や先輩に相談できる環境を整える（母子生活支援施設）
働きやすい職場環境を整え、より良い利用者支援につなげていく。コミュニケーションがとりやすく、なんでも相談できる雰囲気作り（救護施設）
特性に沿って細分化している利用者グループそれぞれが円滑に日々を送れるような直接フォローや、環境整備、職員体制整備。加えて事業所全体が前進するようなアイデアや意見の発信と実践（障害福祉施設　成人・知的）

(3)業務分担や職員間の調整 ●職員間における役割や業務分担、勤務シフトの調整 ●同じ方向を向いて支援できるように、施設内外や他職種との連携、調整を行う
職員間における役割や業務分担における指導調整や多職種間における連携の調整(特別養護老人ホーム)
園運営が円滑に行なわれるよう調整、フォローする(職員、保護者)(保育所・こども園)
児童に対する支援方針、自立支援計画書の管理や職員指導、各種専門職員との連絡調整を行うスーパーバイザーとして、施設の組織的な支援体制の確保や人材育成を行うこと(児童養護施設)
利用者、家族、職員員からの要望、課題に対して、聞くこと、様々な意見をまとめ調整し、対応の方向性を導く(障害福祉施設　成人・知的)

(4)指導的職員らしい人物像 ●多様な知識や福祉の専門性をもっている ●法人理念の実現にむけて行動し、職員に伝えること ●リーダーシップを発揮すること
知識スキルなど高い専門性を得ている。またしっかり意見を発信できる行動量も必要(特別養護老人ホーム)
専門知識をしっかり持った上での他職員へのアドバイス、指導、1 人 1 人との関わりの中で相手をしっかり理解すること(保育所・こども園)
サービスの見本となる専門的知識が豊富であり、必要に応じて同僚へのスーパーバイズを行う(母子生活支援施設)
スタッフのロールモデルとなる倫理観、支援間、専門知識を有し、上長として(人として)尊敬され、信頼される仕事ができること(障害福祉施設　成人・知的)
事業所として求められる業務を理解し、組織の理念・方針と照らし合わせ部下の業務を管理・確認する。また自身も事業所の意義・価値を高めるため新たな取り組みなどを創出していく見本となること(特別養護老人ホーム)
法人理念と施設ビジョンなどを理解し、それらを職員に伝わる形でおろしていくこと。職員の困ったとき、迷った時の相談相手(乳児院)
周囲へ積極的な働きを行い、周りを巻き込みながら組織改革を成し遂げる。メンバーからの信頼を得てリーダーシップを発揮する(母子生活支援施設)
・リーダーとして職員をまとめ意見を言いやすい風土を積極的の作りチームとして支援できるように務める。 ・専門的な知識を深め家族、関係機関や職員に還元していく(障害福祉施設　成人・知的)

問8（2） 事業所において求められる実践を行うために課題と感じていること

指導的職員として求められる実践を行うために課題と感じていることを自由回答にて尋ねた。(表 29)

大きく「職員の育成にあたる際の課題」、「職員の多様化と職場環境の改善」について回答があった。人手不足により、業務が多忙で指導にかける時間が不足していると回答した職員も多い。

表 29 [回答例]事業所において求められる実践を行うために課題と感じていること(自由回答)　n=473

(1)指導的職員が育成にあたる際の課題 ●業務の多忙により、自身の業務や育成にかける時間やゆとりがない ●自身の知識向上
業務量が多くて、指導的職員としてのいろいろ検討する時間や、実践に費やす時間が限られる。外国人の職員や、資格や経験のない職員が増えており、職員の育成にかける時間が増えている(特別養護老人ホーム)
指導的職員が抱える業務も多く、他職員に OJT できる時間が十分に取れない(高齢分野在宅サービス系事業所・施設)
現場に入る(入れる)時間が足りない。事務業務が多すぎる。分担できる人材が確保できない(保育所・こども園)
指導に関する技術が不足していること(更生施設)
利用者一人一人をより理解すること。直接支援により携わること。制度やサービスに対する知識と理解を深めること(障害福祉施設　成人・知的)

(2)職員の多様化と職場環境の改善 ●事業所の人材不足、多様な背景を持った職員が増えたことで丁寧な指導が求められる ●支援の質の向上、統一性 ●情報共有や連携が難しい
個々の能力に合わせた指導・育成を行うこと。人員不足により十分な指導が行えない(特別養護老人ホーム)
外国人労働者が増えており、言語での理解にずれが生じたり、文章で伝えることが上手く伝わっていないことがある。非常勤の高齢化があり、サービスが統一できるよう繰り返し伝える必要がある。時間のない中でも丁寧な指導が必要となっている(経費老人ホーム)
育成にかける時間が不足している。(人材不足のため)後輩育成ができるベテラン層が不足している。育っていない(障害福祉施設　成人・知的)
外国人労働者が増えており、言語での理解にずれが生じたり、文章で伝えることが上手く伝わっていない事がある。非常勤の高齢化があり、サービスが統一できるよう繰り返し伝える必要がある。時間のない中でも丁寧な指導が必要となっている(特別養護老人ホーム)
コロナ禍で今までのような保育実践ができなくなったことによる職員の意識統一。若手職員の育成(保育所・こども園)
情報共有は行えているように感じるが、問題・課題の共通認識ができていないように感じる。日々の業務や受注作業に追われてしまい、部下への指導が怠ってしまっている(障害福祉施設　成人・知的)
多様化する職員像・働き方への対応、スキル格差がある中で、経験年数や役割に応じた研修体制の再構築が必要(障害福祉施設　成人・身体)

問9　現在の施設事業所に長く勤めている決め手

2022年度は、指導的職員に長く勤めている決め手について、新たに問いを設けた。

長く勤めている決め手として、約6割の指導的職員が「仕事にやりがいがある」と回答したほか、「職場の人間関係が良い」(56.3%)、「職場までのアクセスが良い」(47.3%) などが挙げられている。(図71)

「その他」として、「給料が良い」、「使命感、責任感」、「利用者が好き、関わることが楽しい」、「福利厚生、休みがしっかりしている」、「期待されている、努力をくみ取ってもらえる」などの回答が挙げられた。

単位:%、n=600

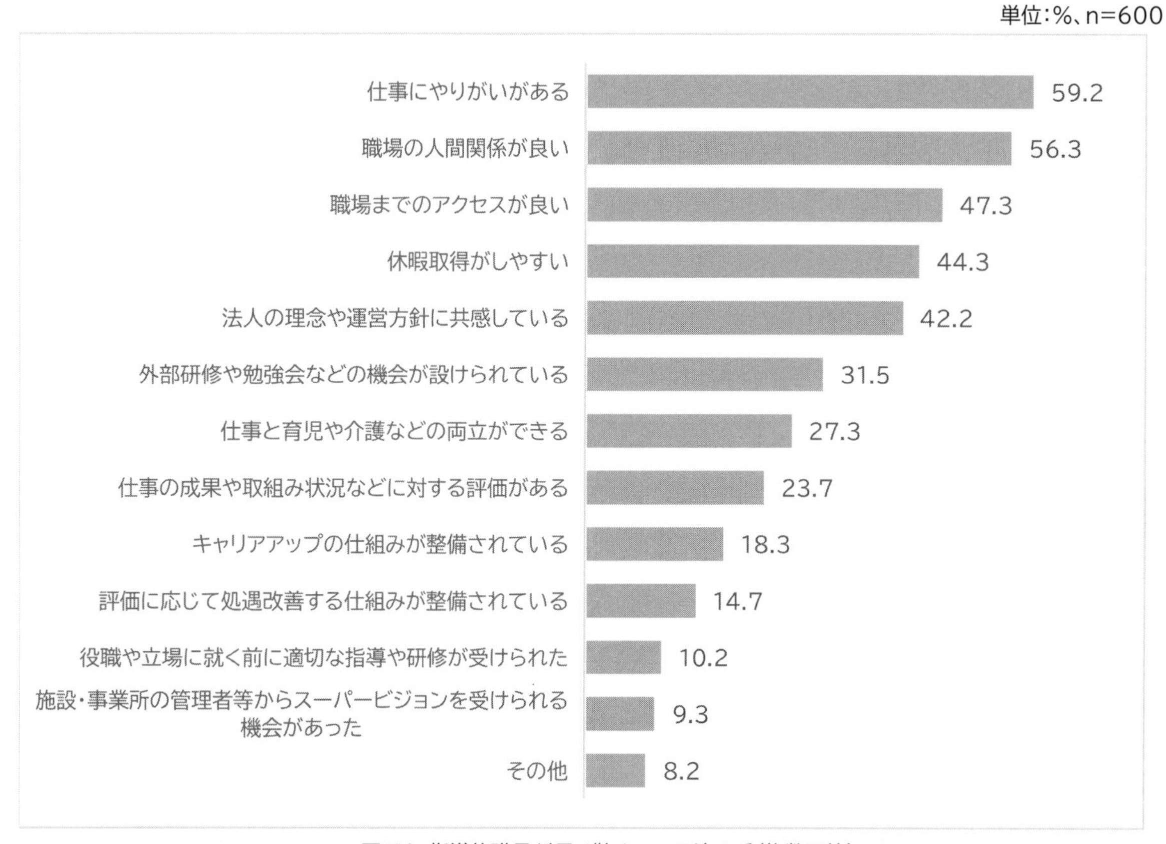

図71 指導的職員が長く勤めている決め手(複数回答)

Ⅲ　指導的職員育成の現況

問 10 「指導的職員」に必要とされる資質

必要とされる資質として「福祉関係の専門的な知識や技術を持っていること」（65.0%）のほか、「課題の発見とそのための改善方策を見極める力を有していること」（56.5%）、「現場で起きている課題を的確に上司に伝達し、組織としての対応につなげること」（52.3%）が上位に挙げられた。（図 72）

2016 年度は「職員集団をマネジメントする力を有していること」が上位から 3 番目であったが、今回は 6 番目となった。

「その他」として、「人間性」、「聴く力」、「コミュニケーション力」、「それぞれの立場に経った考え方ができること、調整できること」などが挙げられた。

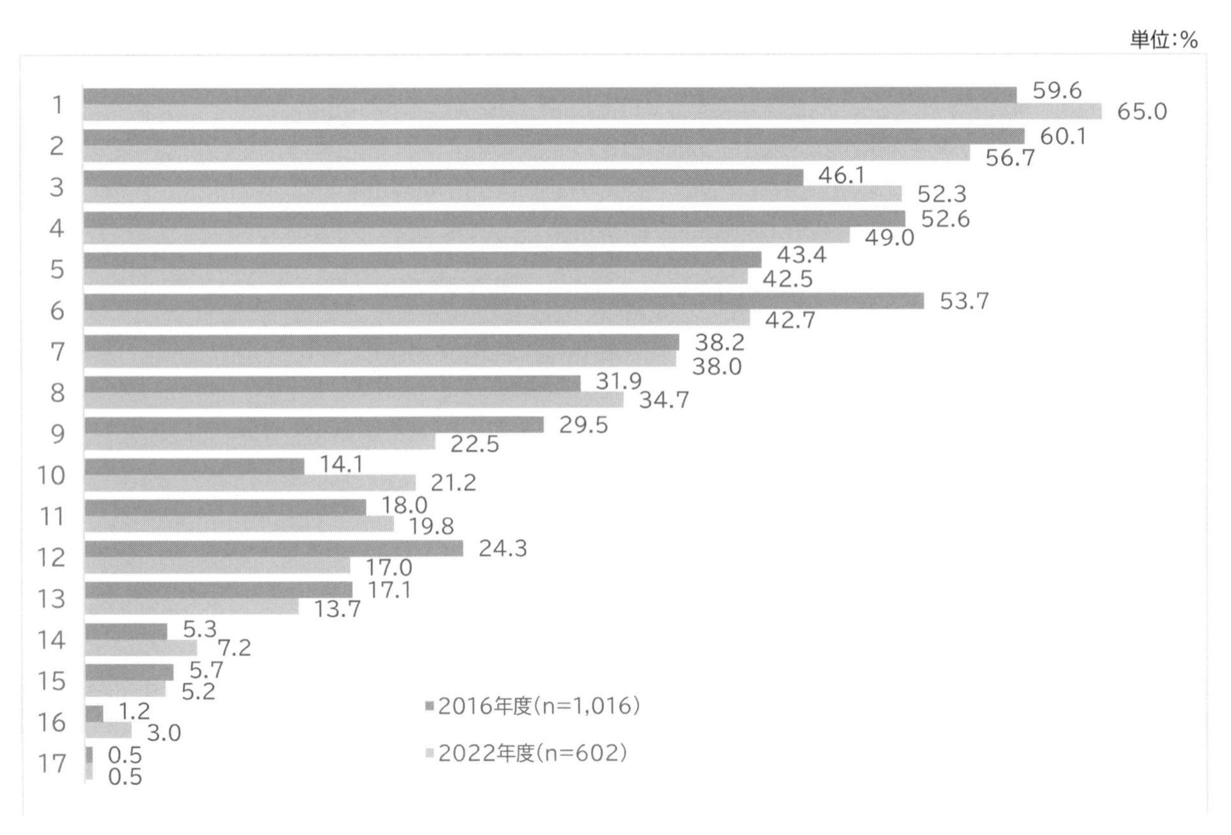

1 福祉関係の専門的な知識や技術を持っていること
2 課題の発見とそのための改善方策を見極める力を有していること
3 現場で起きている課題を的確に上司に伝達し、組織としての対応につなげること
4 組織の理念をサービス改善や組織改革につなげるためのリーダーシップがとれること
5 他の職員から信頼され、尊敬されていること
6 サービスの質を確保するために、職員集団をマネジメントする力を有していること
7 困難なことに対して自ら積極的に取り組もうとすること
8 権利擁護の視点、他機関との調整能力をはじめ、ソーシャルワークの能力を有していること
9 問題の発生に対する将来予測を的確にできる力を有していること
10 事業所職員として長く経験を積んでいること
11 福祉関係以外の知識や技術も持っていること
12 サービス提供のあり方や方法をコスト・予算管理面からも検討、管理できること
13 利用者や社会から求められる役割を理解し、企画・開発に取り組む力を有していること
14 年齢が高く、豊かな人生経験を持っていること
15 福祉以外の職場で従事した経験があること
16 その他
17 無回答

図 72 指導的職員に必要とされる資質（複数回答）

問11　「指導的職員」の育成に必要なこと

指導的職員の育成に必要なことは、「困難ケースへの対応などさまざまな経験を積み重ねること」が最も多く78.2%、「長く働き続けて定着できる職員を確保していくこと」が66.3%、「組織やチームが有する課題に対応するための権限と機会を与えること」が62.5%と続く。(図73)

「その他」として、「本人の意識、覚悟、資質」、「見合う給与」、「職員と対話すること、職員同士が支え合う関係性・体制づくり」などが挙げられた。

2016年度の調査結果も上位にあがった項目は同じであった。

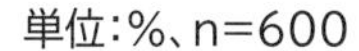

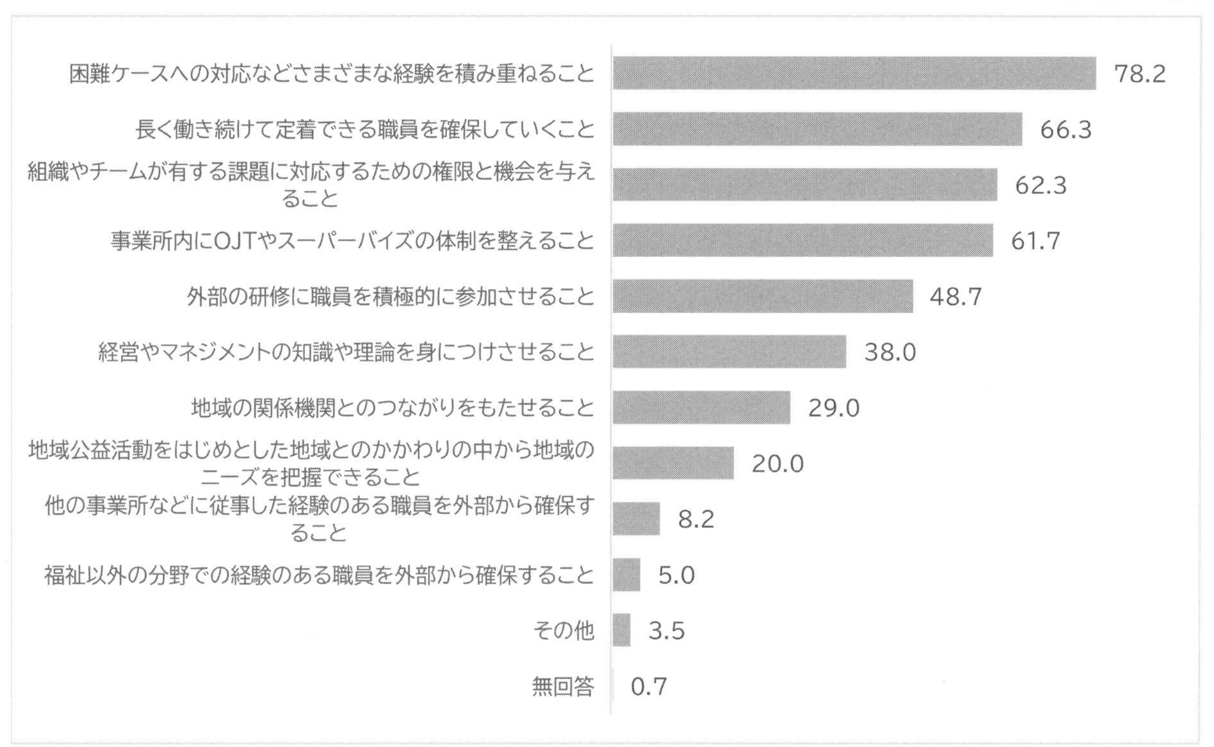

図73「指導的職員」の育成に必要なこと(複数回答)

問 12　指導的職員として他の職員から受ける相談内容

指導的職員が他の職員から受ける相談として、「サービス提供の具体的な内容に関すること」が最も多く、83.8% だった。「職員同士の人間関係に関すること」(82.7%)、「利用者、家族からの苦情、不満、要望に関すること」(79.5%) が続く。(図 74)

2016 年度も上位にあがる項目は同じだった。

「その他」として、「他部署間の業務応援の調整に関すること」、「退職している職員がここ数年増えていること」、「加算の取り方など事務作業に関すること」などが挙げられた。

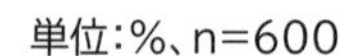

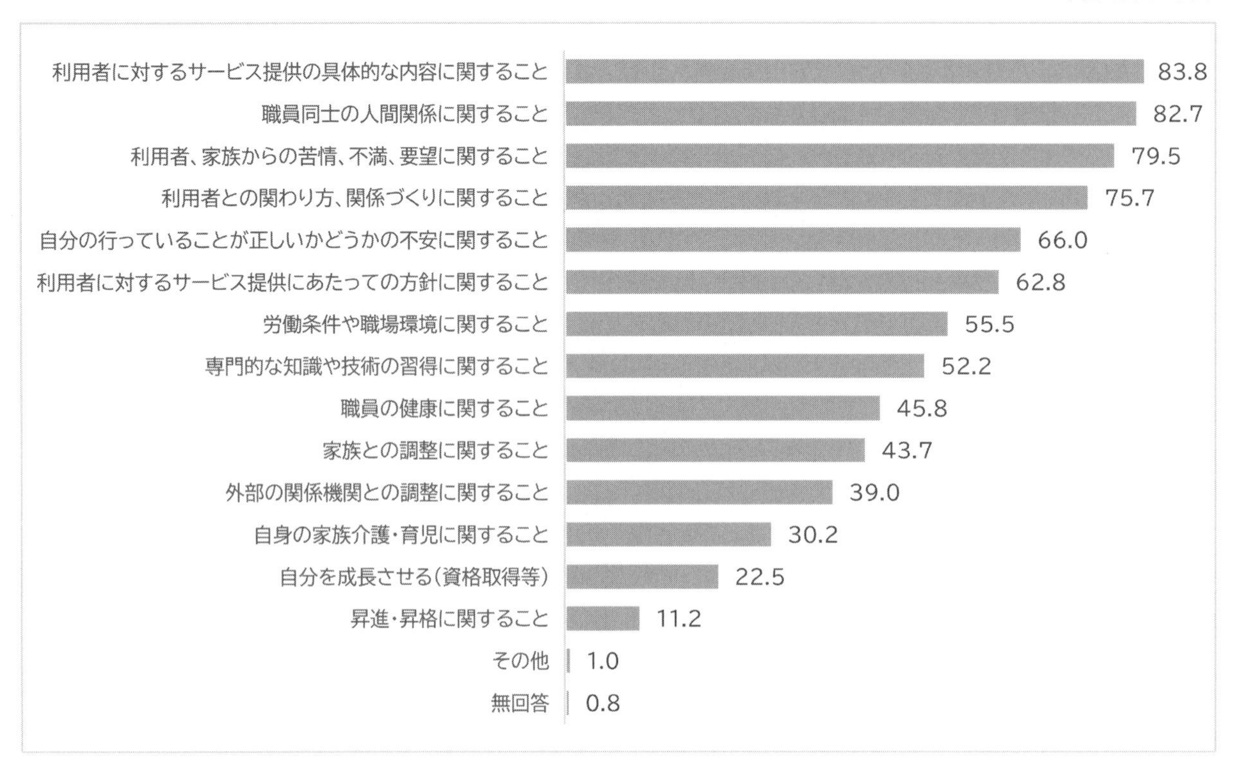

図 74　指導的職員が他の職員から受ける相談の内容(複数回答)

問13　業務をすすめる上で悩むこと

指導的職員が業務をすすめる上で悩むことは、「部下や後輩の育成や指導に関すること」が最も多く82.0%、「利用者、家族からの苦情、不満、要望に関すること」が56.3%と続く。（図75）

2016年度と比べると、「労働条件や職場環境に関すること」が35.4ポイント増加、「昇進・昇格に関すること」が40.9ポイント減少している。

「その他」として、「関係機関との調整」、「人材確保」、「職員同士の人間関係の調整、職員との関係作り」などの回答が挙げられた。

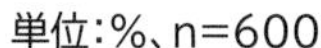

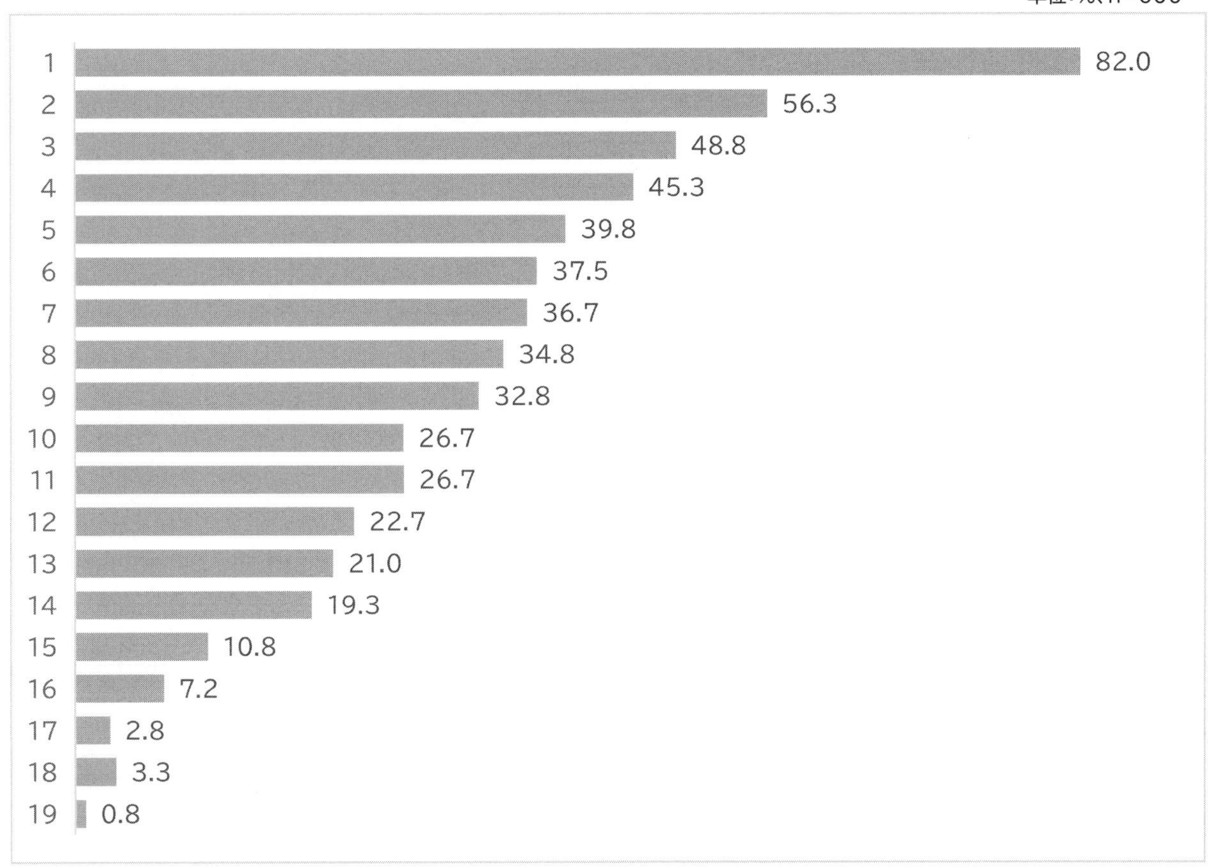

1 部下や後輩の育成や指導に関すること
2 利用者、家族からの苦情、不満、要望に関すること
3 利用者に対するサービス提供の具体的な内容に関すること
4 リスクマネジメントに関すること
5 利用者との関わり方、関係づくりに関すること
6 労働条件や職場環境に関すること
7 利用者に対するサービス提供にあたっての方針に関すること
8 法制度の改正など必要な情報をタイムリーに得ること
9 専門的な知識や技術の習得に関すること
10 上司との関係に関すること
11 事業所のコストや経営に関すること
12 自らの健康上のこと
13 外部の関係機関との調整に関すること
14 自身の家族介護・育児に関すること
15 悩みを相談する相手がいない
16 昇進・昇格に関すること
17 特に悩むことはない
18 その他
19 無回答

図75　指導的職員が業務をすすめる上での悩み（複数回答）

問 14　業務をすすめる上での悩み

指導的職員に業務をすすめる上での悩みを自由回答で尋ねた。（表 30）

主に、「職員への指導」、「福祉の専門的な知識、法改正への対応」、「職場環境の改善」、「利用者、家族との関わり」、「経営層、関係機関、職員のつなぎ役として」のカテゴリに分類することができた。

表 30 ［回答例］指導的職員が業務をすすめる上での悩み（自由回答）　n=381

(1)職員への指導 **●職員への指導の仕方が合っているか分からない** **●新人職員のモチベーションをあげるには** **●受け取り方が人によって異なるので、伝え方に悩む**
どうしたら、職員全体の底上げができるのか。また、長く勤務をしてもらうにはどうしたらいいのか（特別養護老人ホーム）
後輩職員を育成するにあたり、指導したいポイントを伝えているが、うまく伝わらないため思うように成果が出ていない（保育所・子ども園）
ひとそれぞれ考え方，性格やメンタルの強さも違うため，その人その人に合った指導方法や伝え方を考えなくてはならない（障害福祉施設　成人・身体）
福祉の経験や、事業所での経験が浅い職員が多く、指導・育成が順調に行えているとは言いがたい。限られた時間の中で、計画的な指導・育成を具体的にどのように進めればよいか、という悩みがある（障害福祉施設　成人・知的）
職員同士の言葉のくみ取り方の違いによって、ニュアンスがズレ円滑にすすんでいくことができなく、年々ズレや捉え方が広くなっているので言葉の壁に悩む（保育所・こども園）
利用者、職員を含め周りにとって良い方向に進むように考え伝えていくのが難しい。その為自分の一人の考えにならないよう周りにも意見を聞き取り入れるように努めている（母子生活支援施設）
部下の育成にあたり、職員個々に合わせたコミュニケーションの取り方（伝え方、タイミング等）や意欲・主体性の引き出し方等（障害福祉施設　成人・知的）

(2)福祉の専門的な知識、法改正への対応 **●自分の知識、判断に不安がある** **●知識を身につけたいが、業務に追われて時間がない**
自信がないので、学びたいが時間がない（高齢分野居宅サービス系事業所、施設）
組織マネジメントの能力や育成支援についてもっと学ばなければならないと感じている（児童養護施設）
部下や後輩育成について知識不足な面があり、手探りで関わりを行っているところ（母子生活支援施設）
「指導的職員」としての対応が自身にできているのか悩むことが多い。他の職員が目指す「指導的職員」像に成長していない（その他）
院内のことに対しては、ある程度把握していても、法や制度など移り変わることに対する知識が浅い。そこまで手をまわせていない（乳児院）

(3)職場環境の改善 ●より働きやすい職場にするため、環境や労働条件を改善していきたい ●人間関係や多様な働き方を考慮した上でのシフト調整等、職場内の調整が大変 ●新しく改善しようとする時、他の職員の理解が得にくいことがある ●他の職員のフォローをしたいが、手がまわらない
労働条件、職場の環境をよりよいものにしていくためには、どのようにしていくのか（休憩や休業について）（保育所・こども園）
コロナ禍であり休む職員が多くなると、他の職員への負担が多くなり、やりくりに悩む（特別養護老人ホーム）
勤務表を作成するとき、職員の細かな要望にはできるだけ対応したいが、児童に対し職員主体の勤務表になってしまわないか悩みます（児童養護施設）
業務改善のために、何か新しいことを始めようとする時に、他の職員の理解を得にくい（特別養護老人ホーム）
後輩職員に目を向けて、もっと悩みや困っていることを聞き出し対応したいが、人材不足により、思うようにできないこと（保育所・こども園）

(4)利用者、家族との関わり ●利用者、家族の希望をどこまで受け入れ、どのように施設の方針を伝えるか
利用者へのサービス提供を行うにあたって、利用者・家族の要望と施設側の都合がぶつかり合うような案件があった場合にその落としどころを探したり、各課に調整を行ったりするところが最も悩ましい。また、職員同士の人間関係に関する内容も入ってくるため、そちらにもかなり労力を割かれている（特別養護老人ホーム）
利用者にどこまでよりそい要望を受け入れるか、と施設として利用者にご理解いただきたいルールのバランスの取り方（保育所・こども園）
精神症状が重い利用者が増えてきており、対応に悩むことが増えてきている。（救護施設）
年々困難事例が増え、特に家族対応については様々な機関とも連携して行っているがなかなか理解や了解を得られず、結果的に利用者の支援が検討できない、実践ができないことに繋がっている。そのため、現場の職員にも支援を共有、伝達することが難しい（障害福祉施設　児童・知的）
利用者さんに今までにない行動（弄便、部屋にこもる、他害行為が増える等）が見られます。コロナ禍で、外出、帰省等が制約を受ける中でのストレスもあると思われますが、対応に苦慮しています（障害福祉施設　成人・知的）

(5)経営層、関係機関、職員のつなぎ役として ●上司と方針や意見があわない時があり、どのように対応すれば良いか ●多様な職員がいる中でも統一した支援の方針が必要だと思うが、できていない
リーダー層で考えている方針等が、うまく伝わらず職員から不満が上がることがある。上司との間で業務の分担が不明確な時があり、どこまですれば良いか迷うことがある（保育所・こども園）
理念・方針にもとづいた保育実践の統一がなされていない（保育所・こども園）
施設の方針や方向性がなかなか若手職員まで伝わりにくい部分もあり、伝え方にも悩みを感じる（児童養護施設）
利用者の自立へ向けた支援方針が関係機関とずれる場合がある（母子生活支援施設）

問 15　業務をすすめる上での悩みを相談する相手

指導的職員が業務をすすめる上で、悩みを「事業所長」(67.8%)や「事業所内のベテラン職員」(44.0%)に相談しているとの回答が多かった。(図 76)

「その他」として、「直属の上司」、「園長」などの回答があった。

2016 年度と比較すると、「職種の異なる専門職」が 5.8 ポイント、「同期の職員」が 5.4 ポイント増加している。

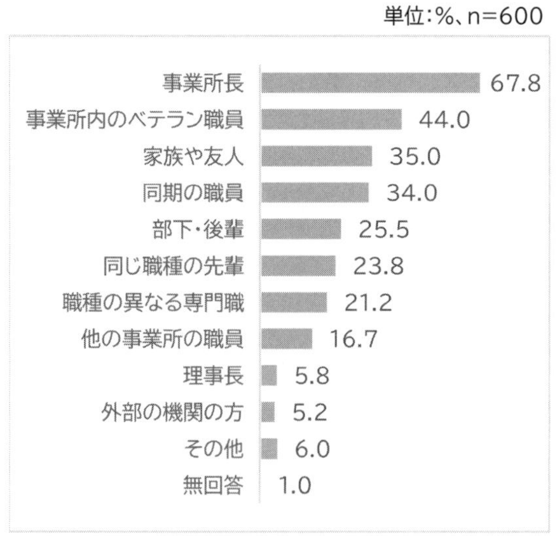

図 76　指導的職員が業務をすすめる上での悩みの相談者(複数回答)

問 16　指導的職員として仕事をしていて、「指導に関する専門性」や技術が必要か

「指導に関する専門性や技術」が必要と回答した指導的職員は「必要だと思う」、「どちらかと言えばそう思う」を合計すると 93.0% だった（図 77)。2016 年度も 92.4% と、同様の結果であった。

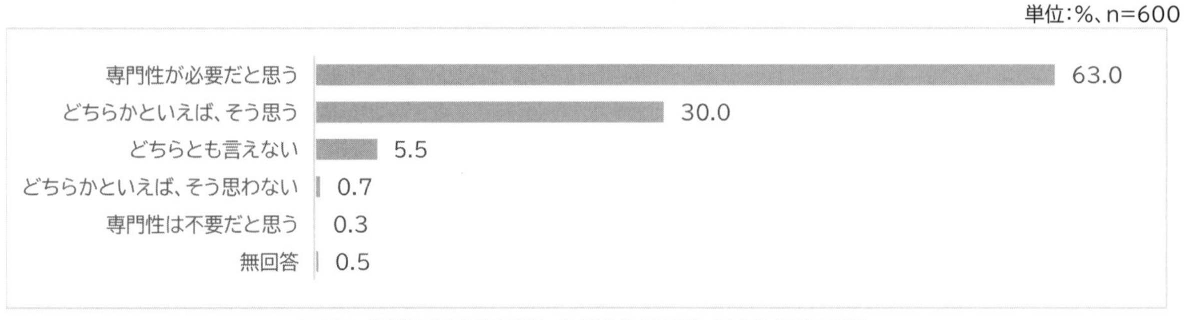

図 77「指導に関する専門性」や技術が必要だと思うか(単数回答)

問 17　指導的職員として仕事をするために、福祉職場における一定の経験年数や高い年齢が必要か

指導的職員として福祉職場における一定の経験年数や高い年齢について、「経験年数が必要」と回答した指導的職員は 57.8% と最も多い回答となった。(図 78）2016 年度も同項目が 58.1% と、同様の結果であった。

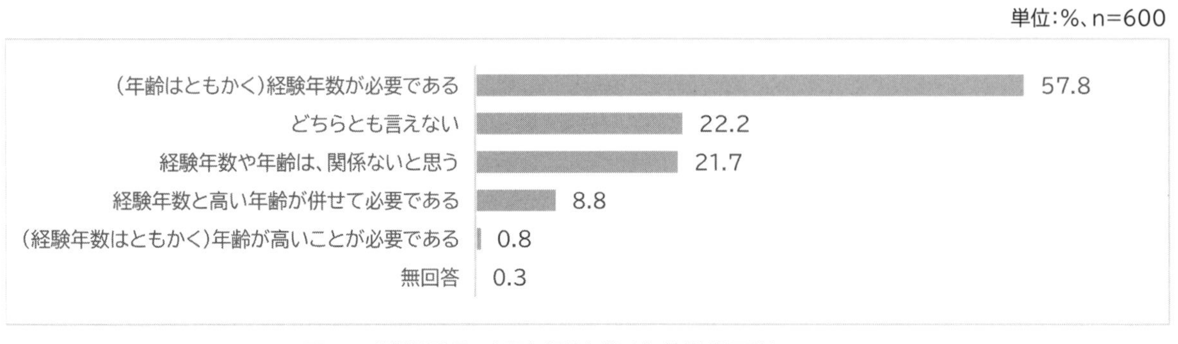

図 78　指導的職員に必要な経験年数や年齢(複数回答)

問18　指導的職員になるには何年くらいの経験が必要か

問17で「経験年数が必要」と回答した職員にその年数を尋ねた。

指導的職員になるために必要な経験年数は、「5～8年」が46.1%、「9～12年」が37.1%と、両者を合計すると約8割（83.2%）となった。（図79）

2016年度は同項目が55.0%であったので、「5～12年」の経験年数が必要と考えている指導的職員が増えていることがうかがえる。

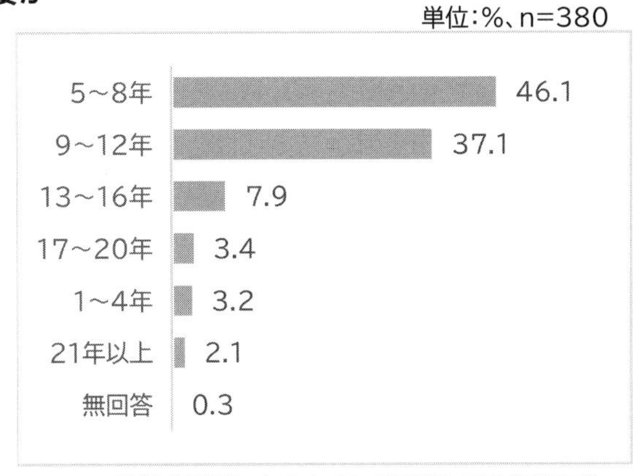

図79　指導的職員になるために必要だと思う経験年数（単数回答）

問19　指導的職員になるには何歳くらいが適齢か

問17で「年齢が必要」と回答した職員にその適齢を尋ねた。

指導的職員になるために必要な適齢は、「40歳代」が44.8%と最も多い。次いで「30歳代」が29.3%と続く。（図80）

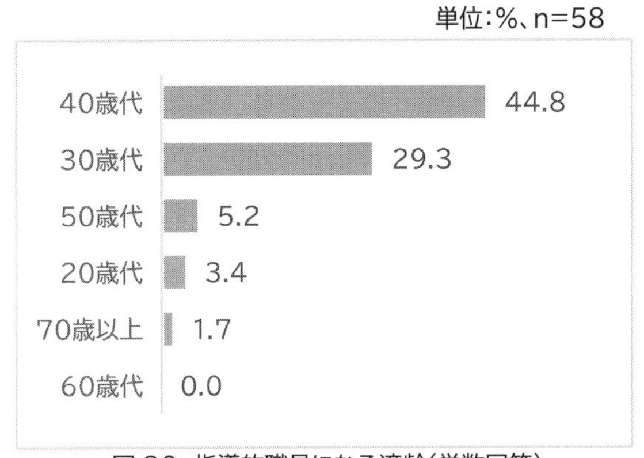

図80　指導的職員になる適齢（単数回答）

問20（1）過去3年間に参加した研修

指導的職員が過去3年間に参加した研修のうち、「事業所内研修」が最も多く72.8%、次いで「外部研修（その他）」が69.2%、「法人内研修」が65.2%、「外部研修（東社協・部会研修）」が63.8%と続く。（図81）

2016年度と比較すると、「東社協・部会研修」が10.6ポイント減少している。

参加した研修の主な種別の分類は、以下の表の通り。（表31）

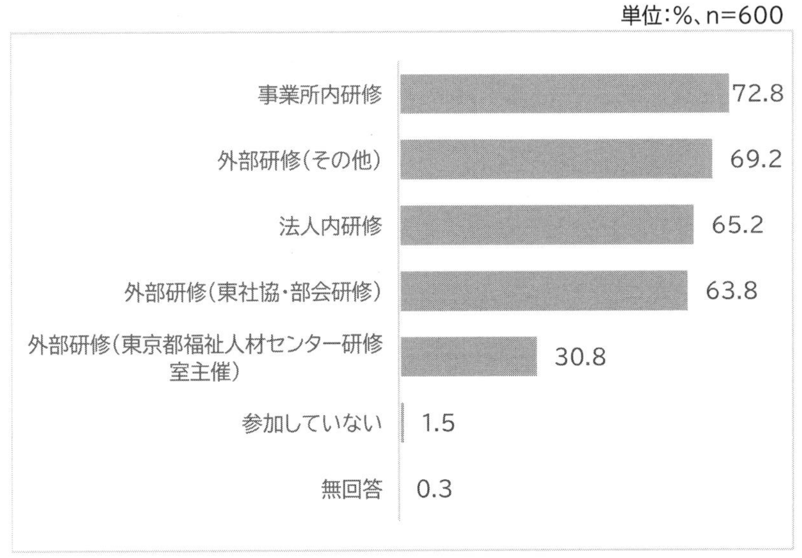

図81　指導的職員が過去3年間に参加した研修（複数回答）

表 31 主な種別ごとの指導的職員が過去 3 年間に参加した研修(複数回答)

高齢(*)			児童		
1 位	事業所内研修	75.0%	1 位	事業所内研修	90.9%
2 位	法人内研修	60.2%	2 位	外部研修(東社協・部会研修)	77.3%
3 位	外部研修(東社協・部会研修)	55.6%	3 位	外部研修(その他)	75.0%
保育			**知的障害**		
1 位	外部研修(その他)	78.1%	1 位(同率)	事業所内研修	80.9%
2 位	外部研修(東社協・部会研修)	63.0%	1 位(同率)	法人内研修	80.9%
3 位	事業所内研修	61.2%	3 位	外部研修(東社協・部会研修)	70.9%

(*)特別養護老人ホーム、養護老人ホーム、軽費老人ホーム

問 20 (2) 受講した研修の具体的な内容

指導的職員が受講した研修内容は、「援助技術の向上に関する研修」が最も多く 60.7%、次いで「リスクマネジメントに関する研修」が 50.2%、「権利擁護・苦情解決に関する研修」が 41.7%、「人材育成や研修制度に関する研修」が 40.7% であった。(図 82)

2016 年度と比較すると、「人材育成や研修制度に関する研修」が 8.1 ポイント、「社会福祉制度に関する研修」が 8.7 ポイント減少している。

「その他」として、「感染症に関する研修」(主に特養)、「虐待防止研修」(主に障害分野)、「ハラスメントに関する研修」などが挙げられた。

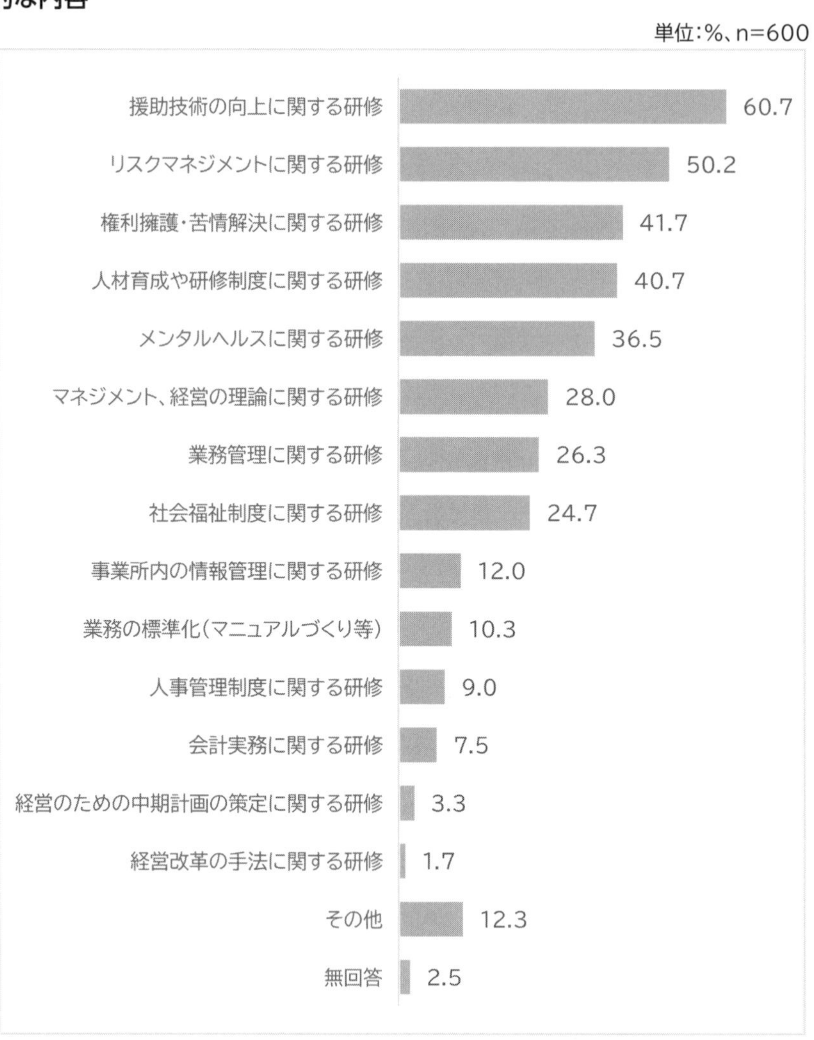

図 82 指導的職員が受講した研修の内容(複数回答)

問21　後輩・部下に受けさせたい研修

指導的職員が後輩・部下に受けさせたい研修は、「チームワークや組織に関する研修」が最も多く59.5%、次いで「専門的な援助技術に関する研修」（56.2%）、「コミュニケーションに関する研修」（47.5%）と続く。（図83）

2016年度も同じ項目が上位にあがっていた。

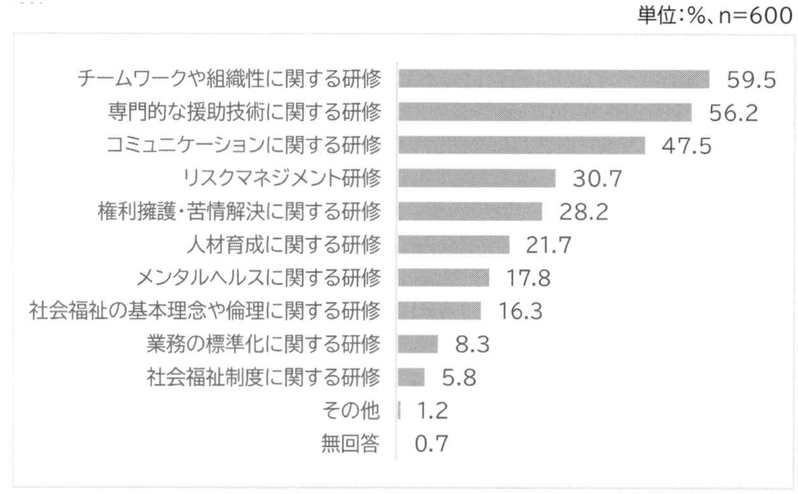

図83 後輩・部下に受けさせたい研修（複数回答）

問22　指導的職員を育てるために必要な視点や課題

指導的職員を育てるために必要な視点や課題を尋ねた。（表32）

指導的職員に必要な資質や姿勢について多くの回答が得られた。資質として、「コミュニケーション能力」や「広い視野を持つこと」などが多く挙げられた。表に掲載した以外にも「課題をつかむ力、課題解決力」、「制度の改正などを情報収集し、理解する力」、「人間性」、「先を見通す力」などの資質を表す回答があった。

課題として、「指導的職員の不足」、「指導的職員を育成する職場の環境整備」について特に多くの回答があった。

表32［回答例］指導的職員を育てるために必要な視点や課題（自由回答）　n=388

<視点>

(1)資質
●コミュニケーション能力（聴く力、伝える力） ●チームや施設全体、地域社会を見る広い視野を持つこと ●客観的、公平に物事や職員を見ることができること ●権利擁護の意識、利用者の視点を持っていること ●専門的知識に基づいた専門性を持っていること、それを根拠に指導にあたること ●リーダーシップがとれること ●マネジメント力、リスクマネジメント ●法人・事業所の理念を理解し、体現できること
施設全体を把握していける能力をつけていく。人とのコミュニケーションが上手くとれるようになる。やりがいを感じられるような助言を上手く伝えられるようにできると良いと思います（保育所・こども園）
現場の経験や柔軟な思考とコミュニケーション能力（障害福祉施設　成人・知的）
自分で考え、周囲の意見を聞き対処していく能力の育成（特別養護老人ホーム）
職員の話をよく聞くことや現場に定期的にかかわる中で、現場から乖離しないこと（児童養護施設）
何事に対しても感覚で伝えるのでなく、きちんと言語化し相手に伝える能力（特別養護老人ホーム）

社会の中で利用者側、子どもや家庭がどういう環境に置かれているか（地域社会も含めた）などをつかみ、社会課題をつかむ視点（目の前の業務だけでなく広く社会を知る）（保育所・こども園）
福祉の視点だけではなく社会全般の幅広い視点が必要だと思う（乳児院）
福祉に関する知識や技能だけではなく、経理や勤怠等施設運営に関する知識を身につけておく必要がある。事業所の課題を見つけ、業務改善を行う視点を身につけることも必要（更生施設）
分け隔てなく平等に人と接することができる人。また暖かな配慮ができる人が必要と考えています（救護施設）
スタッフ個人をきちんと見られること、良い所は褒め、認められること、私情を決して挟むことなく何事にも冷静に、わかりやすく指導、対応、対処できることが最低限必要であると考える（病院・診療所）
人権の尊重・権利擁護などの視点・リスクマネジメントの視点。利用者も職員を大切に思う心（特別養護老人ホーム）
権利擁護の視点と調整能力、利用者や社会から求められる役割に対して意識をもつ視点（児童養護施設）
利用者の為、を一番に考えて、誰もが前向きになれる、職員のエンパワメントもできるような人材を育てていく視点（障害福祉施設　成人・知的）
指導に説得力を持たせるために自分が今、何故この援助を行っているのか、どういった根拠があってこの介助を行っているのか、といった視点を持って自身の業務を振り返ることが重要と考える。そのためには研修や自身で知識を習得し、様々なケアに対する考え方を習得する必要がある。そういった環境を事業所側からいかに職員に提示できるかが課題の一つ（特養）
働きやすい職場として定着しながらも、個々のスキルアップや専門職の向上を図るためにも、誉めて伸ばす、見守る、失敗したとしてもやらせてみる、意見を聞く、など指導的な職員が感情的にならず、それこそ専門性を持って人材育成に関わるべきだと思う（保育所・こども園）
周囲との調和（良好な関係作り）が図れ、リーダーシップが発揮できる人。強い信念を持っている人（ぶれない人）（特別養護老人ホーム）
福祉サービスの理念と動向を踏まえた上で、まず指導的な立場になる職員に期待される基本的役割は、リーダーシップ、チームマネジメントの原則と現実、職場の問題解決、部下の指導・育成がまず基本だと思います（障害福祉施設　成人・知的）
チームマネジメント、育成方法、スーパービジョンに関することを学び、理解し、実践できること（児童養護施設）
福祉サービスの理念と動向を踏まえた上で、まず指導的な立場になる職員に期待される基本的役割は、リーダーシップ、チームマネジメントの原則と現実、職場の問題解決、部下の指導・育成がまず基本と思います（障害福祉施設　成人・知的）
指導的職員が、所属する法人の理念や使命・責任を理解し誇りに思い、体現しようとする視点（自立援助ホーム）
法人の理念を理解しサービスを提供していく意識を持つこと（障害福祉施設　成人・身体）

（2）指導的職員としての姿勢 ●職員一人ひとりを認め、受け入れること ●相手を想像する気持ち、寄り添う気持ち ●自身の信念をもった上で柔軟な考えを持つことができる ●適材適所に人員を配置したり、指導できること
指導を受ける側がどういう人かを理解すること。その上で、その人に合った指導をしていくこと（特別養護老人

ホーム）
業務上の問題が起きたとき、「自分が相手（相手の家族）の立場だったら・・」というように、多方面からのアプローチを考える視点が必要だと思います（養護老人ホーム）
後輩がうまくできた時は褒めて、その取り組みが良いことだとわかりやすく伝えていく。失敗した時には一方的に攻めるのではなく、どこが課題ポイントなのかを一緒に考えながら自ら答えに辿り着けるよう働きかけている（保育所・こども園）
自分の信念のもと、他者の意見を柔軟に聞き入れること（児童養護施設）
指導をする立場になっても、常に周りから学ぶ姿勢、自発的にも知識を得ようとする行動があり、利用者職員問わず相手の立場に立つことができるかどうかが重要と考えます。単に福祉や人生経験が長いから勤まるわけではなく、どの立場になっても、研修等で知識を得たり深める機会を設けていくことも、指導的職員人材の育成上必要と考えます（障害福祉施設　成人・知的）

（3）指導的職員の育成 **●様々な経験を積ませること** **●適材適所に人員を配置したり、指導できること**
リーダー研修を受け、現場で研修を実践し経験を積ませることが重要と思う（特別養護老人ホーム）
支援ではない会計関係や制度、予算、法律といった分野についても体得できる機会をつくること（児童養護施設）
ケース担当やカンファレンスへの参加、関係機関との調整等経験を先輩職員と共に経験を積み学べる環境。しかし、現状では日常の支援の勤務で人員はギリギリの為一緒に外部の会議等に参加し経験することが難しい（障害福祉施設　児童・知的）
たくさんの成功や失敗の経験を積んで、解決力、判断力、思考力、発想力、企画力などの力を付けておく必要があると思います。職員の個性を活かした人材育成ができるように、柔軟な思考で育成的立場の職員を育てることが理想です（障害福祉施設　成人・知的）
指導的職員になる為には、ある程度のスキルや知識が必要。また、経験値もないとできないが、指導的立場につくには、思いやりの心や相手の立場にたって物事が考えられる人がいい。適正な人材を選択する視点が一番重要ではないか？と考えます（特別養護老人ホーム）
私がつとめてきた所ですと、年齢順にその役割を担ってきていました。実際には、その人よりも年下でもしっかりこなせる人もいました。まだ、保育園の中には年齢順という所が多いように感じるので、その役割が担える人材がつけるようにしてほしいと思います。年が下とか経験数がないからとかはなくしていくことが課題かと感じました（保育所・こども園）

<課題>

（1）指導的職員が不足 **●事業所全体の人員が不足している** **●指導的職員になる前に辞めてしまう** **●待遇は上がらず責任のみ増える、指導的職員になりたい職員がいないため、イメージの改善が必要**
現在の介護保険下での事業は人材不足であり、その日その日に追われてしまっている。中長期的に考えること

ができず、人材の定着も不安定な為、見通しが立たない。指導的人材を育成する上でも、人材確保や処遇の改善は必要である(高齢分野居宅サービス系事業所、施設)

指導的職員人材を育てようにも、全体的な人員不足により指導のために保育から離れることができないのが現状である。根本的な配置基準を見直さない限り改善は見込めない(保育所・こども園)

職員の定着が進まないことが課題。地域分散化、小規模化により職員が孤立し疲弊している現状。OJT を充実して職員が孤立せず子どもと対応していく環境が必要と思う(児童養護施設)

まずは、安定した人材の確保(人材の流出の防止)が無いと「指導的職員人材」自体の質の低下を招く。「指導的職員人材」は絶対的に育成されるべきで、相対的に(この職員集団の中だったら～ではない)その位置につくのでは無い。それ以外では、「機会」の確保が必要(自立援助ホーム)

多角的な視点をもつために、様々な知識や技術を学ぶ機会を持ってほしいが、現場の余裕がなく研修に出会させられないことがある。また、低賃金であり重労働でもあるため、身体的、経済的にやりたくても仕事を続けられない職員がいる(障害福祉施設　児童・知的)

待遇がよくなるわけでもないのに、責任が増して、負担感があるため、「指導的職員」となる意欲のある職員が少なくなっている(特別養護老人ホーム)

今後、指導的職員になりうるだろう職員には少しずつ意識できるように話していく。伝えることで更なる意識の向上が見られる時があるため(保育所・こども園)

指導的職員になる前に辞めてしまう職員が多い。日々の自分の処遇の仕方や対応を振り返り、反省を生かして伝えていくこと(児童養護施設)

指導的職員へのマイナスイメージが強くあります。報酬が少なく、多忙である。プラスなイメージになるよう戦略を立てて改善する必要があります(特別養護老人ホーム)

ある程度の経験年数になった段階で、組織として早めに昇任のイメージを持たせていくことが必要。また、指導的職員のやりがいを伝えていくことも必要だと思われる(児童養護施設)

(2)職場の育成システム

●組織として指導的職員をどのように育てていくか、しくみがない

●上司や職場が指導的職員をサポートしてくれる体制があること

指導的職員を育成するための組織及び体制作り、それに伴う時間の確保が難しくOJTやリーダー研修等が行いにくい状況(特別養護老人ホーム)

キャリアラダー、クリニカルラダー　教育理念に基づき、はしご(ラダー)を登るように一段一段キャリアを向上させていく仕組みと職員の心構えの向上(高齢分野居宅サービス系事業所・施設)

自分で考え判断する力がないと、指導には当たれないと思います。年々、指示待ちの職員が増えているのも確かですが自分で考え判断させる機会を与え、経験を積ませてあげられていないのも現状です(保育所・こども園)

組織として人材を意識的に育てていくという風土。(児童養護施設)

勤続年数を重ねていくだけで指導的立場となっていくことは不安であった。また年数を重ねているだけで、指導的立場になっている先輩職員の姿にも納得がいかなかったので、他職員にもそのように取られないような仕組みが必要に感じている(母子生活支援施設)

組織が、育成段階から対象となる職員に、指導的職員になることへの期待を伝え、必要な研修などを計画、実施

する。そのためにも、誰もが納得できる職員評価制度を整え実施すること（救護施設）

すぐに育成できるわけではないため、計画的に現場での問題発見、解決に関わっていくこと、チームワークについて、指導職についての研修を受けるなどの取り組みが必要です（障害福祉施設　成人・知的）

OJT リーダーなどの研修を受けずに指導的職員となってしまったため、戸惑うことが多い。担い手には研修を受けてもらう、他職員へもOJTについて周知し協力を得るなど職場内の体制を整える（障害福祉施設　成人・知的）

職員のライフスタイルが変わっても働ける環境作り。研修を受ける機会の提供。辛い時迷った時に話をできる先輩職員、上司の存在（経費老人ホーム）

心理的安全性を感じられるような雰囲気を持った人を育てていく為に、園が安心して働くことのできる場所であることが大切であると思うので、そこを意識していきたいと思います（保育所・こども園）

職員が長く働き続けられるような環境が必要。中堅職員が抜けてしまう傾向にあり、これからリーダーとして活躍を期待していた矢先に退職してしまう為、人材育成に課題が生じる。中堅になると事務的な仕事や責任も増し、仕事への重圧が身体的、精神的にも負担になる為、職員のメンタルヘルスケアが必要。また、仕事の実績に対する経営層の評価が職員に伝わっていることが必要と思われる（児童養護施設）

早期に離職することなく、成長してもらえる環境づくりが大切だと思います。職員が困難さを感じた時に、臆することなく周りに助言を求められる OJT の充実が不可欠です。支援やマネジメント、会計等、福祉事業所に必要なスキルを広く吸収できる職場づくりが求められると思います（更生施設）

問 23　東京の福祉人材として職員を育成する視点や、協力・連携のアイディア

東京の福祉人材として職員を育成する視点や協力・連携のアイディアを自由回答で尋ねた。（表 33）

視点としては「コミュニケーション力」や「柔軟な考え方」、「福祉以外の視点」など職員の資質に関する回答が挙げられた。職員が働き続けられる職場環境づくりも挙げられている。

協力・連携のアイディアとしては、法人や同・他業種同士の研修や交流について回答が多くみられた。コロナ禍でオンラインになり交流が減ったが、集合型で参加したいという声もある。同様に他事業所と交流できる研修の実施も回答が多かった。他には、待遇向上、職場環境の整備、ポジティブな情報の発信などの回答もあった。

表 33 ［回答例］東京の福祉人材として職員を育成する視点や協力・連携のアイディア（自由回答）　　n=259

＜職員を育成する視点＞

（1）職員の資質、確保

●人を大切にする視点

●福祉以外の視点も取り入れ、柔軟な考え方を持つこと

●職員が働き続けられる職場環境

社会福祉事業のみならず多方面の知識を深める必要があると思います。福祉の業界での常識にとらわれず、幅広く活躍できるように、福祉とは一見関わりが薄いような事業との意見交換会などがあってもいいのではないかと思います（特別養護老人ホーム）

コミュニケーション能力とチームワーク（特別養護老人ホーム）

一般企業に勤務経験がある人など、多様な背景をもつ人材が福祉業界に入ってくれると良いと思う。これからはもっと企業との連携が必要になる。そうった点からも企業で働いた人がもつ知恵やスキルを福祉に活かして

もらいたい（地域包括支援センター）
福祉の現場で必要とされる、職業倫理観をどう高めていくか、考えていく必要がある（保育所・こども園）
指導にあたる側が、自己啓発や研修、他業種の方との交流など、柔軟な考えで育成にあたっていけるようになればと思う（保育所・こども園）
現場の業務に忙殺されてしまうことが多いが、5 年、10 年先の福祉業界の課題を今考えられる視点が必要だと考える（例えば、コロナ禍を経験した人々がこの先施設を利用する際にはどのような課題を背負っているか）（自立援助ホーム）
利用者や事業所がどうすればよくなるのか、課題に気づき提案できる人材育成が必要と思います。様々な事業所の指導的職員が意見交換等を行えるような研修等の場があるとよいと思います（更生施設）
人材育成の前に人材確保が多くの事業所でされていないのが現状です。人材確保のための法的見直しを早急におこなうことで、社協の人材育成への取り組みが生かされると思います（救護施設）
今までの慣例や常識にとらわれない多角的な視点。例えば年功序列ではなく、人間として魅力のある人や仕事に対し意識や能力が高い人等に対して目に見える形で評価していくことだと考えます。協力・連携に関しては、定期的な ZOOM 等を使用した情報交換や会議。また出向という制度も取り入れてみると、もしかしたら大きな相乗考課が期待できるかもしれません（障害福祉施設　成人・身体）
中堅人材の育成・確保（障害福祉施設　成人・知的）

＜協力・連携のアイディア＞

（1）他法人や他職種、同職種との意見交換、連携の場 **●他職種と意見交換できる場の設定** **●主任同士や同世代、同職種、地域など、同じ枠組みで意見交換** **●法人間で職員派遣や研修を行う**
自身の事業所内でルーチン業務を行っているだけだと思った以上に視野が広がらなくなりがちである。コロナ禍で事業所同士の交流や研修が難しい情勢であるため、インターネットや SNS を通して匿名でも良いから介護士同士で気軽に意見交換ができる場を作れれば、職員の知識向上、ひいては指導的職員の質向上に繋がると考える（特別養護老人ホーム）
新型コロナの感染症のために、行事が中止になり、研修もリモートが多くなったが、今後は交流できる機会が増えればいいと思う（特別養護老人ホーム）
地域（東京）性や高齢者の理解ができ、また社会的に福祉が求めているものを理解することができるようにすると共に、地域ごとの施設でのイベントで連携できるようにしながら、東京全体での連携が取れるようなイベントを行いたい（特別養護老人ホーム）
福祉の枠を超えた他業種との交流や連携（保育園）
同年代、同経験層の話し合う場があればいいと思う。形式ばってではなく、フランクな話し合いの場があるといいと思う（児童養護施設）
法人の枠を超えて近い形態での事業所同士のネットワーク強化。具体的なオンライン上でのネットワーク作りを更に活発に行い、様々な意見交換をしやすい環境をつくっていく（母子生活支援施設）
他事業所や他職種の人との繋がりが広い視野と知識を得ることができる。そうすればモチベーションは維持され、より良い人材となるのではないでしょうか（障害福祉施設　成人・知的）

実践発表会のように他の事業所で行われている支援を知る機会があると良いと思います。 インターネットをうまく使うことが必須となると思いますが、同じ立場同士のネットワークの構築ができると良いです。役職等がつくと同じ事業所内に同じ立場の職員がいなくなるので、意見や情報交換ができるツールがあると良いです（障害福祉施設　成人・知的）
コロナ禍でなければですが、他事業所との交換研修は人材育成上非常に有効だと考えます。特に同じ福祉でも普段携わっていない分野に触れる機会があると、双方に新たな気づきが生まれるように感じます。様々な分野での取り組みなど、情報の得やすさ、機会の作りやすさなどの環境を東京全体で作ることは、結果として個々の育成につながると感じます（障害福祉施設　成人・知的）

（2）研修の実施 **●感染対策がありながらも集合型研修への参加** **●施設外の研修に参加することで、知識の習得や他事業所との交流を増やす** **●研修に参加できるための職員配置**
コロナ禍であったため主に zoom での研修が多かった。やはり集合研修ができるようになると、色んな話が聞けたりできると思う（特別養護老人ホーム）
専門的な研修を沢山とり入れていただくことで、もっともっと刺激を受け、“やる気”につながると思います。専門知識を高め、１人ひとりの資質向上になっていかれればよいと思います（保育所・こども園）
福祉業界のなかでも異職種混合（介護、児童、母子、等）の研修があれば交流の場になり情報共有ができるかと思います（児童養護施設）
福祉だけではなく、社会を知る機会をもっと研修に取り入れ、経験を積ませていってあげたい（乳児院）
事業者内では凝り固まってしまっている風習や考え方に少しでも風を入れられるよう、異業種の人材育成の研修を、グループワーク形式で実施して、意見交換、学びの機会を定期的にあったら参加したいと思う（母子生活支援施設）
利用者や事業所がどうすればよくなるのか、課題に気づき提案できる人材育成が必要だと思います。様々な事業所の指導的職員が意見交換等を行えるような研修等の場があるとよいと思います（救護施設）
近隣事業所との合同研修（利用者入所している近隣グループホームと合同研修を開催したがとても良かった）。1日、他事業所体験（経験年数3年目～5年目など）（障害福祉施設　児童・知的）
以前施設同士で職員の交換研修を実施していたので、他法人施設の体験などコロナ禍ですができると良い（障害福祉施設　成人・身体）
階層別研修等により、各施設間での実践や意見交流の機会を継続して設けていくことは必要だと思います（障害福祉施設　成人・知的）

（3）職員の待遇向上、働き続けられる職場環境 **●特に給与面の改善が人材確保や定着につながるのではないか**
福祉職・介護職の待遇向上を国に訴えていく。給与面アップ・休暇の取りやすさや介護福祉士の地位向上など、福祉に対するイメージを改善し「福祉職」が、多くの若い世代が就きたい職種になることが必要（特別養護老人ホーム）
保育は大切な乳幼児期に専門的知識を持って仕事をしている。やりがいがあり、それに見合った報酬があれば

もっと職員を育成しやすいと思う。大変さが前面にきてしまうと育成につながらず離職率があがる（保育所・こども園）
福祉は、ICT 化が一般企業よりも遅れているといわれています。我が園も同じです。一方で、仕事のやりがいを聞いた時に、目に見えやすいことや給料体系に関することが上位に上がってくるのが現状というところでは、できる限り記録軽減を行うことで、ゆとりをもって実践に向かっていってほしいなと感じます。そのためには、指導だけでなく働きやすい環境を整えてあげることも大切なのかと感じます（保育所・こども園）
東京の福祉職場全体として、賃金や労働条件、福利厚生の底上げ（母子生活支援施設）
アンケートに人材の確保…とありますが、待遇改善が必要だと思います。給与が低く、50 代以上は昇給がなく、モチベーションが下がります（更生施設）

（4）情報発信 ●ポジティブな情報の発信 ●SNS を活用した情報発信
福祉＝待遇が悪いとイメージが強いが、そうでもない事業所もある。そういったポジティブな情報を SNS を利用して、若い世代に発信するのも一手かと思います（特別養護老人ホーム）
福祉現場専用の SNS を開発し、福祉人材の交流が活性化されると人材育成につながり、より開かれた職場環境になると思います。守秘義務などの課題が多いとは思います（障害福祉施設　成人・知的）
違った角度からの福祉の捉え方と発信。全く関わらなかったジャンルと福祉との連動（障害福祉施設　成人・知的）

C票（初任者職員向け）調査結果

年齢

20歳代が最も多く66.9%、次いで30歳代（13.5%）、40歳代（9.4%）と続いた。（図84）

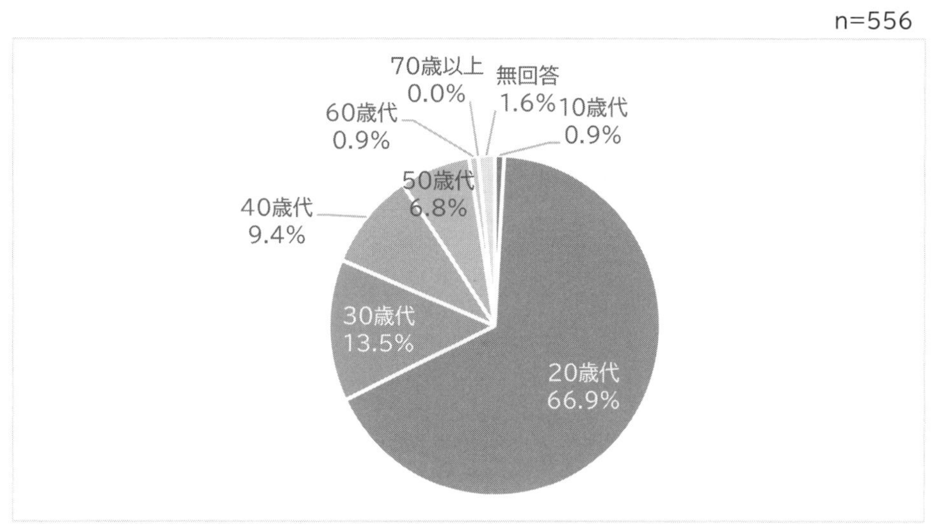

図84　初任者職員回答者の年齢(単数回答)

Ⅰ　施設・事業所の現況

問1（1）種別

最も回答が多かったのが、「保育所・こども園」で39.6%、次いで「障害福祉施設・事業所（成人・知的）」が16.7%、「特別養護老人ホーム」が14.9%となった。（表34）

分野別にみると、高齢分野が約2割、保育・児童分野が約5割、障害分野が約2割となった。

表34　初任者職員回答種別(単数回答)

		n	%
1	特別養護老人ホーム	83	14.9
2	養護老人ホーム	8	1.4
3	軽費老人ホーム	5	0.9
4	老人保健施設	2	0.4
5	地域包括支援センター	6	1.1
6	高齢分野居宅サービス系事業所、施設	11	2.0
7	保育所・こども園	220	39.6
8	児童養護施設	31	5.6
9	自立援助ホーム	5	0.9
10	乳児院	9	1.6
11	母子生活支援施設	19	3.4
12	更生施設(宿提・宿泊所等)	9	1.6

13	救護施設	6	1.1
14	婦人保護施設	1	0.2
15	病院・診療所	3	0.5
16	障害福祉施設・事業所(児童・身体)	1	0.2
17	障害福祉施設・事業所(児童・知的)	12	2.2
18	障害福祉施設・事業所(児童・精神)	0	0.0
19	障害福祉施設・事業所(成人・身体)	13	2.3
20	障害福祉施設・事業所(成人・知的)	93	16.7
21	障害福祉施設・事業所(成人・精神)	4	0.7
22	その他	15	2.7
	全体	556	100.0

問1 (2) 事業形態

「通所のみ」が最も多く49.5%、次いで「入所のみ」が25.7%、「入所+通所」が19.2%であった。(図85)

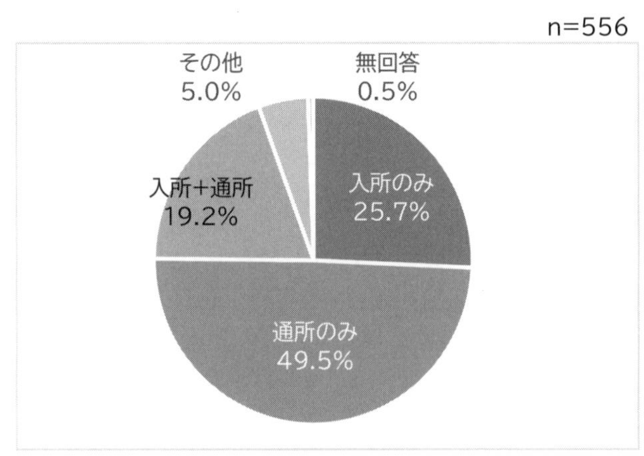

図85 事業形態(単数回答)

問1 (3) 経営主体

「社会福祉法人」が最も多く、96.2%であった。(表35)

表35 経営主体(単数回答)

	経営主体	n	%
1	社会福祉法人	535	96.2
2	株式会社・有限会社	5	0.9
3	宗教法人	2	0.4
4	学校法人	3	0.5
5	NPO法人	3	0.5
6	個人立	2	0.4
7	公益財団法人	2	0.4
8	その他	3	0.5
9	無回答	1	0.2
	全体	556	100.0

問1（4）運営形態

民設民営が69.8%と、回答者の約7割を占めた。公設民営は24.8%であった。（図86）

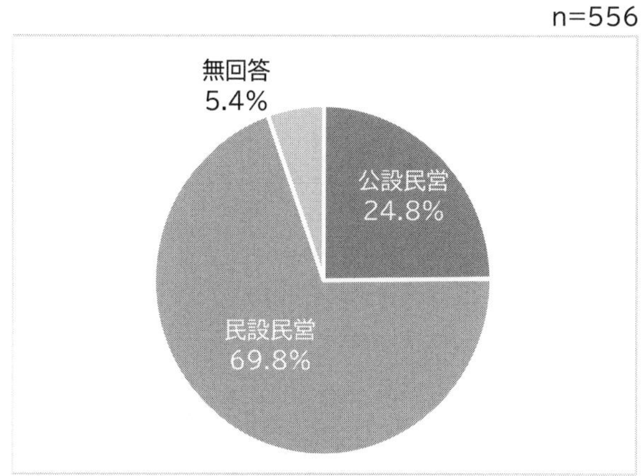

図86　運営形態（単数回答）

問1（5）法人規模

「法人で経営している施設・事業所は複数（同業種）」が最も多く、48.6%であった。次いで「法人で経営している施設・事業所は複数（多業種）」39.4%であった。（図87）

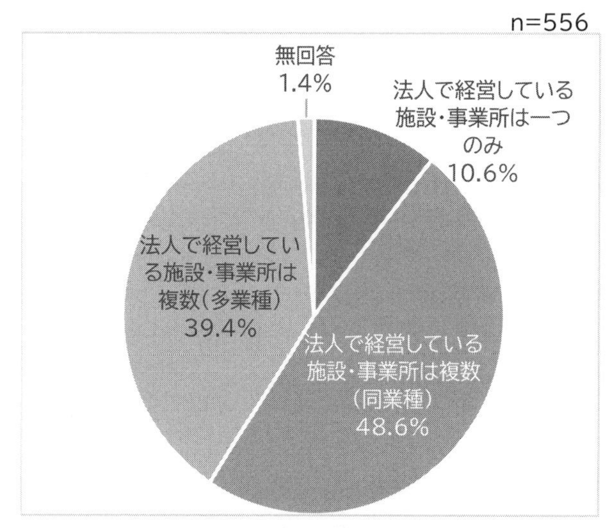

図87　法人規模（単数回答）

Ⅱ　初任者職員の現況

問2（1）職種

初任者職員の回答者は、「介護員・指導員・支援員・保育士」が 88.1% と最も多かった。（図 88）「その他」として、「栄養士」、「生活支援員」、「調理員、調理師」などが挙げられた。

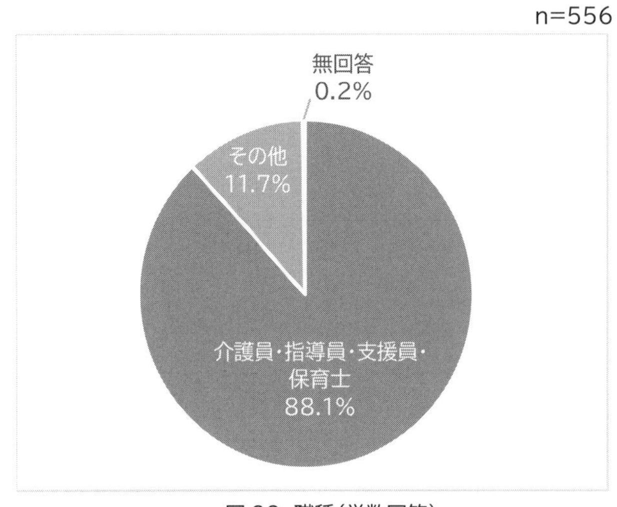

図 88　職種（単数回答）

問2（2）雇用形態

初任者職員の回答者のうち、正規職員は 95.7%、非正規職員（非常勤）が 2.3%、非正規職員（常勤）が 1.6% であった。（図 89）

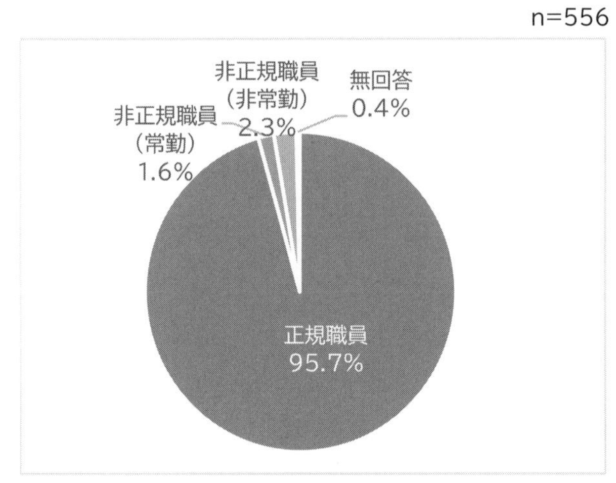

図 89　雇用形態（単数回答）

問3（1）現在の法人・事業所における勤務年数

現在の法人・事業所における勤務年数は、「～ 2 年」が最も多く 31.8%、次いで「～半年」が 28.2%、「～ 3 年」が 16.4% と続いた。（図 90）

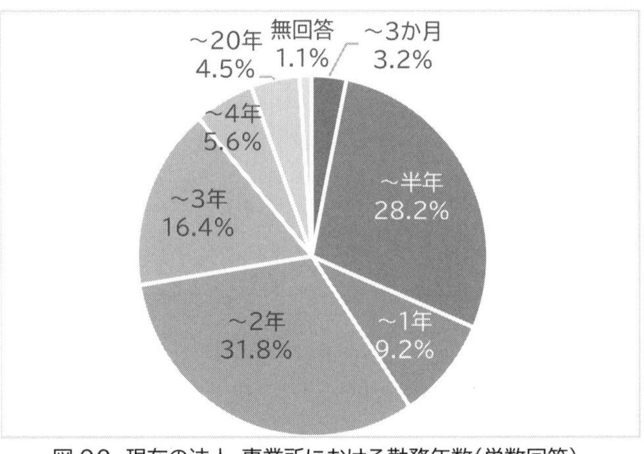

図 90　現在の法人・事業所における勤務年数（単数回答）

問3（2）福祉職場での勤務年数

福祉職場での勤務年数を聞いたところ、「～２年」が最も多く 26.2%、次いで「～半年」が 18.0%、「～３年」が 14.7% であった。「現在の法人・事業所における勤務年数」と年数の同じ順位であることから、回答者は現在の法人が初めての福祉職場である人が多いことがうかがえる。（図 91）

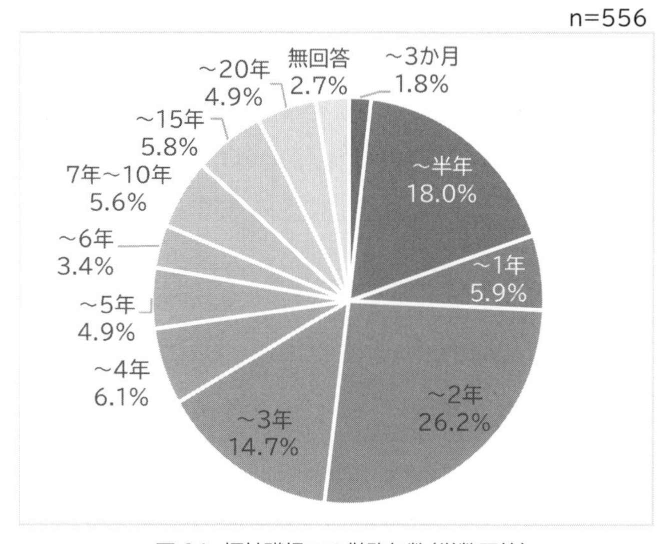

図 91　福祉職場での勤務年数（単数回答）

問3（3）福祉職場以外での従事経験

福祉職場以外での従事経験を尋ねたところ、無回答、その他を除き、「一般企業（事務職）」が最も多かった（9.5%）。（図 92）

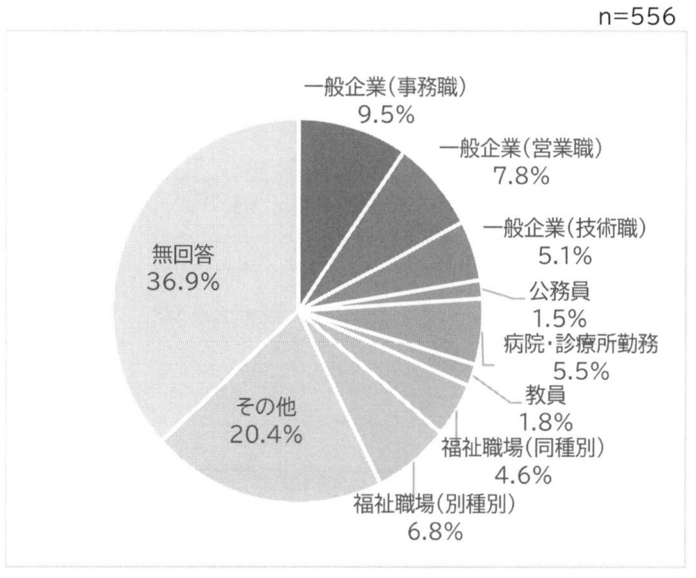

図 92　福祉職場以外での従事経験（単数回答）

問3（4）最初の福祉職場への就職前の最終学歴における専攻分野

「福祉（社会学）」が最も多く 35.3%、次いで「教育系」（21.0%）、「高校普通科」（8.1%）と続いた。（図 93）

「その他」では、「保育」、「栄養科」、「音楽科」等の回答があった。

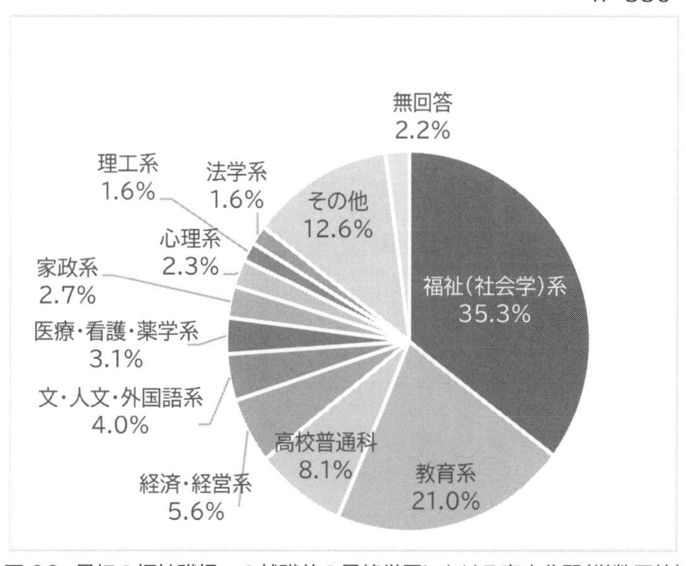

図 93　最初の福祉職場への就職前の最終学歴における専攻分野（単数回答）

問4　保有している資格、取得時期

保有している資格、取得時期については以下の通りであった。(図94・95)

「採用前」は「保育士」のほか、「社会福祉主事任用資格」、「介護職員初任者研修修了資格」を取得した割合が高かった。「採用後」取得しているのは「保育士」が最も多く、次いで「介護職員初任者研修修了資格」、「介護福祉士」であった。

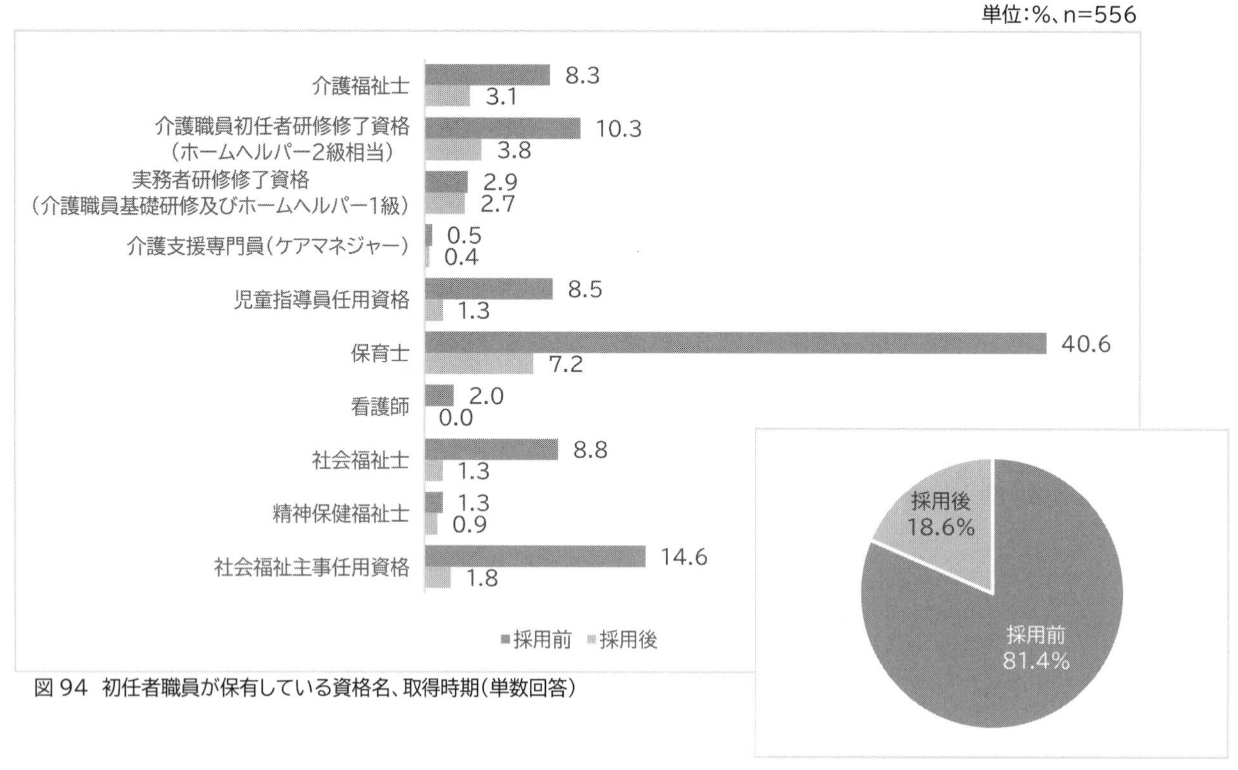

図94　初任者職員が保有している資格名、取得時期(単数回答)

図95　初任者職員の保有資格取得時期(単数回答)

問5　初任者職員として担っている業務

担っている業務を尋ねたところ、初任者職員の93.0%が「利用者へ直接サービスを提供する」、41.5%が「利用者家族への支援」であった。(図96)

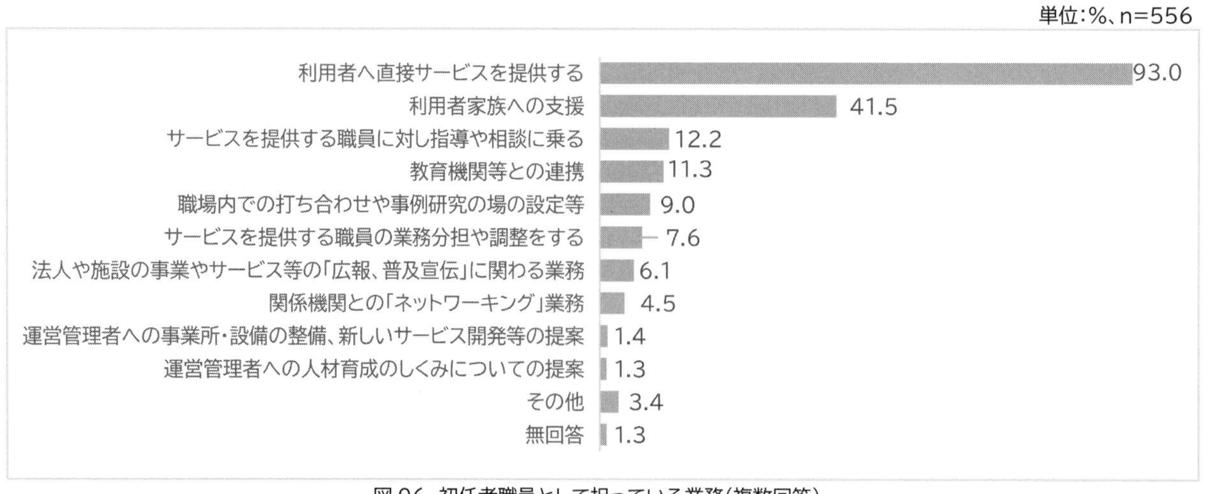

図96　初任者職員として担っている業務(複数回答)

Ⅲ　福祉の仕事を就職先として選んだ理由

問6（1）福祉職場に関心を持ったきっかけ

初任者職員が福祉職場に関心を持ったきっかけは、「子どもと接するのが好き」が49.3%と半数近くであった。これは、回答者種別が「保育・児童分野」が約5割であったことと関係していることがうかがえる。（図97）

2016年度と比べると、上位3項目は同じであった。「社会に貢献できる」は前回が18.1%と、9.2ポイント増加している。

分野別の回答は以下の表の通り。（表36）

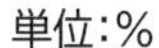

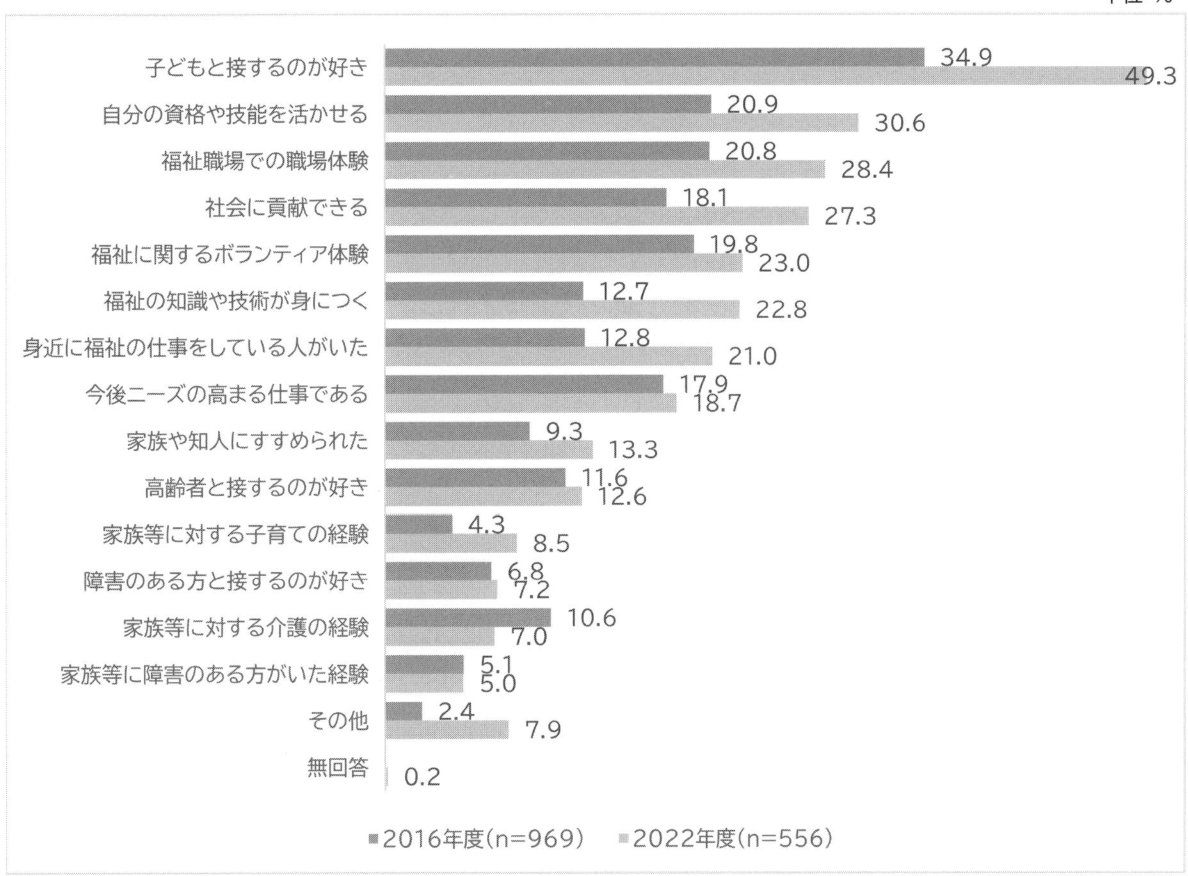

図97　初任者職員が福祉職場に関心を持ったきっかけ（複数回答）

表36　主な種別ごとの初任者職員が福祉職場に関心を持ったきっかけ（複数回答）

高齢			保育		
1位	高齢者と接するのが好き	43.8%	1位	子どもと接するのが好き	85.9%
2位	福祉の知識や技術が身につく	32.3%	2位	福祉職場での職場体験	37.7%
3位	今後ニーズの高まる仕事である	31.3%	3位	自分の資格や技能を生かせる	27.7%
知的障害					
1位	社会に貢献できる				35.5%
2位	福祉の知識や技術が身につく				30.1%
3位	福祉に関するボランティア体験				28.0%
（同率）	自分の資格や技能を活かせる				28.0%

問6 （2）関心を持った具体的なきっかけ

初任者職員が福祉職場に関心を持った具体的なきっかけをたずねた。(表 37)

どの分野においても「学生時代の授業、実習、職場体験、ボランティア体験から」、「家族や身近に高齢者や障害のある人、子どもがいて触れ合ってきたから」、「就活時に検討した」、「コロナ下での転職時に将来性のある、安定した仕事だと思った」などの回答が多く見られた。特に、高齢分野では「将来安定している仕事だと思ったから」、保育・児童分野では「通っていた保育園の先生に憧れて」、「職場体験」といった声が多く見られた。

ほかにも「ニュースやドキュメンタリーを見て」「休みがしっかりとれると思って」といった回答もあった。

表 37 [回答例]関心を持った具体的なきっかけ(自由回答)　n=416

(1) 学生時代の経験から ●学校の授業、実習から ●職場体験、ボランティア
学校の倫理の授業で福祉について学ぶ機会があったり、部活動で老人ホームの慰問にいくことがあった(地域包括支援センター)
実習等で子どもと接した時に、子どもの成長を共に見守りたいと思った(保育所・こども園)
高校の授業で児童養護というものに興味を持ち児童養護施設について調べていくうち、子どものためになる仕事がしたいと思ったことと、長く子供の成長が見たいと思い関心を持ちました(児童養護施設)
高校在学時に「虐待」ということについて学び、少しでも子どもの力になりたいと感じたため(乳児院)
大学で家族関係の勉強をしていた頃から家族関係の調整に興味があった。社会人として別業種で働いたのち、近年の児童福祉の問題をメディア等で見て、この分野の仕事に携わりたいと思った(母子生活支援施設)
教員免許所得のための介護等体験で特別支援学校に行った際に、子どもの素直さや教員の対応に感動し、興味を持ちました(障害福祉施設　児童・知的)
もともとは児童分野の職業に就きたいと考えていたが、大学 3 年の社会福祉士実習の時の現場が障がい者通所施設で、支援内容が楽しく、自分に合っていると感じた。障がいのある方々の人生が豊かになる手伝いをしたいと思った(障害福祉施設　成人・知的)
中学生の時に母の勤める老人保健施設へ職場体験に行きました。当時は漠然と”大変な仕事”と感じました。その後、大変だけどやりがいのある仕事だと、毎日働きに行く母の姿を見て興味を持ちました(特別養護老人ホーム)
中学校時の職場体験で幼稚園に行き、子どもと関わることの楽しさを感じた(保育所・こども園)
保育園や幼稚園以外にも、子どもとより深く関われる仕事があることを知り、調べる機会が多くなりました。コロナ禍だったので実習以外に、現場を知ることができず、悩んでいた時に今の職場でボランティアをさせて頂き、より興味・関心を持ちました(児童養護施設)
高校時代、老健のボランティアに行き PT という職業に出逢った。この仕事に就きたいと思った(病院・診療所)
大学時代のボランティアの経験を通し、福祉施設という現場で働き、生活や就労の支援などを通し、利用者の方とより深く関わっていきたいと思った(障害福祉施設　成人・身体)

（2）自身の経験や家族、身近な人との関わりから ●家族が福祉関係の仕事をしていたため ●高齢者や子ども、障害のある人と触れ合った体験から、利用者と関わるのが好き
祖父と同居をしていた頃、少しずつ体が不自由になっていく中で、両親が介護をしていましたが、私自身何もしてあげることができなかったという思いがあり、介護の勉強をしようと思いました（特別養護老人ホーム）
叔母が保育の仕事をしており、様々な話を聞く中で保育の仕事に興味を持った（保育所・こども園）
母が介護施設で働いていて、福祉の現場を小さい時から見ていたことや、小学生の時に同じクラスに発達障害の友達がいたことで興味を持ち始めました（児童養護施設）
乳児院で働いている人が親戚にいて、とても楽しそうに働いていたため、自分自身も子どもと接するのが好きということもあり、乳児院という施設に関心を持ちました（乳児院）
小学生の時に母が介護職をしており、学校の校外学習として母の職場に行った際に介護福祉に興味を持った（母子生活支援施設）
身近な存在に障害を持った方がいたため、今後必要になる知識だと思い、興味を持った（障害福祉施設　成人・知的）
高齢者の方と戦争の話や、自分が知らなかった昔話を聞いた時に昔はこんなことあったんだと学ぶことができたため、福祉の仕事に関心を持ち始めました（特別養護老人ホーム）
保育園が楽しく、先生も優しく、弟もいて小さい子の世話が好きで漠然と保育士になりたいなあと思った（保育所・こども園）
福祉的ニーズのある家庭に育ち、サービスを受けた経験から携わりたいと小学生高学年の時期に考えた（児童養護施設）
自身の子供が重度知的障がい者であることから、育児経験を活かすことで社会貢献できる仕事に就き、仕事から育児に活かせる知見を得られると考えたため（障害福祉施設　成人・知的）

（3）将来を考えて ●就活や進路、転職を考えた時 ●資格を活かせる、前職の経験を活かせる仕事 ●コロナ禍で将来を考えた時、景気に左右されない仕事を考えた時
以前から興味は在りましたが、転職の際に関心を持ちました（特別養護老人ホーム）
大学の進路を決める際に、ガールスカウトをやっていた中で、福祉分野に関わってきたとふり返り進路を決めた（保育所・こども園）
高校を中途退学し、今後の人生を考えた時に、子どもに携わる仕事や子どものためになる仕事をしていきたいと考えるようになりました（乳児院）
就職活動で悩んでいる時に知人に学童クラブの仕事を紹介してもらい，元々親類や学校開放事業で子ども相手をすることが好きだったこともあり関心を持った（障害福祉施設　成人・身体）
転職先を考えた際に、近隣の福祉施設を見学させていただく機会をいただき、現場の雰囲気を直に感じることで福祉に関心をもちました（障害福祉施設　成人・知的）
資格を取得した際に、人と接するのは嫌いではないし、これからは高齢化社会になると感じたから（特別養護老人ホーム）
教育現場で教員として福祉課題のある子や保護者に対しての支援をしていましたが、立場的に限界を感じることが多く、福祉職について支援を行うことができればと考えた（児童養護施設）
前職で働いている際に、より母子支援に対する知識や経験が必要だと感じたから（母子生活支援施設）

以前、働いていた飲食店に障害者雇用で働いている方が来店されていた際にこだわりのある行動を目にした時に障害者の方と関わってみたいと思いました（障害福祉施設　成人・知的）
コロナ感染症が流行し生活が変わっていく中で、福祉の仕事の話を聞き、興味がわきました（特別養護老人ホーム）
コロナ禍による将来性の不安とコロナによる休業などで仕事がない状態を過ごした時に、社会から必要とされるエッセンシャルワーカーに興味を持ちました（養護老人ホーム）
コロナ禍において、前職のホテル業界が「不要不急」とされた時に、社会でより必要とされる仕事とはなにか（ニーズ）を考えるきっかけができた。家族に介護の仕事をしている者がいることもあり、福祉業界には関心があった。業界の違いはあれども直接人と接するという共通点から、福祉業界への転職を検討し始めた（救護施設）

問６（３）現在の事業所を就職先として選ぶ際に重視した点

現在の事業所を就職先として選ぶ際に初任者職員が重視した点は、「職場の雰囲気や人間関係」が51.6%、「仕事の内容」が 50.5%、「給与」が 47.8% と続く。（図 98）

「その他」として、「休みの取り方、休暇制度」、「学校の先生からの薦め」、「アルバイト、実習先で理解していることが多かった」などの回答が上げられた。

前回調査と比較しても上位にあがる項目に変化はなかった。

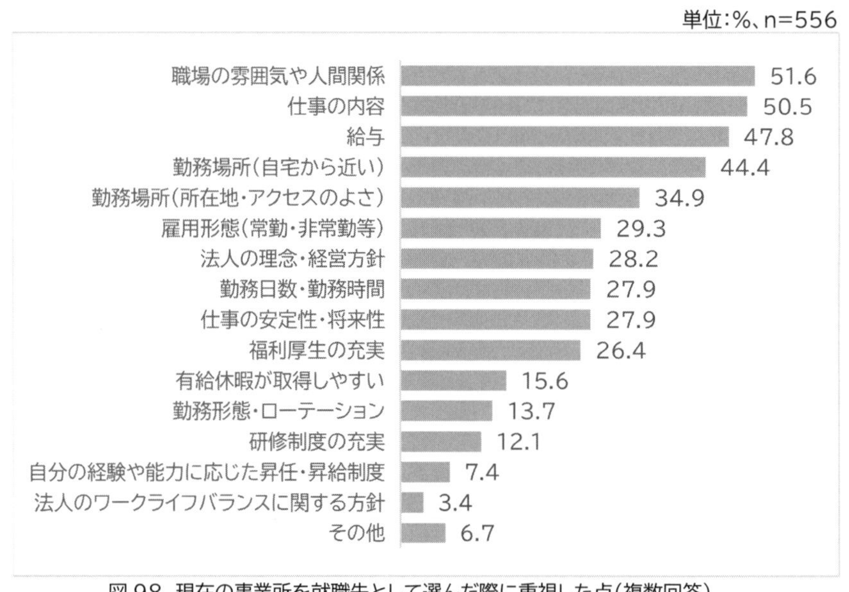

図 98　現在の事業所を就職先として選んだ際に重視した点（複数回答）

勤務日数・勤務時間の具体的な条件（自由回答より）

・年間休日数
・完全週休２日、週休２日
・土日祝日休み
・残業時間
・日勤のみの勤務

勤務形態・ローテーションの具体的な条件（自由回答より）

・夜勤の有無
・夜勤明け休みがあるか
・シフト制かどうか
・早番、遅番の有無、回数
・土曜出勤の有無

問６（４）現在の事業所に就職する前に、もっと詳しく知りたかった情報

現在の事業所に就職する前にもっと詳しく知りたかった情報として、31.8% の初任者職員が「職場の雰囲気や人間関係」を挙げている。次いで「仕事の内容」が 28.8%、「給与」が 20.1% であった。（図 99）

2016 年度は上位から「給与」14.9%、「仕事の内容」13.5%、「職場の雰囲気や人間関係」12.4% であった。

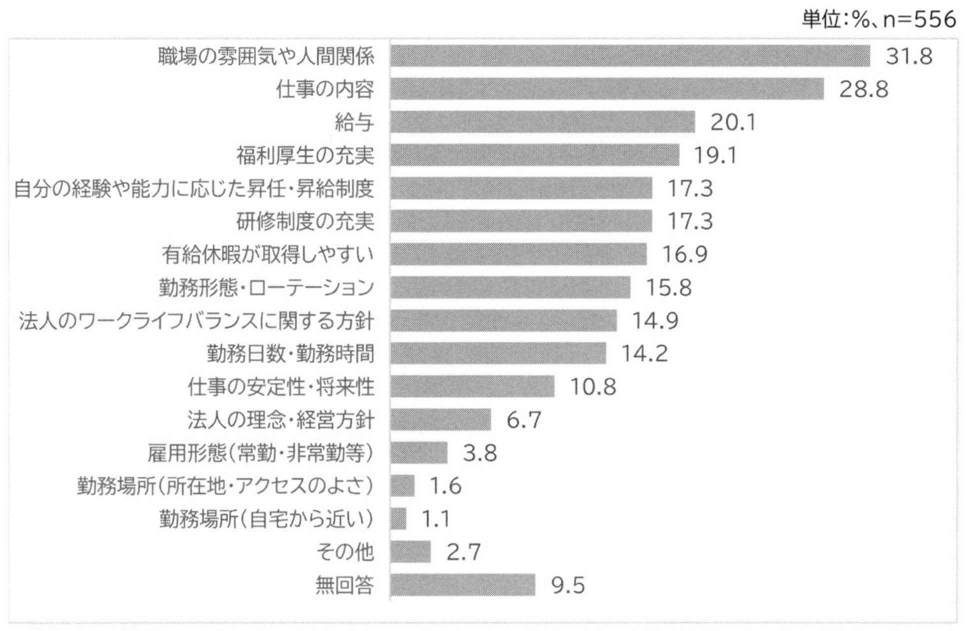

図99　現在の事業所に就職する前に、もっと詳しく知りたかった情報（複数回答）

問6（5）現在の事業所を就職先として選ぶ際の情報収集

就職先を選ぶ際、38.8%の初任者職員が「法人・事業所のホームページ」から情報収集していることがうかがえた（図100）。施設長向け調査（問5（3））より、約5割の施設が採用に向けてホームページを活用していることからも、ホームページのより充実した発信が求められる。

「その他」として、「大学の就職支援センターや先生から」、「学校の求人票から」、「実習・見学を通して」、「インターン、アルバイトから」などの回答が挙げられた。

2016年度は「家族・知人からの口コミ」が25.9%だったが、今回は6.1ポイント減少している。

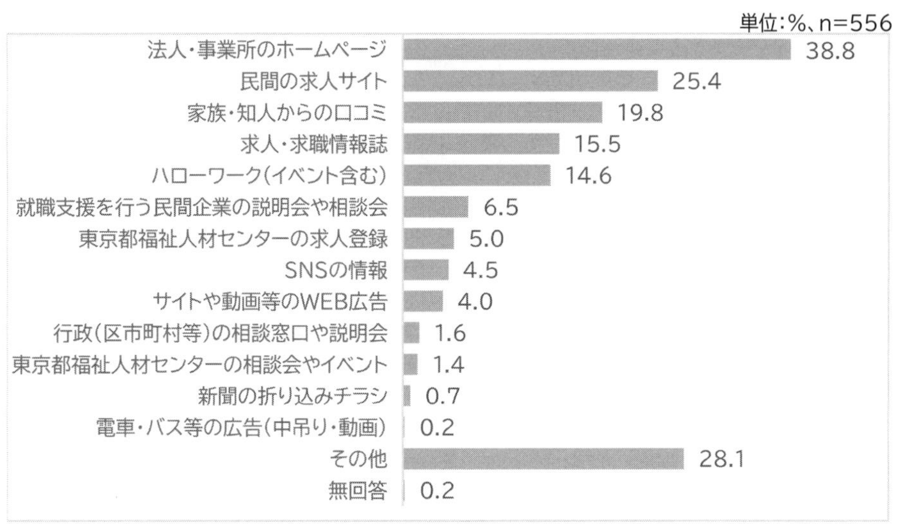

図100　就職先を選ぶ際の情報収集先（複数回答）

問6（6）初任者職員が福祉の仕事を選んだ理由

初任者職員が福祉の仕事を選んだ理由について、69.1%の初任者職員が「やりがいがある」ことを選択している。次いで「社会的に必要とされている仕事であり、社会に貢献できる」が42.3%、「人と接する仕事がしたい」が41.4%と続く。2016年度との比較は以下の図の通り。（図101）

「その他」として、「将来の夢であったから」、「将来に活かせるため」、「子ども、利用者が好きだから」などが挙げられた。

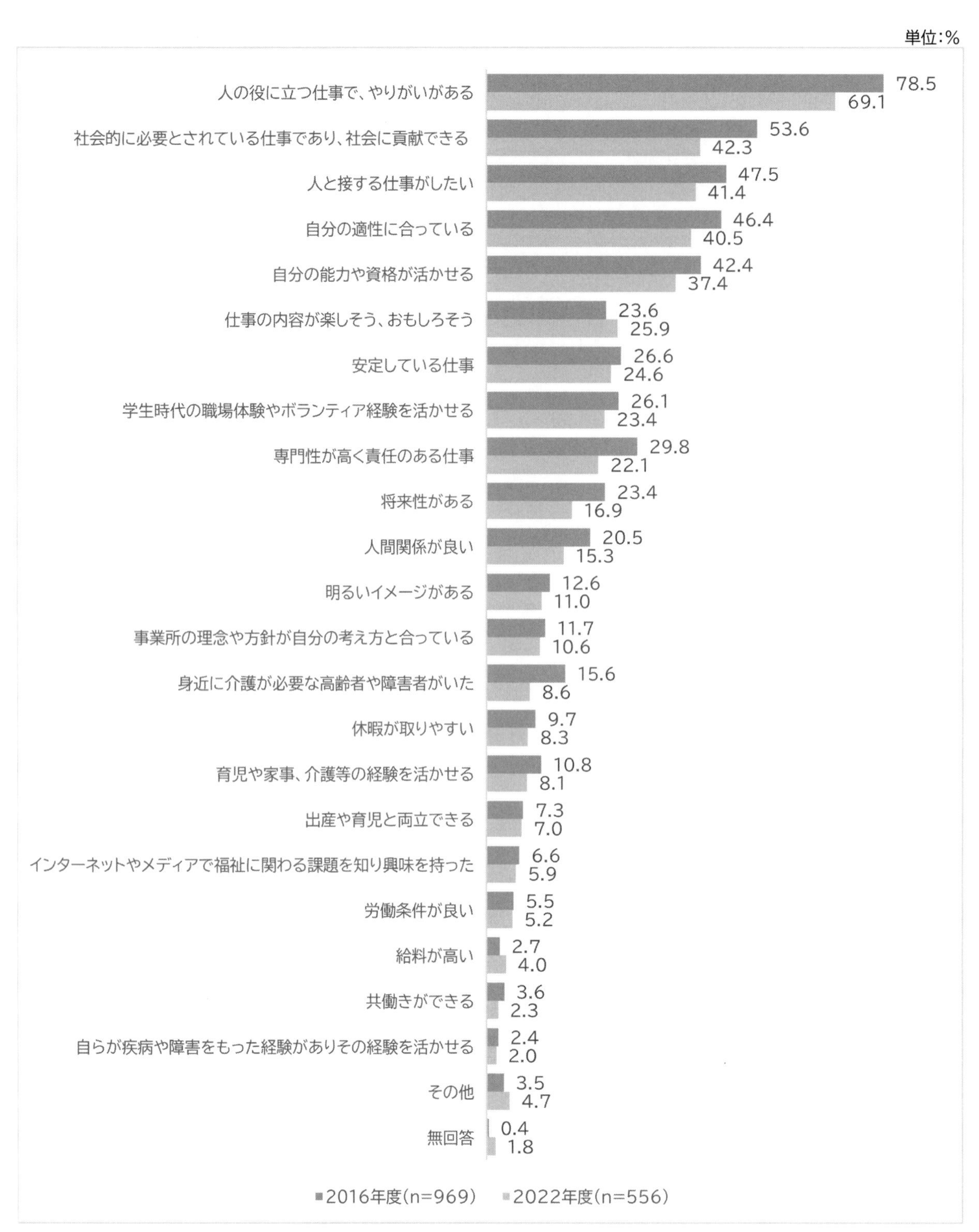

図 101 初任者職員が福祉の仕事を選んだ理由(複数回答)

問6（7）福祉の仕事に就いて特に満足している内容

初任者職員の51.3%が福祉の仕事に就いて「やりがいがある」ことに満足している。次いで「人間関係が良い」26.4%、「社会に貢献できる」24.5%と続く。(図102)

2016年度では「やりがいがある」が46.2%と最も多く、今回と同じ結果であった。

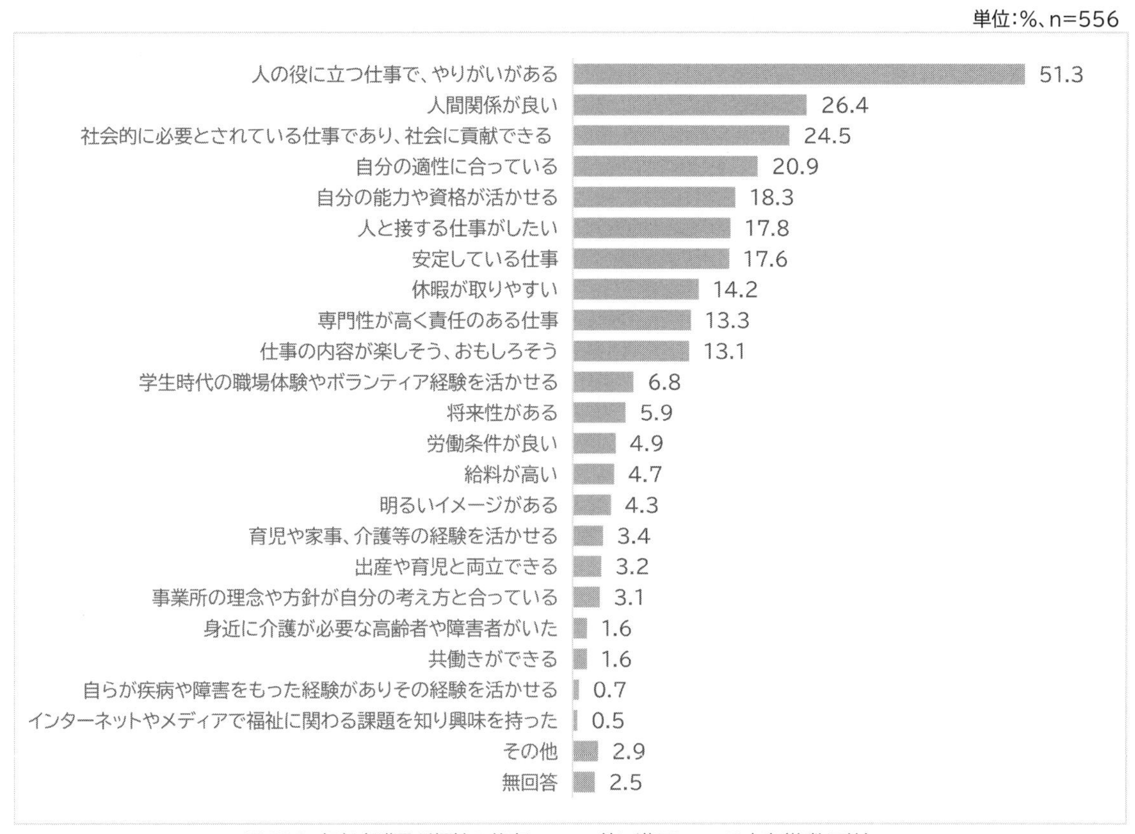

図102　初任者職員が福祉の仕事について特に満足している内容(複数回答)

Ⅳ　勤務を継続していくために必要なこと

問7　現在の事業所での仕事や働き方をイメージしている年数

「3～5年先までを考えている」と回答した初任者職員が24.8%、「1、2年先までを考えている」初任者職員が20.7%と、約半数の初任者職員が5年後までをイメージして働いていることがうかがえる。(図103)

2016年度も同項目の合計が54.3%と、ほぼ変わらなかった。

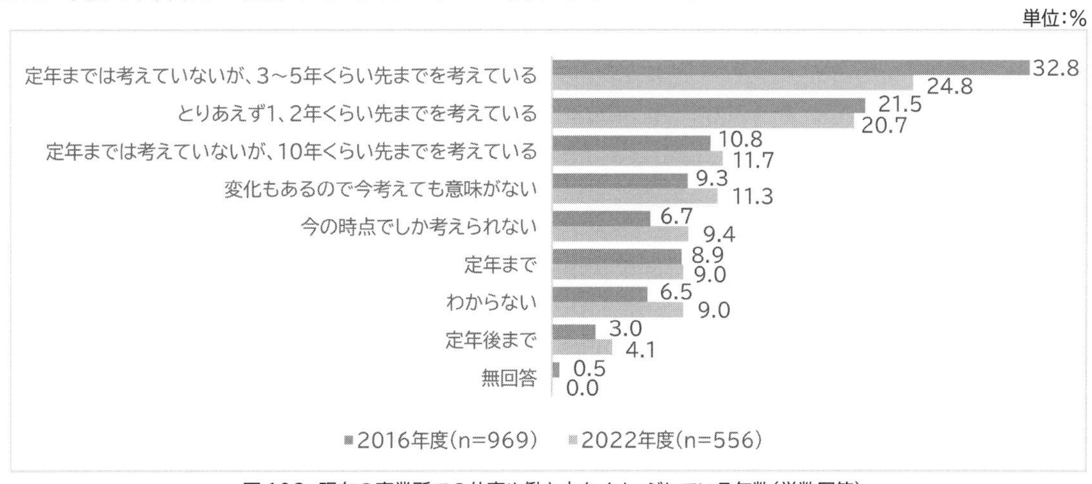

図103　現在の事業所での仕事や働き方をイメージしている年数(単数回答)

問8　現在の事業所を含め「福祉の仕事」をいつまで続けたいか

福祉の仕事をいつまで続けるか、「考えたことはない」と回答した初任者職員が24.3%と、最も多かった。

2016年度では、「家庭の事情が許す限り」が最も多く、19.9%であった。（図104）

「その他」として、「結婚、出産まで」、「他にやりたいことができない限り、新しいことがやりたくなるまで」等の回答が挙げられた。

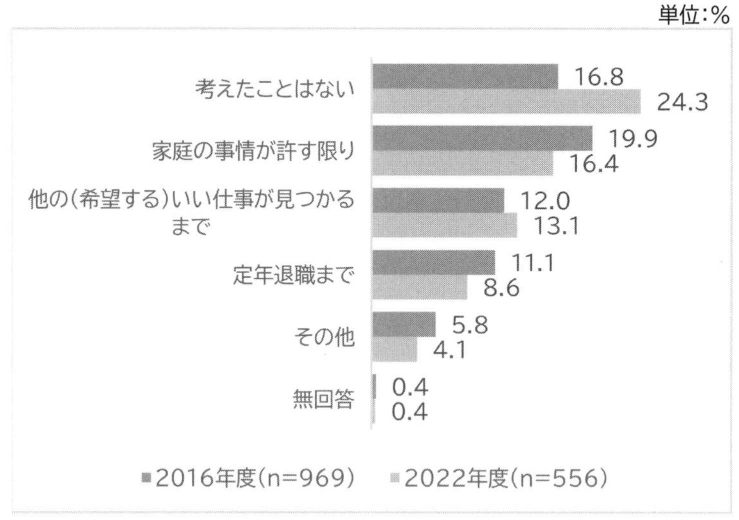

図104　初任者職員の福祉の仕事を続けるイメージ（単数回答）

問9　初任者職員のイメージするキャリアプラン

「現在の事業所でなるべく長く働き続けたい」が最も多く43.7%、次いで「特に考えていない」が18.5%であった。（図105）

2016年度でも、「なるべく長く働き続けたい」が39.6%と最も多かった。今回の調査の方が、4.1ポイント増加している。

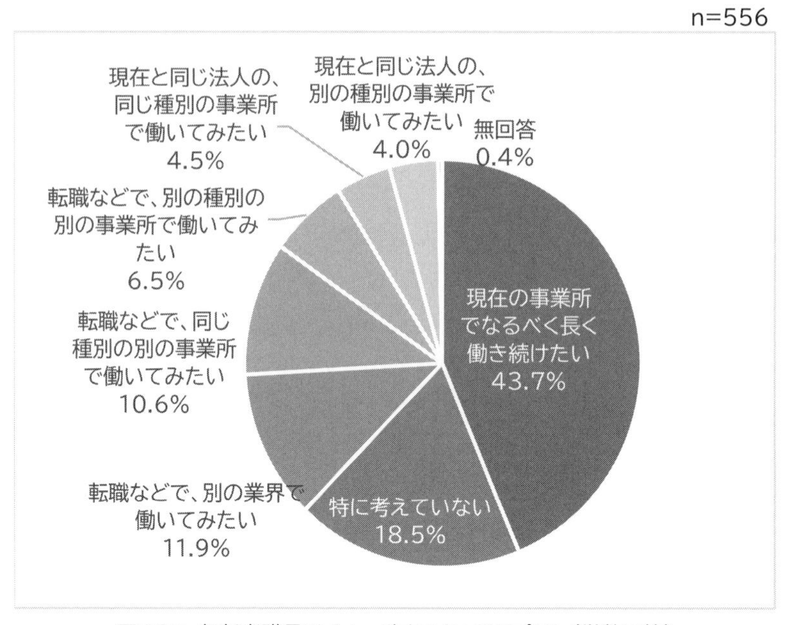

図105　初任者職員のイメージするキャリアプラン（単数回答）

問 10 福祉職場で働き続けるために必要な条件や環境

福祉職場で働き続けるために必要な条件や環境は、77.2% の初任者職員が「日々の仕事が楽しいと思えること」と回答している。次いで「自由に意見を言い合える明るい雰囲気」が 46.4%、「希望に合った勤務条件」が 40.5% となっている。（図 106）

「その他」として、「人間関係が良好であること」、「信頼関係」、「給与があがること」などの回答が挙げられた。

2016 年度も上位にあがっている項目は変わらず、引き続きこれらの環境整備が求められるといえる。

単位:%、n=556

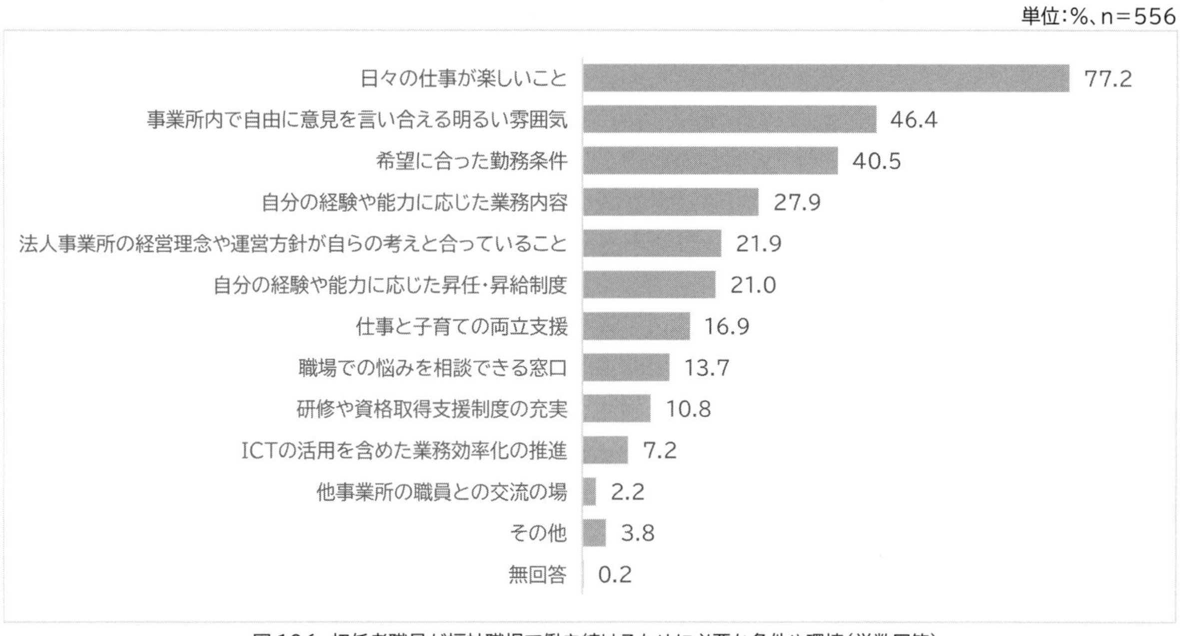

図 106　初任者職員が福祉職場で働き続けるために必要な条件や環境（単数回答）

問 11 福祉を担う職員として必要とされる資質

福祉を担う職員として必要とされる資質は、「社会福祉関係の専門的な知識や技術を持っていること」が最も多く 66.0%、次いで「利用者やその家族、事業所内の他の専門職、地域の人と円滑なコミュニケーションがとれること」が 50.4% と続く。(図 107)

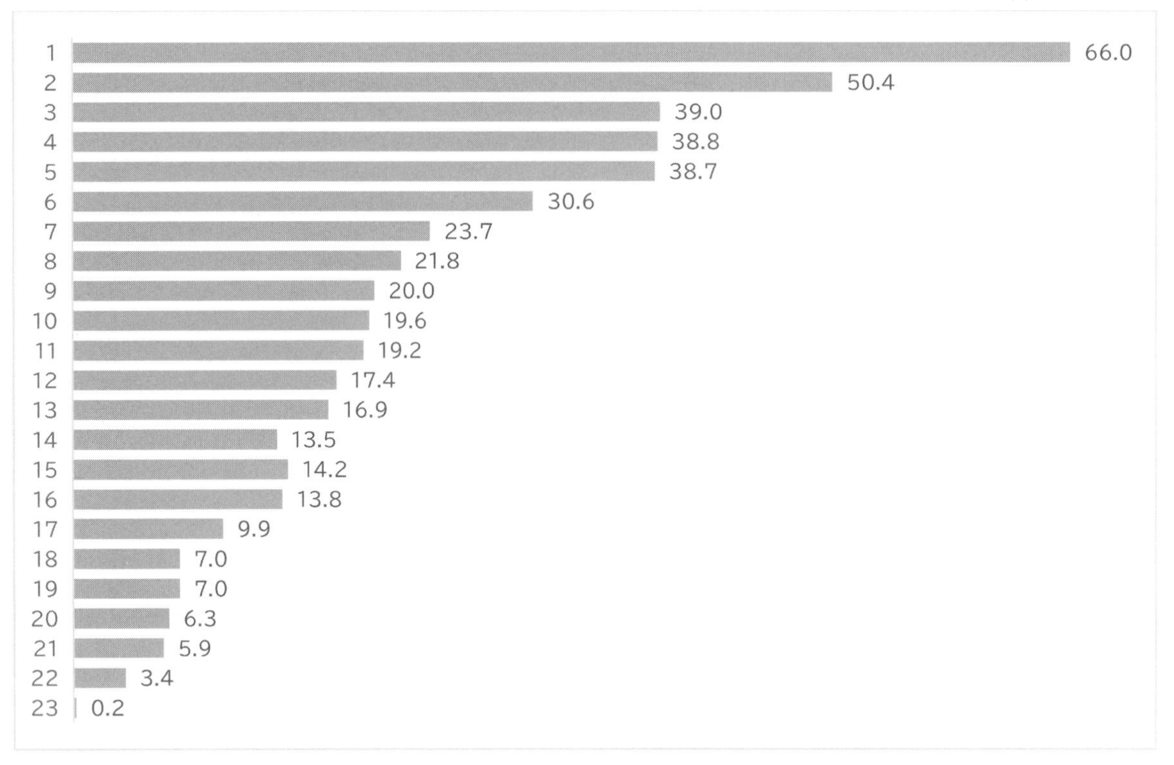

1 社会福祉関係の専門的な知識や技術を持っていること
2 利用者やその家族、事業所内の他の専門職、地域の人と円滑なコミュニケーションがとれること
3 課題の発見とそのための改善方策を見極める力を有していること
4 現場で起きている課題を的確に上司に伝達し、組織としての対応につなげること
5 福祉の職場で働くために必要な倫理観や価値観を持っていること
6 福祉の仕事が好きであること
7 素直で謙虚であること
8 判断力にすぐれていること
9 自分の意見をしっかり持ち、会議等で発言できること
10 部下や後輩に対する育成・指導を的確に行えること
11 ストレスを発散する方法を知っていること
12 困難なことに対して自ら積極的に取り組もうとすること
13 他の職員から信頼され、尊敬されていること
14 社会福祉関係以外の知識や技術も持っていること
15 権利擁護の視点、他機関との調整能力をはじめ、ソーシャルワークの能力を有していること
16 問題の発生に対する将来予測を的確にできる力を有していること
17 利用者や社会から求められる役割を理解し、企画・開発に取組む力を有していること
18 事業所職員として長く経験を積んでいること
19 サービスの質を確保するために、職員集団をマネジメントする力を有していること
20 組織の理念をサービス改善や組織改革につなげるためのリーダーシップがとれること
21 福祉以外の職場で従事した経験があること
22 サービス提供のあり方や方法をコスト・予算管理面からも検討、管理できること
23 無回答

図 107 福祉を担う職員として必要とされる資質(複数回答)

問 12「福祉職場で働いていくための専門性」を高めるために必要なこと

福祉職場で働いていくための専門性を高めるために必要なこととして、「見本となる先輩職員の実践から学ぶことができる」が最も多く 58.0%、次いで「自ら専門知識等を情報収集したり、積極的に学ぶ努力をする」が 44.2%、「福祉職場で働くための倫理観や基本理念が身についている」が 35.6% と続く。

2016 年度も上位にあがっている項目は変わっていない。（図 108）

「その他」として、「相談できる先輩を見つけること」（保育所・こども園）、「接遇や新入職者の考えを傾聴する上司の存在」（その他）等の回答が挙げられた。

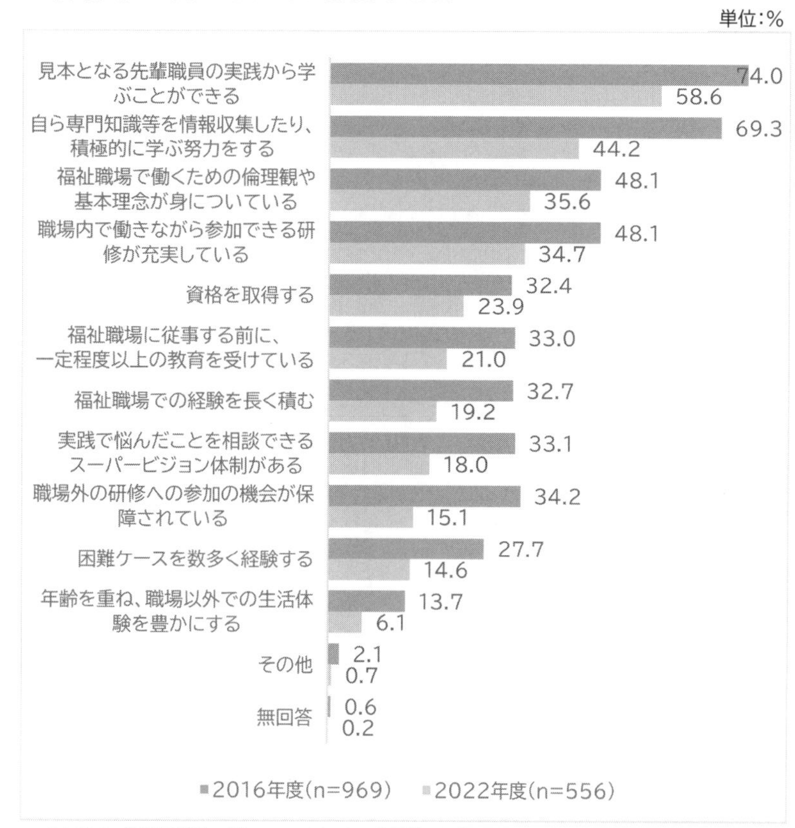

図 108「福祉職場で働いていくための専門性」を高めるために必要なこと（複数回答）

問 13 初任者職員が業務をすすめる上で悩むこと

初任者職員が業務をすすめる上で悩むことは、「業務内容に関すること」が最も多く 46.8% であった。次いで「人間関係に関すること（職員間）」が 36.2% と続く。

2016 年度と比較すると、「労働条件・職場環境に関すること」が 11.1 ポイント減少している。（図 109）

「その他」として、「多職種との連携」、「同期が同じ職場にいないため、同じ様な悩みを共有できない」、「自分自身の能力に関すること」などが挙げられた。

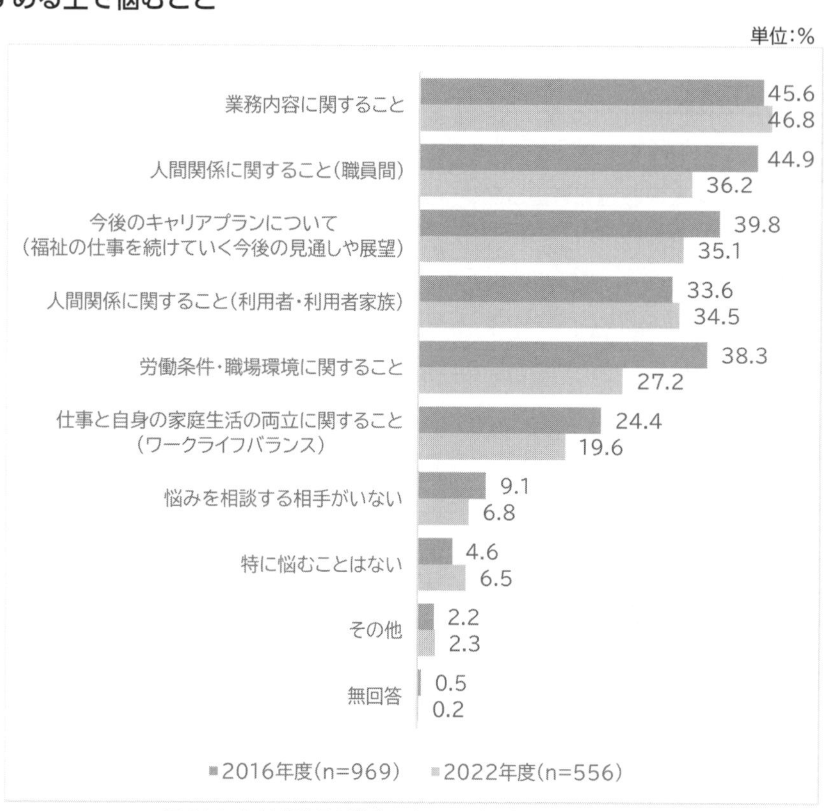

図 109 初任者職員が業務をすすめる上で悩むこと（複数回答）

問 14 初任者職員が業務をすすめる上での悩み

初任者職員に業務をすすめる上での悩みを尋ねた。（表 38）

大きく「スキルアップや業務内容について」、「職場での人間関係、職場環境」、「家庭との両立や将来に関すること」の３つに分類した。

自身の知識や技術不足を感じていることへの不安、日々の利用者や職員との関係性、支援の方向性があっているか自信がない等の回答が多く挙げられた。

表 38［回答例］業務をすすめる上での悩み（自由回答）

n=353

(1) スキルアップや業務内容について ●知識、技術が不足していると感じる、資格を取得したい ●業務内容を覚えきれていない、支援の方向性について自信が持てない、目の前の業務に追われている
現在資格が無いのでスキルアップをしたい（特別養護老人ホーム）
個々の対応が必要なため、経験と知識が足りないと引き出しが少ない（高齢分野居宅サービス系事業所、施設）
よりよい保育を行えるために、何を学び、何を身につけたら良いか、どのような手段で身につけたら良いか（保育園・こども園）
どんな知識から深めて行ったらよいか知りたい（児童養護施設）
お子さんと関わる中で、どのような援助、配慮が必要か悩んだり、他の職員とお子さんの関わりを見て、自分自身の知識不足や技術力の無さを感じ、どのようにして高めていくか悩むことがあります（乳児院）
スキルアップをする上でどの方法が自分に合っているのかが分からない（母子生活支援施設）
福祉関連の学歴、資格が全くない状態で入職したため、仕事内容や利用者さんとのコミュニケーションなどすべてがしっくりこないまま仕事している感じがある（更生施設）
通所の担当支援員の先輩が場にいないので、知識がなかなか足りない。この先何年、何十年と続けていくためには専門性を高める必要性があると思うので、わかりやすい研修などがあるといいと思っている（障害福祉施設　成人・知的）
まだ自分で判断できないことが多く、質問を繰り返しています（特別養護老人ホーム）
入所者の本人の意思を尊重しながらより良い支援を行うこと しかしその選択が必ずしも全て本人にとって正しいことなのかどうか（養護老人ホーム）
支援方法について、経験が浅いため、サービスを拒否する方の介入や、本人や家族の理解が難しい方に説明する時に難しいと感じる（地域包括支援センター）
日々の保育についての語り合いの時間を作りたいのに書類業務が多すぎて作れない（保育園・こども園）
その状況に応じた適切な判断ができているのか、不安になる時があります（児童養護施設）
新しい仕事を教わった時。仕事の進め方が分からなくなった時（障害福祉施設　成人・身体）
自身の力量の問題なのか業務時間内に仕事が終わらないことがある（障害福祉施設　成人・知的）

(2) 職場での人間関係、職場環境 ●利用者との関係、利用者への支援について ●職員との関係（人間関係が悪い、相談できる相手がいない） ●他機関との連携

●人手不足や労働条件など職場での課題
多くのご利用者がいる中で、一人一人に違った援助をしていかなくてはならないこと（特別養護老人ホーム）
利用者に怒鳴られるなどは気にはならないが、悲観的な訴えの時にどのように言葉を返していいのか迷ってしまう（養護老人ホーム）
家族の意向と利用者の意向の相違（高齢分野居宅サービス系事業所、施設）
学校で学んだことは沢山あるが、目の前の子どもに対してそれが適切な対応であるかが分からなくなる時がある（保育所・こども園）
子どもたちの日常に関係する様々な機関との連携を図ったり、子どもの心情に合わせた対応を柔軟に行うことがむずかしいです（自立援助ホーム）
入所者とのコミュニケーションの取り方について（母子生活支援施設）
利用者家族や先輩職員に丁寧に話そうと思えば思うほど、考えすぎて上手く伝えられないこと（障害福祉施設　児童・知的）
利用者や利用者家族の悩みを適切に受け取ることができているのか（障害福祉施設　成人・身体）
こだわりが強く接し方が難しい利用者がいるため、かかわり方で悩むことがある。（障害福祉施設　成人・知的）
職員の中にもさまざまな考え方を持つ人たちがいて、時にぶつかり合い、他の意見を受け入れる柔軟性がない人が多いこと（特別養護老人ホーム）
聞きたい時に聞けない雰囲気があるため悩んでしまいます。（軽費老人ホーム）
職員間での協力が必要不可欠な仕事、だからこそ分かり合えない・寄り添え合えないような関係があると難しい（保育所・こども園）
転職し、同期がおらず、仕事の悩みを相談する相手があまりいない。（母子生活支援施設）
指導することが増え、どのように伝えれば分かりやすいのか、またしっかりと根拠を元に説明できるか等、悩むことがある（障害福祉施設　成人・身体）
支援者間の支援の方向性の違い（障害福祉施設　成人・知的）
人員不足による職員の疲弊、また体調不良となり他職員への負担が増え人員不足に陥るという悪循環をどうにかせねば根本的な解決にならない（特別養護老人ホーム）
同じ職場で同年代の人がいなく、悩みなどがいいづらい（保育所・こども園）
1 人勤務が多いため、先輩職員がどのように子どもと関わり勤務しているのか、指導をしているのか、実際に見て学ぶことが少ないことです（児童養護施設）
人によって仕事量が全く違う。多い人への給料アップ等もないので不公平だと感じる（乳児院）
業界全体の給与水準が低い。後進の育成について（更生施設）
自分にとって残業が多く、勉強する時間や趣味の時間が取れず、働き甲斐が感じられないこと（障害福祉施設　成人・身体）
職員で業務のやり方が統一されていないことが多々あること（障害福祉施設　成人・知的）

（3）家庭との両立や将来に関すること

●体調管理

●家庭との両立

●今後のキャリアをどうするか

夜勤などもあるため、自分の体調管理が難しいです。（特別養護老人ホーム）
身体的理由でこのままこの仕事を続けられるか不安（保育所・こども園）
失敗したことを家で思い出して、睡眠等の妨げに繋がってしまう。ストレスが上手く発散できない時がある（救護施設）
生活リズムが崩れ、体調やメンタルの部分に支障が出ること（障害福祉施設　成人・知的）
社会人１年目として体力、精神力の辛さがある。経験が少ないので他の職員よりできることが少ない。これと同時に１年目が終わっていく怖さがある。年数を重ねた時により良い自分でいられるか不安がある（その他）
家庭をもった時に、福祉の仕事を続けていけるか心配（保育所・こども園）
仕事とプライベートのバランスをとるのが難しい。勤務状況によっては、体力的にきついことがある（児童養護施設）
子育てをしながら仕事が続けられるか不安がある。職員の人手不足により、急な休みで他職員に迷惑がかかることの申し訳さがある。また体力的な負担が大きい仕事であるため、体力面がいつまで持つか不安を感じる（母子生活支援施設）
仕事と家庭（家族の病気等）の両立や生活について，現在の就業環境で維持できるかが一番の悩みです（障害福祉施設　成人・知的）
残業が多いとワークライフバランスが崩れ、体調管理に影響が出ること（その他）
現在ケアワーカーとして働き身につけたスキルや経験を今後どのようにして仕事と結び付けていくか（特別養護老人ホーム）
いつまで保育士を続けていくのかなど将来のこと（保育所・こども園）
仕事を続けていく中で今後の見通しや、中堅職員になり責任感が増える中での不安（児童養護施設）
他の領域の福祉職を経験するべきなのかこのままの職場を長く続けるのか（障害福祉施設　成人・知的）

問15 初任者職員が業務をすすめる上での悩みの相談相手

初任者職員が悩みを相談する相手として、「家族や友人」が最も多く56.7%、次いで「同じ職種の先輩」が55.4%、「事業所内のベテラン職員」が43.5%と続く。

2016年度と比較すると、「同期の職員」が9.1ポイント減少している一方、「事業所内のベテラン職員」が7.3ポイント、「事業所長」が6.9ポイント増加している。（図110）

「その他」の回答として、「同じ職種の友人、同期」、「大学、専門学校時代の友人」などが挙げられた。

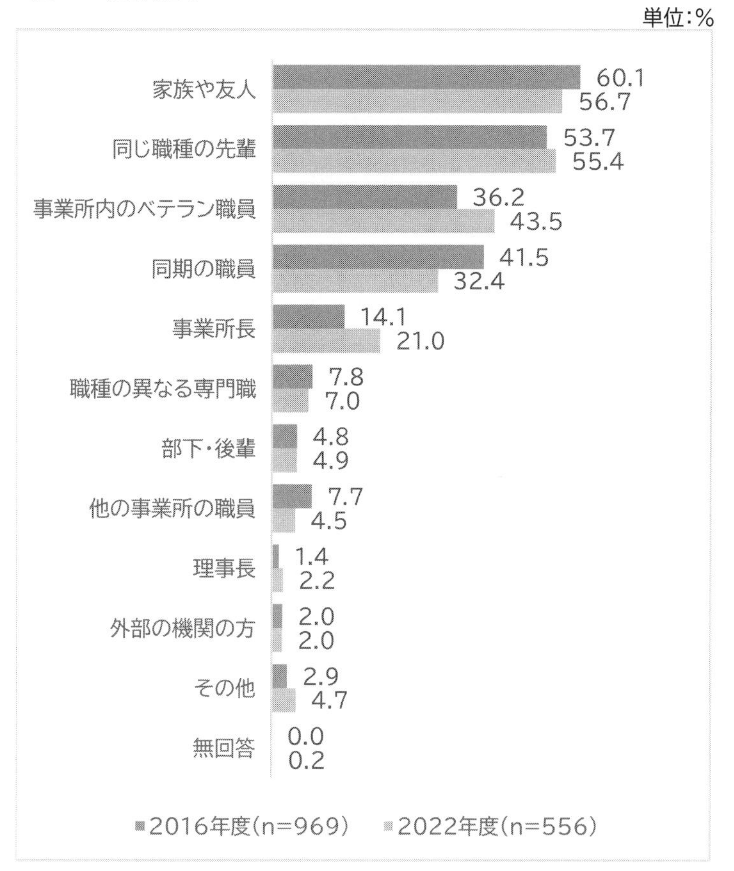

図110　初任者職員が業務をすすめる上での悩みの相談相手（複数回答）

問16-1　事業所内に目標となるような先輩職員の有無

事業所内に目標となる先輩職員がいる初任者職員は、81.8%であった。（図111）

2016年度に「いる」と回答した初任者職員は74.9%であり、今回の方が6.9ポイント増加している。

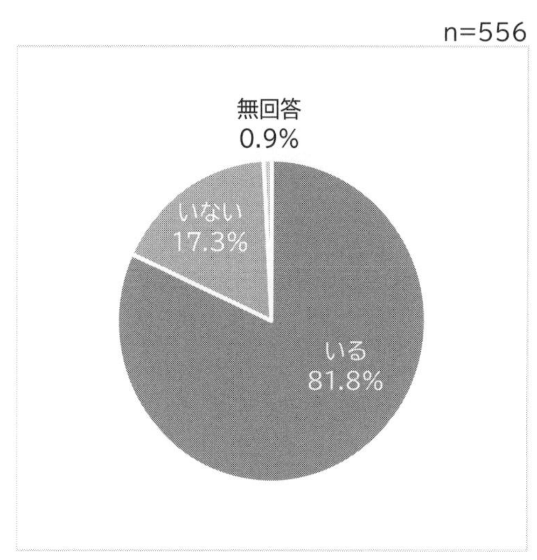

図111　目標となる先輩職員の有無（単数回答）

問 16-2　目標となる先輩職員の勤務年数

目標となる先輩職員がいると回答した初任者職員に対し、その方が何年先輩か尋ねたところ、「10 年以上」が 44% と最も多かった。(図 112)

平均年数は 10.1 年となっている。

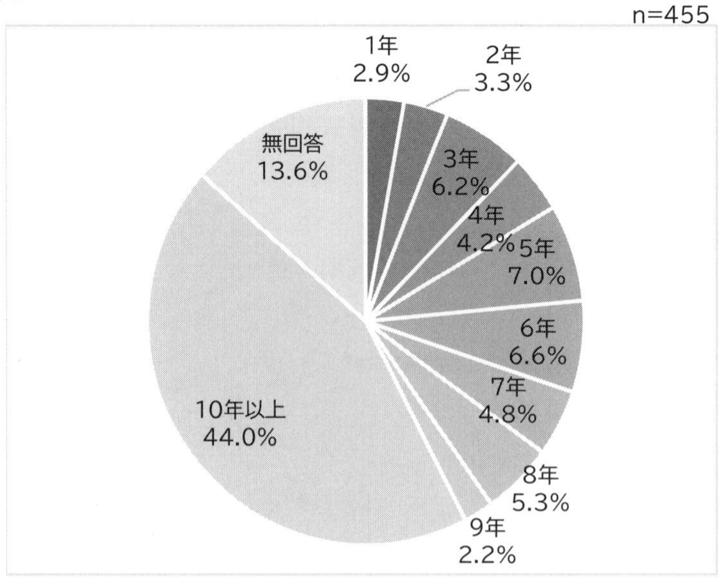

図 112　目標となる先輩職員の経験年数(単数回答)

問 17（1）今までに仕事をやめたいと思ったことの有無

今までに仕事をやめたいと思ったことがあるか、初任者職員に尋ねたところ、「福祉の仕事をやめたいと思った事がある」のは、31.8% であった。(図 113)

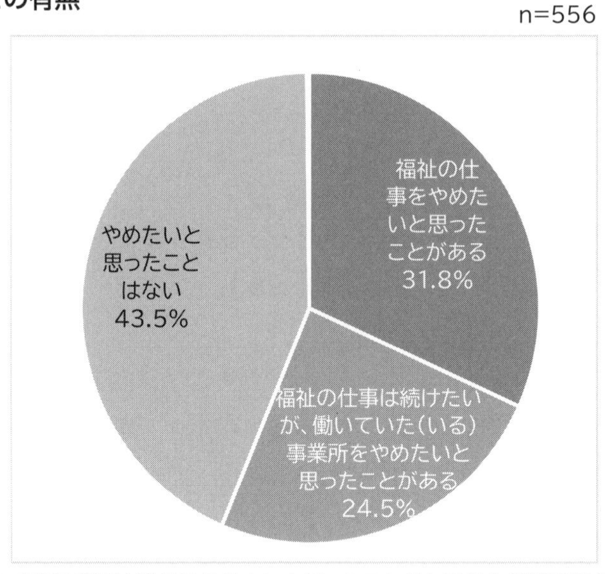

図 113　初任者職員が仕事をやめたいと思ったことがある割合(単数回答)

問17（2）「福祉の仕事をやめたいと思ったことがある」または「働いていた（いる）事業所をやめたいと思ったことがある」理由

初任者職員が「福祉の仕事をやめたいと思ったことがある」または「働いていた（いる）事業所をやめたいと思ったことがある」理由を尋ねた。（表39）

「自身の体調や経験に関して」、「他業種への興味・関心」、「職場の人間関係、雰囲気」、「労働条件」についての回答が多かった。

表39 ［回答例］初任者職員が「福祉の仕事をやめたいと思ったことがある」
または「働いていた（いる）事業所をやめたいと思ったことがある」理由（自由回答）　n=268

（1）自身の体調や経験に関して ●身体、精神的に大変と感じたため ●失敗が続いた時や厳しく指摘された時等に自分に向いていないと思ったから
人間関係、シフト制の勤務による体調不良（特別養護老人ホーム）
異性のご利用者にセクハラ的なことを言われたり、されたりした時。前の会社の先輩の教え方や環境が合わずパワハラ的なことを言われ続け体調を壊した時（高齢分野居宅サービス系事業所、施設）
仕事と生活のバランスが取れず、体力的に辛かったころに漠然とこのまま続けられるのか考えたことがある。辞めたいという気持ちよりは、続けていけるのかへの不安が大きかったと思う（児童養護施設）
精神的に疲れてしまい生活に支障が出る。給与が低いと感じる（更生施設）
夜勤が辛く、次の日まで体調を崩してしまうことが続いた時（乳児院）
自分には向いていないかもと悩んだ時（軽費老人ホーム）
どのように保育を進めたらいいのか分からず焦ったり、何度も同じことでミスをしたりして指摘されると、向いてないのではないかとやめたいと思ってしまう（保育所・こども園）
他の職員よりも自分が上手く仕事ができなかったため（保育所・こども園）
入って間もない頃、ベテランの方からほぼ毎日お叱りを受け、自分にこの事業所で働いていけるか不安になったことがある（障害福祉施設　成人・知的）

（2）他業種への興味、関心 ●他業種、他種別に興味があるから
他職種に興味がわいた（養護老人ホーム）
他の業種も経験してみたかったから（高齢分野居宅サービス系事業所、施設）
辛いし、向いていないと思った。自分の能力をもっと発揮できる場所があると思った（保育所・こども園）
他業種でやりたい仕事がある（自立援助ホーム）
環境を変えて、福祉の仕事を続けたかったから。新しい現場で、挑戦や経験を積み、成長したいと思ったため（障害福祉施設　成人・身体）
福祉分野以外の仕事を経験することで社会勉強・人生経験に繋がると思ったことがある（障害福祉施設　成人・知的）

(3)職場の人間関係、雰囲気 ●職場に尊敬できる先輩がいない、ハラスメント等、人間関係が悪いから ●ケアの方針が合わないから
人間関係が悪く居心地が悪い。スタッフの利用者さんに対する言葉使いが荒い(特別養護老人ホーム)
上司との人間関係が合わなかった(地域包括支援センター)
理想としている職場環境でないこと。職場の雰囲気も良く、人間関係での悩みはないが、目標として尊敬できる先輩職員がいないことから、現在の職場では自分自身が向上していけないと感じている(保育所・こども園)
業務の全体像を把握し、長期的なビジョンをもってスーパーバイズする人がいないため(母子生活支援施設)
支援の方向性の違いから、支援員間の風通しが悪くなり人間関係にストレスを感じたから(障害福祉施設　成人・知的)
職場内の雰囲気になじめなく、孤独感を感じたため(障害福祉施設　成人・精神)
入居者に寄り添った介護がしたい(特別養護老人ホーム)
以前の保育に囚われすぎて全く新しいことを取り入れようとせず、相談しても「前はこうだったから」と言われ、自由が無い。保育が楽しくなくなり、子どもに対しても優しくできない時もあった。また、園長や主任の保護者対応も雑で本当に大事なことを言わないことがあり、結局何の解決にもならない問題があった(保育所・こども園)
法人の考えと自分の考えが合わなくなった(障害福祉施設　成人・知的)
利用者さんへの支援等についての方向性の違いがあったため(障害福祉施設　成人・知的)

(4)労働条件 ●責任や業務内容に対して給料が安いから ●業務量が多い ●希望していた労働条件ではなかった
給与面で不満があったため(特別養護老人ホーム)
求人広告などを見ても福祉の仕事内容と賃金のバランスが悪い(高齢分野居宅サービス系事業所、施設)
仕事内容と給料があわない、持ち帰り仕事が多い(保育所・こども園)
以前勤めていた所は常勤嘱託であったり正規職員であっても給与が安く、職務の負担が多く、大きい割に給与が安かったりしてつり合いが取れていなかった。現職でも給与は少ないことには変わりない(更生施設)
身体的精神的にも負担が大きく、また時には生命を左右するような判断を迫られる仕事であるにも関わらず、給与面においてはかなり低いと思っている。実際に身体を壊して離れていた時もあるが、学生の頃に他の職種で活かせる資格を取得していたなら恐らく福祉には携わろうとは思わないと思う(障害福祉施設　成人・知的)
人が少ない上に子どもの数が多い。毎日つかれきっている。事務仕事が多い。残業が多い(保育所・こども園)
休職者が重なって負担が重かった時(障害福祉施設　児童・知的)
仕事量が多すぎてパンクしそうになった。提出物の期限を守るように言われるが利用者対応、受託作業に追われ、休憩時間がとれなかったりサービス残業をしないと仕事が終わらない(障害福祉施設　成人・知的)
以前の職場ではほぼ休みなく、12時間以上勤務していた時に自分は何故こんなことをしているのだろうと思ったことがある(特別養護老人ホーム)
福利厚生がしっかりとしていなかったため(保育所・こども園)
自身の適正に合っていて充実して過ごしていた児童福祉の施設から別の業種への施設への異動があったため(障害福祉施設　成人・身体)

問18（1）知人等が福祉職場に就職しない理由

初任者職員に知人等が福祉職場に就職しない理由、同僚等がやめた理由を尋ねた。（表40・41）

「業務内容に対して給料が低い」、「大変そうなイメージがある、関わることがないためイメージできない」、「仕事内容が合わない、できないと感じている」、「夜勤やシフト制勤務など、勤務条件が合わない」など、初任者職員と同様の声が聞かれた。

同僚等がやめた理由として、回答のおよそ半数が「人間関係」であった。その他、「給料が低い」、「体調」、「他業種に興味があった」などの回答が挙がっている。

表40 ［回答例］知人等が福祉職場に就職しない理由（自由回答）

n=287

●業務内容に対して給料が低い **●大変そうなイメージがある、関わることがないためイメージできない** **●仕事内容が合わない、できないと感じている** **●夜勤やシフト制勤務など、勤務条件が合わない**
業務内容が大変なのに給料が安いと聞いているから（特別養護老人ホーム）
ボランティア残業が多そうで、給料が安い（保育所・こども園）
大変なイメージがある。ニュースで虐待の報道など漠然とした悪いイメージが頭にある（特別養護老人ホーム）
底辺職、誰でもできる、給料が安い、汚い、華がないと聞いたことがある（高齢分野居宅サービス系事業所、施設）
普段生活をしていて「障害」に関わることがないため、「障害（者）＝怖い」というイメージがある印象。教職課程で私と同じように特別支援学校や障害者施設に行った人の大半は「自分はあそこで働くなんて無理だ」という感想だった（突然ぴょんぴょん飛び跳ねたり、大声を出すことは他の人達からしたら怖いことなのかもしれない）（病院・診療所）
勤務が不規則だから。乳児院という施設があることを知らないことや、業務内容が分からない、イメージできないから（乳児院）
自分にはできない、排泄物の処理がどうしてもできない（特別養護老人ホーム）
福祉実習を通して、自分には福祉職に適していないと感じたため（母子生活支援施設）
児童養護施設に就職しなかった理由としては、勤務形態が複雑で体がもたない。泊りの勤務がしんどい。働きに対して、給料が見合っていない。実習で嫌な思いをした。精神的にしんどそう（児童養護施設）
夜勤が嫌だという友人がいた（障害福祉施設　成人・知的）

問 18（2）同僚等がやめた理由

表 41 [回答例]同僚等がやめた理由（自由回答）

n=266

●人間関係、ハラスメント ●給料が低かった ●体調、体力への不安 ●他の業種への興味、関心
利用者、職員によるハラスメント（人間関係含む）（特別養護老人ホーム）
人間関係（上下関係、理不尽な力関係に疲れた、新しく入職した人を試そうとする、空気感に疲れる等）（保育所・こども園）
夜勤等泊まり勤務があること、給料が安い、人間関係、職場の人との支援方針の違い（婦人保護施設）
大変な仕事なのに給料が低い。心身共に疲弊した。職場環境が悪い（救護施設）
メンタル面・体力面においてもハードだから（児童養護施設）
夜勤で身体を壊してしまったため（障害者施設　成人・知的）
勤務形態が合っていない。職場になじめない（乳児院）
勤務外労働が多すぎる,休日休みが取りづらい（障害者施設　児童・知的）
利用者や家族と事業所との板挟みになることがかなり多く、耐えられないと感じた（地域包括支援センター）
他の福祉分野に興味があり、挑戦したいと思ったため。入職前にイメージしていた業務内容と現場の支援が異なっていたため（母子生活支援施設）
自分が思っていたよりもつらかった。他にやりたいことができた（障害福祉施設　成人・身体）
泊まりで仕事があると家庭への負担があるため（更生施設）

問19（1）将来、担いたい業務

初任者職員が将来担いたい業務として、「直接サービスを担いたい」が56.7%と最も多い。次いで「相談業務に携わりたい」が23.0%と続く。

2016年度と比較すると、「地域社会に働きかける取組みをしたい」が8.9ポイント増加している（図114)。新型コロナの影響で施設外との交流が減少していることが背景としてあると考えられる。

「その他」としては、「まだ考えていない」「福祉の経験を活かして別の業界で働きたい」等の回答が挙げられた。

単位:%

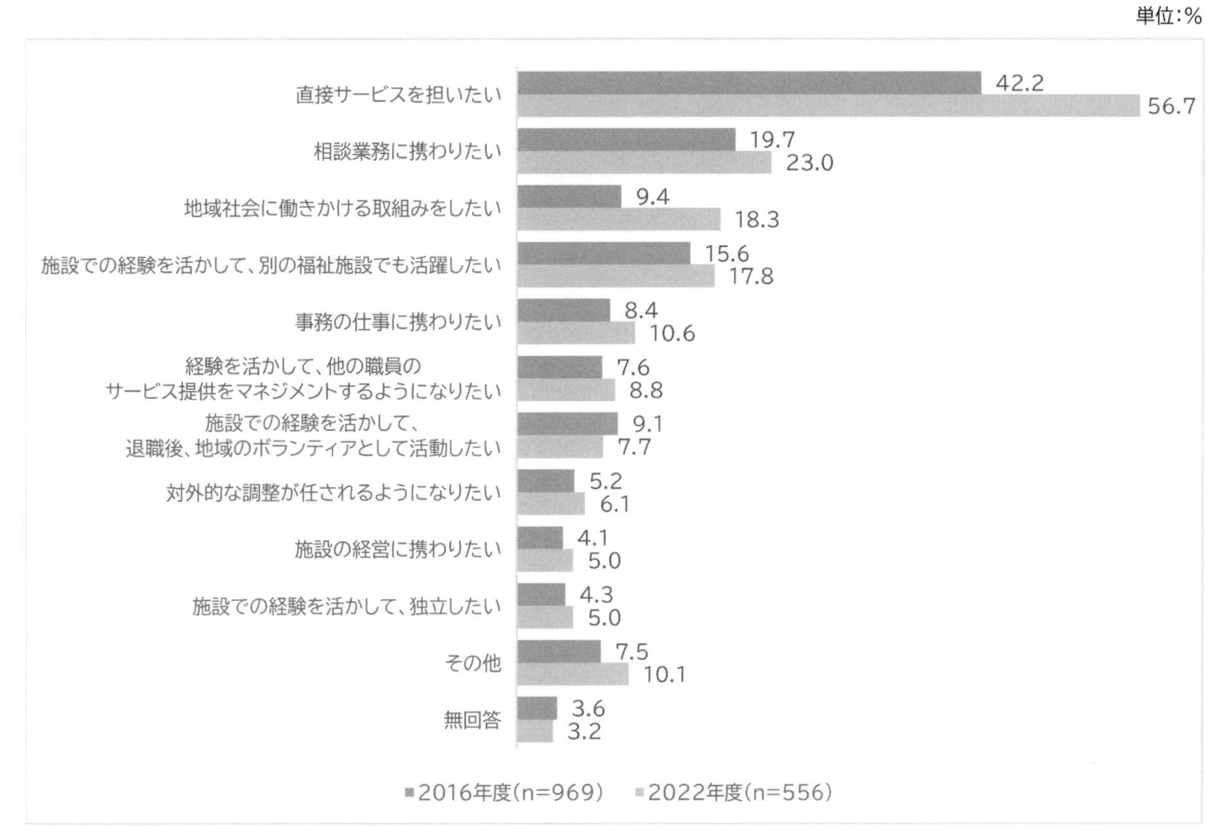

図114　初任者職員が将来担いたい業務(複数回答)

問19（2）事業所で経験を重ねていく中でめざす姿

初任者職員に【マネジメント型】か【プロフェッショナル型】のどちらにめざす姿が近いか尋ねたところ、「どちらでもない」が52.9%と最多だった。【プロフェッショナル型】は27.2%、【マネジメント型】は19.2%と、【プロフェッショナル型】の方が8.0ポイント多かった。(図115)

単位:%、n=556

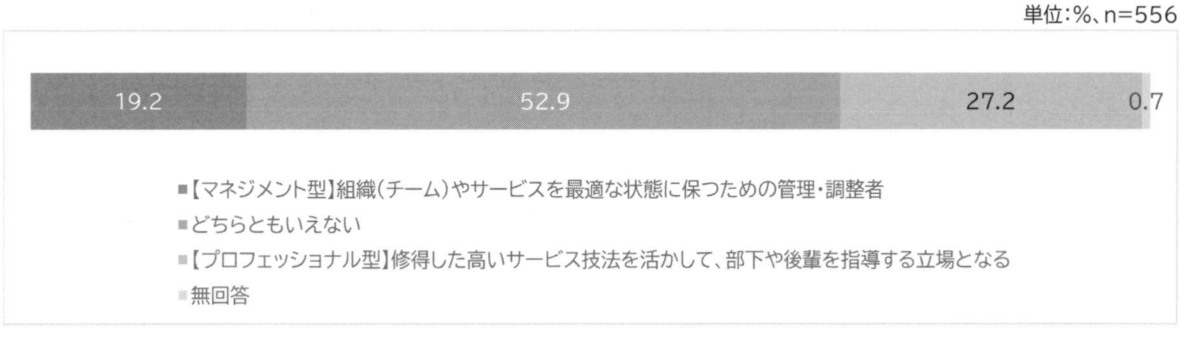

図115　初任者職員のめざす姿(単数回答)

問 20　現在の事業所で勤務して感じていること

初任者職員が感じていることを尋ねた。「プラスに近い」が多かった項目は、「社会的な意義」、「資格や専門知識が必要」、「仕事のやりがい」などがあがっている。「休憩時間の確保」はプラスの方がマイナスよりもポイントが多いものの、分散している。「マイナスに近い」が多かった項目は、「業務量」や「人手」、「体力的な負担」、「精神的な負担」となっている。（図 116）

単位:%、n=556

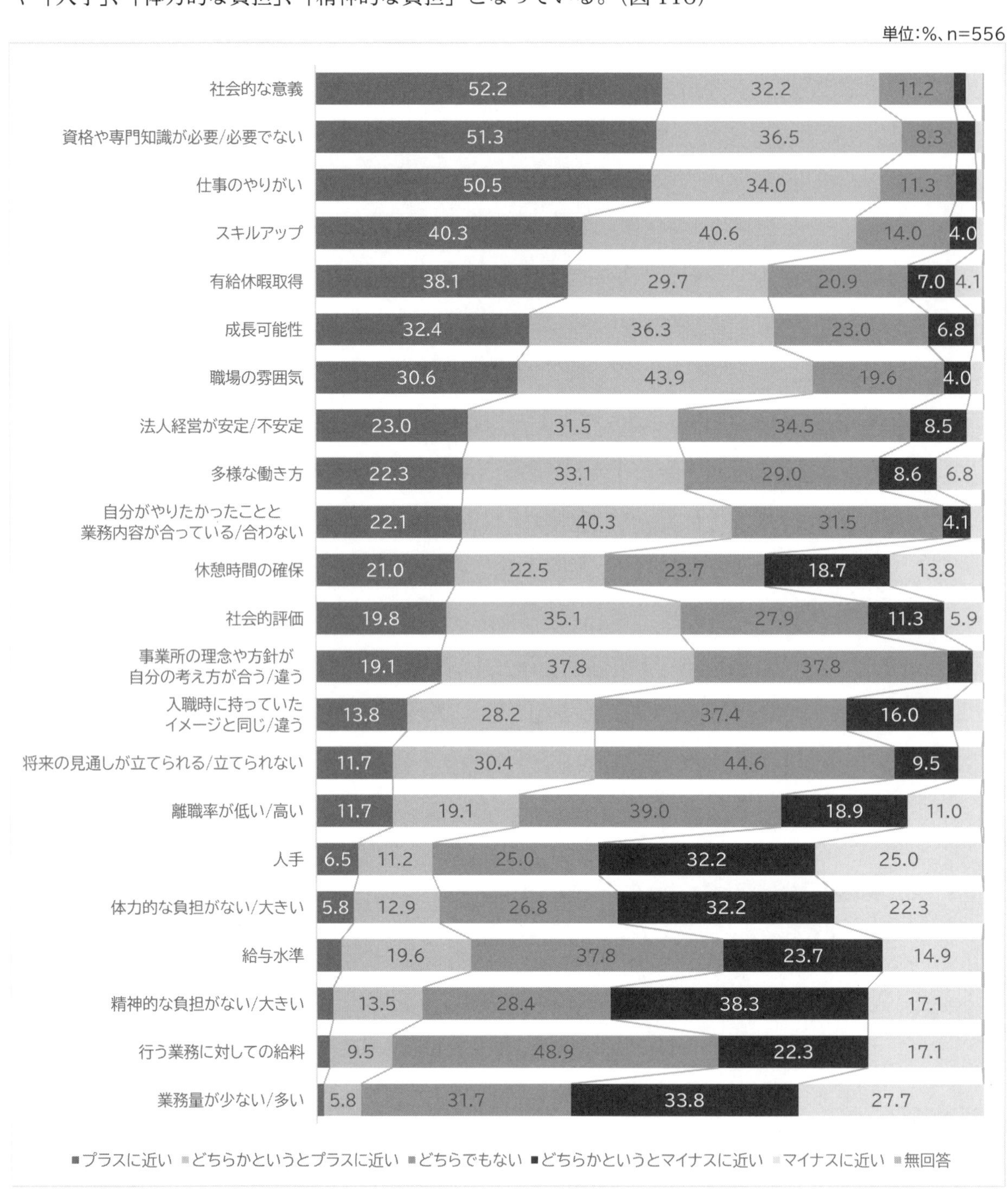

図 116　現在の事務所で勤務して感じていること（複数回答）

問21（1）過去1年間に参加した研修

新任職員に過去1年間に参加した研修を尋ねたところ、「外部研修」が最も多く62.4%、次いで「法人内研修」が54.5%、「事業所内研修」が52.7%であった。（図117）

「その他」として「オンライン研修」、「まだ参加していない」という回答が挙げられた。

図117　初任者職員が過去1年間に参加した研修（複数回答）

問21（2）受講した研修が活かされた場面、事例

初任者職員に受講した研修が活かされた場面を尋ねた。（表42）

どの分野の職員からも援助技術に関する研修内容が日々の支援に活かされているという回答があった。他の事業所の事例を聞くことで自身の支援の振り返りにつながっている、との回答も複数あった。「初任者研修」や「法人内研修」で学んだことが活かされているという回答もあった。

表42［回答例］受講した研修が生かされた場面、事例（自由回答）　n=261

（1）援助技術に関する研修 ●認知症、ポジショニング、看取り ●発達支援、発達障害 ●虐待、強度行動障害 ●感染予防、対応
食事介助や臥床中のポジショニングについての研修を通じ、現場で施設を意識するようになった。認知症に関する研修を通じ、正しい知識を得ることで相手に合わせるように対応を柔軟にするようになってきた（特別養護老人ホーム）
マナー研修。接遇をマナー研修で学んだことが、入居者様のキーパーソンへ状態報告をする際に活用ができました（特別養護老人ホーム）
利用者対応の際腰に負担をかけない動き方を教えてもらい未経験の私でも自ら立てない利用者への対応をすることになった際にいざ教えていただいた腰使いを実践することができ、なおかつ腰へのダメージなく行うことができました（養護老人ホーム）
zoom での研修は、他施設の方にどのような声掛けを行っているか伺い、参考にし、実際に活用することができた（養護老人ホーム）
介護予防ケアマネジメント研修など、実務に関する研修を受けて実際の業務に活かしている。また、疾患などについての勉強会や感染予防の勉強会に参加し、対象者のアセスメントや実際の支援につなげることができた（地域包括支援センター）
メンタルヘルス研修において、自分がつぶれないようにするためにどうすれば良いか。考え方の転換方法について（地域包括支援センター）
他事業所との問題事例検討が実際の事例に活かされた（高齢分野居宅サービス系事業所、施設）

実践で役立つ研修(リトミック、手遊びなど)(保育所・こども園)
クラスにアレルギー児がおり、アレルギーに関する研修を受け自分のスキルアップにつながった(保育所・こども園)
キャリアアップ研修にて保護者支援を学んだため、保護者対応にて活かされる場面がある(保育所・こども園)
0歳児保育の研修を行っているので関わり方や環境設定の仕方、子ども一人ひとり個性があるなど日々の保育にほとんど生かすことができている(保育所・こども園)
発達支援の個別対応の研修で学んだことが、実際、園にいる配慮が必要な子達への関わりで生かすことができた(保育所・こども園)
先輩から話を聞く研修では、普段の業務での話を聞け、新たに発見することが多くある。グループディスカッションでは、同期の考えが知れるため、他者視点も吸収できとても良い時間となる。活かされたこととして、先輩のお話より、自分から仕事を見つけること、具体的にどんなことならできるかなどを聞き、実践することができた(児童養護施設)
ペアトレーニング研修が実践的なものであり、場面によっては子どもへの対応で活用しやすかった(児童養護施設)
児童に対する虐待を研修で学んだが自身の指導を客観的に見直す良い機会になった(児童養護施設)
ライフストーリーワーク(LSW)がどういうものかを学び、実際に児童と幼いころのアルバムをみて、楽しかった思い出をきいたりしていると、児童は終始笑顔で心が安定していた(自立援助ホーム)
発達障害児を受け持った時、具体的な対策や接し方を学ぶことができ、クラスでも話し合い実践することができました(乳児院)
子どもへの避けたい関りを「マルトリートメント」とよび、脳を傷つけ発達を遅らせてしまうことを研修で知った。自分の関りに"マルトリートメント"はないか、振り返るきっかけになり、実際に子どもに注意する際の言葉掛けや姿勢を意識するようになった(乳児院)
ケースに出てくる社会資源の活用までの流れや動きが理解しやすくなった。利用者の状況理解につながった(母子生活支援施設)
子どものかかりやすい感染症についての研修を受けたことで、年齢や季節に合わせて子どもの様子や環境について配慮するようになりました(母子生活支援施設)
記録の書き方の意識が変わった(更生施設)
介護技術の研修(車椅子の扱い、移乗、紙パンツやパットなどの説明)、人事考課についての研修(救護施設)
リフレーミング研修が利用者さんとの対話で利用者さんが笑顔で話をしてくれた(障害福祉施設　児童・知的)
ダウン症セミナーを受講しました。分かりやすいやり取り、伝達手段の方法を教えてもらい実践できました(文字の活用)(障害福祉施設　児童・知的)
初任者研修において、支援員にはリーダー支援員を適切に協力しフォローして、チームでの統一支援・目標を遂行できるように行動するフォロワーシップが求められるということが日々の支援で重要だと改めて感じさせられた(障害福祉施設　成人・身体)
初任者研修にて「リスクマネジメント」について学び、現場で事故やヒヤリハットにつながることを推察し対処することができた(障害福祉施設　成人・身体)
特に活かされた研修は強度行動障害の研修で、関わりが特に多い利用者様で強度行動障害の利用者様がいるため。研修内容を直ぐに直接業務に活かすことができた(障害福祉施設　成人・知的)

虐待の研修で事例等を聞きこういうことも虐待に入ったりするのかと新たに気付くことがあった。自分自身は虐待だと思わなくても他の人から見れば虐待だと思われてしまうことがあると感じた（障害福祉施設　成人・知的）
自閉症やてんかんについての研修は利用者の特性を理解する上で役に立ちました（障害福祉施設　成人・知的）
事業所の PT、OT からのアフォーダンスについての研修を受け、環境の与える影響について学び自閉等を持つご利用者に対するアプローチの視点が広がった。都の研修を受け、自閉症に対する基礎的な理解を深めご利用者とコミュニケーションが取りやすくなった（障害福祉施設　成人・知的）

（2）初任者研修
新人研修で教えて頂いた「わからないことを聞ける年数のうちにたくさん聞いておく」という話を聞き、わからないことを恥ずかしがらずに聞きに行くようになった（保育所・こども園）
初任者研修に参加した。福祉の分野に携わる様々な方々から、意見を聞くことでき、「コミュニケーション」において深く考えるきっかけになった。相手に伝わる伝え方を意識するようになった（乳児院）
初任者研修において、支援員にはリーダー支援員を適切に協力しフォローして、チームでの統一支援・目標を遂行できるように行動するフォロワーシップが求められるということが日々の支援で重要だと改めて感じさせられた（障害福祉施設　成人・身体）
初任者研修に参加して、福祉業界の前提となる知識を学ぶことができた（障害福祉施設　成人・知的）

（3）法人内研修
法人内の研修でマナー講座がありました。御家族との会話、上司との関わりの中で役に立った（特別養護老人ホーム）
法人内の研修（園内の新人研修）は、本格的に業務に入る前に実施してくださったため、大変活用できました。（倫理的なことやルーティンワークの意義など。）学んだことが判断基準となったり、業務の意味を考えたりすることに繋がりました（児童養護施設）
法人内研修は支援姿勢について見つめ直す機会となり、事業所内研修は医務的対応などで実践できることが多く、外部研修では知識武装に役立っている（障害福祉施設　成人・知的）

問 21（3）今後、初任者職員が受講したい研修

初任者職員が今後受講したい研修として、最も多かったのは「専門的な援助技術に関する研修」が69.8% であった。次いで「コミュニケーションに関する研修」が 42.1%、「メンタルヘルスに関する研修」が 30.4% であった。2016 年度と比較すると、上位にあがる項目に大きな変化はなかった。（図 118）

「その他」として、「看取りに関する研修」（特養）、「リトミック」（保育所・こども園）、「意思決定支援研修」（その他）といった分野特有のテーマが挙げられた。

単位:%

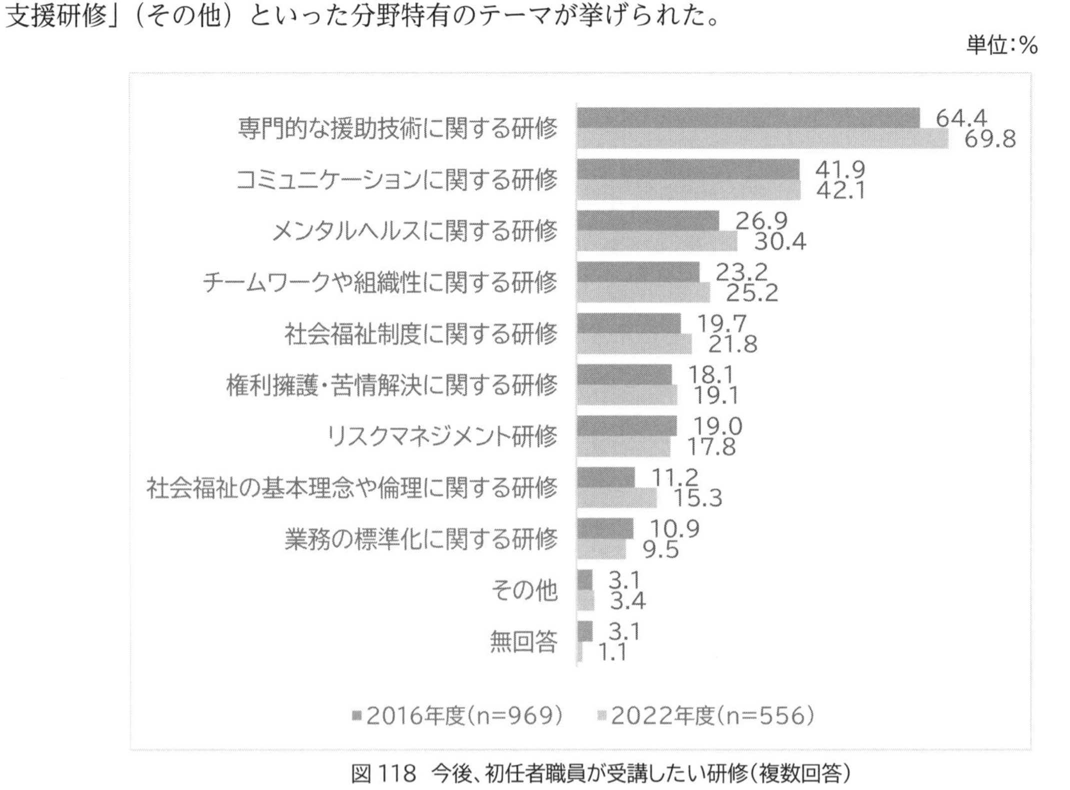

図 118 今後、初任者職員が受講したい研修（複数回答）

問 22 福祉の仕事の経験を通して、将来実現したい目標や夢

福祉の仕事の経験を通して、将来実現したい目標や夢について、「自身の成長、あり方」、「利用者への支援の向上、施設の経営」、「福祉業界のイメージアップ、働きやすい職場環境づくり」、「地域の活動への参加」の 4 つに分類した。（表 43）

スキルアップのための資格取得や利用者支援の質の向上をめざした声が多く聞かれたほか、福祉の仕事や当事者の声の発信、地域の居場所づくりなどの回答もあった。

表 43 ［回答例］福祉の仕事の経験を通して、将来実現したい目標や夢（自由回答）　n=270

(1)自身の成長、あり方 ●資格取得などスキルアップしたい ●自分のあり方 ●同業種内や別分野に挑戦してみたい
福祉関係の資格を取得し、今後ますます高齢化に突入する社会に貢献できるスキルを身に着け、地域や身近な方から頼られる人材になりたいと考えております（特別養護老人ホーム）
家族からも社会からも必要とされる存在になること。ソーシャルワーカーとしての存在価値を高める（養護老人ホーム）

在宅医療（終末期の緩和ケア）に関わる仕事がしたいです（地域包括支援センター）
キャリアアップを目指し介護支援専門員や社会福祉士の資格取得を目指す（高齢分野居宅サービス系事業所、施設）
保護者にも職員にも信頼される保育士（保育所・こども園）
毎年経験やスキルを積み、いずれチームをまとめる役になれるように、子どもからも職員からも信頼され、余裕を持って仕事を継続したい（児童養護施設）
多角的な視点から物事を見れるようになりたい（自立援助ホーム）
子どもの発育発達等の基本的な知識や技術を身に着け、将来的には、障がいのある子どもがいる施設の現場で、活躍していきたい（乳児院）
相談援助のプロフェッショナル（母子生活支援施設）
対人スキルの向上と、利用者さんの自己肯定感向上に寄与したい（更生施設）
多種多様な支援を実現できる指導員になりたい（障害福祉施設　児童・知的）
今は入所施設に長く勤めたいと考えているが、いずれは他業種（通所や地域包括など）で経験を積んで視野を広げたいと考えている。そして施設内で統括リーダーを担ったり、相談支援業務ができるようになりたい（障害福祉施設　成人・知的）
いつか特別支援学校の教員になりたいと考えている（その他）

（2）利用者への支援、施設の経営 ●利用者が安心し、満足できる支援をしたい ●施設の経営や運営に携わりたい
ご利用者にとっても職員にとっても平和で満足した環境づくり。ご利用者のやりたいことをかなえることができ、生き生きと生活していただけること（特別養護老人ホーム）
子どもたちだけではなく、保護者や地域の方々にもっと寄り添いながら保育していきたい（保育所・こども園）
外での関係性づくりに悩んでいる子どもが多くいるため、自分で発見した外部資源と子どもをつなげたいと考えている（児童養護施設）
虐待や、施設で幼少期を過ごしたことによる発達障害など、児童養護にまつわる負の連鎖が子どもからまたそのこどもへと続かないよう、児童の人生を見据えた支援ができるような乳児院の実現（乳児院）
チーム医療のなかでの母子支援（病院・診療所）
発達障害などで悩んでいる方々のひとつでも多くの家庭に安心や喜びを提供していきたい（障害福祉施設　成人・知的）
管理職となり、施設運営に携わりたい（養護老人ホーム）
現職場で経験を重ね、独立し自分の園を作ってみたい。小学校教育を見通し保育の要素を取り入れた小学校教育に携わりたい（保育所・こども園）
知的障害の方々がより社会で生きやすくなるように、賃金を稼ぐことと、日常生活能力を向上できる施設の設立（障害福祉施設　成人・知的）

(3)福祉業界のイメージアップ、働きやすい職場環境づくり ●福祉の仕事の魅力の発信をしたい ●働きやすい環境づくり ●当事者の声を社会に届けたい
若い人たちに福祉に興味を持ってもらえるようPRしていきたい(特別養護老人ホーム)
子どもが保育士の仕事にあこがれるような保育士になりたい(保育所・こども園)
後進の若い世代が目標や夢を持てるような職業になることを望みます(更生施設)
今いる事業所に長く勤め、後輩育成に携わり離職率の低い環境にしていきたいです(児童養護施設)
支援員の負担を減らすようにしたい(母子生活支援施設)
匿名性のなかにおおわれて社会的な発信がしにくい福祉利用者・当事者・支援者の声を、もっと社会的に共有したい(母子生活支援施設)
利用者のニーズに合った支援ができるようになる。支援員が働きやすい環境を作っていきたい(障害福祉施設 成人・身体)
知的障害について社会的に理解がもっと深まるようなことをしたい。抽象的だが社会にとってもっと必要とされる仕事を利用者様に提供し、どんな障害があっても活躍できる必要とされる環境を作っていきたい(障害福祉施設　成人・知的)

(4)地域の活動への参加 ●地域活動に参加したい、居場所をつくりたい ●マイノリティの方々への支援に携わりたい
日本に暮らす外国人の高齢化も現在進んでいますが、十分なコミュニケーションができないことや言語の壁があるのが課題です。その方々の支援に携わることができたらと考えています(特別養護老人ホーム)
年齢や病気、障害など関係なく、誰でもふらっと立ち寄れる場所を作りたい(地域包括支援センター)
地域に開けた子育て支援ができるような環境づくりをして、子育てをする保護者やその子どもたち、また働く職員が頼れる居場所ができたら素敵だと思う(保育所・こども園)
施設や里親につながる前の子どもたちにも目を向け、そういう子どもたちのかけこみ寺のような場を設け、気軽にごはんを食べに来たり、休みに来てもらい相談に乗ったりしたいです(自立援助ホーム)
気軽に子どもを預けられる施設があったらいいなと思う。親も一緒に泊まることができて、夜は保育士に任せて自分の睡眠がしっかりととれる。親が心身ともに元気であれば虐待等悲しい事件が少しは減るのではと思う(乳児院)
障害や LGBT などマイノリティと呼ばれる方の権利擁護や人に相談しづらい悩みを抱えた方が気軽に話せたり、相談できる場を作ること(障害福祉施設　成人・知的)
障害児を在宅で育てている家庭が孤立しないように、定期的な集まりや情報共有できる機会を作る。家族とともに宿泊したり、施設の利用者と過ごせる環境を作る。社会から孤立しないためのイベントづくり(その他)

問23　初任者職員が考える福祉の仕事の楽しさや魅力、発信するアイディア

福祉の仕事の楽しさや魅力を尋ねた。（表44）

分野を問わず「利用者から感謝されること」、「人、人の人生に関わることができ、自分の成長につながること」、「正解がないところ」といった回答が多く挙げられた。高齢分野では「長年の知恵や経験を教えてもらえること」、保育・児童分野では「子どもと関われること、成長をみられること」、障害分野では「利用者とのコミュニケーション」等の回答が特に多くみられた。

アイディアとして、SNSや動画での発信などウェブ上での発信方法が挙げられた。反対に地域やボランティアなどで実際にふれあったり、体験する機会を設けるアイディアも挙げられている。また、発信する内容として、日々の支援や利用者の様子を発信する、イメージアップのために待遇改善が必要との意見もあった。

表44［回答例］初任者職員が考える福祉の仕事の楽しさや魅力、発信するアイディア（自由回答）　　n=395

＜楽しさや魅力＞

（1）利用者との関係 **●日々の利用者との交流、感謝されること** **●利用者の成長や変化が見られる、自身の成長にもつながる** **●人、人生に関わることができる、支えることができる、信頼関係を築ける**
私が楽しいと思うところは、高齢者の方との会話の中で、それまでの経験や知恵を教えてもらえたり、聞けることです（特別養護老人ホーム）
利用者と直接対面して感謝の言葉をいただいたり、笑顔を見ることができた時にやりがいを感じる（経費老人ホーム）
利用者や窓口に相談に来た方から「話してよかった。安心した。ありがとうございます。」という言葉を聞くと、とても嬉しいです（地域包括支援センター）
仕事に対して責任はあるけれど子どもの笑顔や成長を見れたり、感謝のことばが聞ける所がやりがいを感じる（保育所・こども園）
利用者とのかかわりの中の何気ない日常の中で他の仕事では感じることができない喜びを感じることができること（児童養護施設）
利用者さんはそれぞれコミュニケーションの方法が違いますが、相手の伝えたいことや気持ちが分かった時にやりがいを感じます。また、自分自身では思いつかないような発想や気づきがあるのも利用者さんの魅力だと感じます（障害福祉施設　成人・知的）
毎日子どもたちと接していく中で、日々新しい発見があること。子どもたちから気づかせてもらうこと、学ぶことが沢山あり、自分の考え方やものの見方が変わっていくこと（保育所・こども園）
他者の人生に関わり、時に落胆したり共に苦しみながら人間の成長する力や愛らしい面を知り、そこから自分自身も成長、学ぶことが沢山あること（児童養護施設）
子どもと毎日関わることで、その子の成長が楽しみになっていくことです。なかなかコミュニケーションがとれなかった子が冗談を言いあえる仲になった時は、あきらめずに関わり続けてよかったと思いました（自立援助ホーム）
お子さんの成長を近くで感じることができ、様々な感情をお子さん、同僚と共有できるところが魅力の一つだと思います（乳児院）

利用者へ直接支援することができ、自身の技術も向上していくこと（母子生活支援施設）
支援をしている中で困難に感じることもあるが、その中で、ご利用者と気持ちが通じ合えたと感じることや、ご利用者からの反応があったりした時（障害福祉施設　成人・知的）
一人ひとりの生き方をここまで深く考え、その人の人生に関わらせていただく仕事は他にはなかなかないと思います。そのため、これで良いのかと悩むこともたくさんありますが、それが面白さでもあると思います。他の職員と協力し、その人らしい生き方を援助させていただくことは簡単ではありませんが、やりがいのある仕事だと思っています（特別養護老人ホーム）
利用者の未来を考えて、職員一丸となって働くことができ、いろんな方の人生の支えになると思うと、やりがいを感じる（救護施設）
直接利用者さんに支援できることで、利用者さんそれぞれが持つ個々のポテンシャルを引き出してあげられること、自身でできることを一つでも増やしてあげられたらと考えること。また、彼らがスキルを得られたことによりご家族の喜ぶ声や顔が見られること（障害福祉施設　成人・知的）

（2）仕事としての魅力 ●将来的に重要な仕事、需要のある仕事 ●目先の利益ではない ●正解がない
高齢者介護は今後、ますます重要な仕事となっていき、また仕事を通じて毎日人の役に立っていると実感しやすい仕事である。今後、アニメ、漫画、テレビドラマなどで介護の舞台が出てくるだろう（特別養護老人ホーム）
交通、水道等と同様インフラのように受益者の周囲の人にとっても必要なサービスであること（保育所・こども園）
仕事を始めて、福祉のサービスを必要としている方が多くいらっしゃることを知りました。本当に必要とされている仕事であることを、多くの方に知っていただきたい（障害福祉施設　成人・知的）
命を預かる責任とともにやりがいがあること（特別養護老人ホーム）
人対人の仕事。感情が大きく揺れるのが魅力（保育所・こども園）
利用者と関われば関わるほど、職員と利用者の話しをするほど、正解がなく分からなくて楽しい。学生のころには知れなかった、本の中にはない障害者の人生に関わることによって、些細なことですら疑問の対象になる（障害福祉施設　成人・身体）
その個人に内在する可能性を知ること、引き出せる個々人の体力があればできること、地道にやっていけば理解につながること（養護老人ホーム）
お金ではない、人と人とのつながりを強く感じることのできるところ（児童養護施設）
1日として同じ日はなく、皆で一緒に笑いあい、活動をしていく環境に魅力を感じる（障害福祉施設　成人・知的）

<福祉の魅力を発信するアイディア>

（1）発信方法 ●SNS やホームページの活用 ●YouTubeなど動画での配信 ●ボランティアや当事者と触れ合う機会、教育現場や地域で知ってもらう機会をつくる
可能な範囲で相談内容や利用者とのコミュニケーションによるエピソード等をホームページなどで公表することによって、福祉の仕事の楽しさや、やりがいを伝えることができればと思います（高齢分野居宅サービス系事業所、施設）
個人情報が許す限りで SNS や広告（公共交通機関、TVの CM 等）での発信に力を入れる。（特に自分の周りにいる福祉以外の仕事をしている同世代は福祉の現状を全く知らない、知る機会がないと感じる）（乳児院）
メリットもデメリットも含めて、現場のリアルを知って貰う。また、近年はドラマなどから興味を持つ人も多くいるため、そういったメディアの活用もあると考える（特別養護老人ホーム）
メディアは福祉のことをニュースにする際に、不祥事、問題などの報道が多く感じ、もっと福祉の仕事の楽しさ、やりがいを報道して欲しいです。そのために、自分たちが（現場の人）世間に向けて発信していく必要性も強く感じます。児童養護施設に関しては、実際に、社会的養護の子がどんな暮らしをし、どんな思いを抱えているのかや、施設には子ども達のために一生懸命働いている職員がいることをもっと知って欲しいです。子ども達の成長を感じられたり、人と人の温かみを感じられるお仕事だと思います（児童養護施設）
社会に発信していくアイディアは YouTube が今の大きなコンテンツだと思います。自分自身も他事業所の勤務動画や介護福祉士が運営するチャンネルを見て共感をしたり、現在入所されている方のご家族が事業所運営の Youtube を見て選んでくださいました。福祉系以外の方へ発信するためには意図的に検索をし、見てもらうのではなくたまたま広告にあった、たまたま流れてきたという場面で目を引く内容を伝えることが必要ではないかと感じています（特別養護老人ホーム）
SNS などで働いている人の声や様子を漫画や動画などで発信する（母子生活支援施設）
福祉のイメージの一つとして、高齢者とのふれあいが少ない子供へ、ふれあいの機会を作るようにすると良いと思います。課外授業で定期的に行うなど（特別養護老人ホーム）
発信方法は、感染症の状況を見ながら、ボランティアを受け入れていき、日々の活動の様子や行事を一緒に楽しめるようにする（障害福祉施設　成人・身体）
メディアでとらえてもらうことも大事だけど、地域や他施設との交流からネットワークを広げて多くの人に福祉の仕事を知ってもらいながら、魅力的だと思ってもらえるようアピールしたいと思う（保育所・こども園）
誰もがテレビを視聴する時代でなくなった変わりにスマホが普及したが、そのことで個人が得る情報がより偏ってしまう状況がある。そんな中でまずは一般の方々に自分の住む町にも身近なところに障害をもった人や支援を必要とする人がいることを認知してもらうことが大切だと思う。なので各施設や事業所、行政が一体となってバザーやお祭りなど支援を必要とする人と地域の人々が触れあえる場を数多く用意できたら社会に関心をもってもらえると思う（障害福祉施設　成人・知的）
社会に発信することは難しいと思います。発信しても見る側がそれを選択しなければ、発信したところで、見てすらもらえません。小さい時からの教育は大事だと考えていますので、学校の授業の中で、障害についての教育や関りを持つカリキュラムを行うことが必要と感じています（その他）

(2) 発信内容 ●日々の支援や利用者の様子を発信 ●働く環境を整える
福祉＝介護　という認識をしている方も世の中には多くいると感じることがある。福祉に携わる職種紹介を行ってみるのも必要ではないかと思った(地域包括支援センター)
子どもの持っている力やすばらしさを発信すると共に、保育者がどのような働きかけを行うことで子どもが変わる(育つ)のかをより具体的に発信していく(保育者は“子どもと遊んでいるだけ”と社会から見られがちのため)(保育所・こども園)
現場で働いていると、毎日が違った日常を送れる楽しさがある。子どもたちと旅行に出かけたり、買い物に行くだけでも楽しいことが沢山ある。社会のイメージとして、あまり明るくなかったり、大変なことしかないと思われがちだが、そのような日常の一コマを SNS などを活用し発信していけるとより、少しでも興味のある方の目に止まると考える(児童養護施設)
福祉の仕事というよりも、それを必要とされる方々の情報や生活をもっと健常者の方に理解してもらい、発信していくことが先のような気がします(障害福祉施設　児童・知的)
利用者が果敢に挑戦している姿やレクリエーションを楽しんでいる姿を様々な場面でこまめに発信できたら良いと考える。福祉職に従事する職員が「福祉職員あるある」などの親しみやすそうな動画を SNS で発信する(障害福祉施設　成人・知的)
福祉の仕事の楽しさや、やりがいをもっと社会に発信すべきである。そのためには給与水準を引き上げ、福祉の社会的評価を引き上げ、明るいイメージを持っていただけることが必要であると考えます。誰でもできる仕事であると社会からは認知されていることが問題ではないかと考えます(特別養護老人ホーム)
書類業務の時間確保と給与面の見直しをすすめることを国で定め、情報発信していく(保育所・こども園)

問 24　福祉事業所において人材不足を解消し、職員の育成や定着に必要と考えられること

初任者職員が人材不足の解消や職員の育成、定着に必要と考えられることとして、「給料や休日の取得など労働条件の向上」、「相談しやすい職場づくり」、「研修などの育成体制づくり」、「福祉の仕事の実態や良いイメージを伝える」などの回答が多く挙げられた。(表 45)

特に「給料の上昇」は回答があった初任者職員のおよそ半数、特に保育所・こども園から挙げられている。

表45 [回答例]福祉事業所において人材不足を解消し、職員の育成や定着に必要と考えられること(自由回答)　n=396

(1) 労働条件の向上、働きやすい職場づくり ●給料を上げる、休日、福利厚生の充実 ●相談しやすい、人間関係が良い職場環境の実現 ●研修期間を設けるなど、育成体制に力を入れる
現在働いている事業所で必要ということではなく、福祉の職場全体として給与が上がる体制となることも必要と考える。政策として必要な気がする(特別養護老人ホーム)
業務の負担の軽減と給与を上げること(保育所・こども園)
人手不足が現場を逼迫し職員負担を大きくし、さらなる人手不足を呼んでいる。処遇改善と勤務体形の緩和、職員負担を減らすこと、が必要だと思う(児童養護施設)

職員のワークライフバランスを保つこと。（残業しないことや希望休を取れるようにするなど）（障害福祉施設　成人・身体）
休憩時間の確保やサービス残業撤廃など、一般企業と同様に福利厚生がしっかりしていると気持にも余裕ができると思う（障害福祉施設　児童・知的）
給料を上げること。人材を増やし、生活に合わせた多様な働き方を選択できるようにしたり、OJT を余裕をもって丁寧に行えるようにすること。福祉以外で働いた経験のある人を積極的に入れて風通しの良さや変化をもたらせるようにしたい（その他）
今いる職員を大事にし、職場環境の改善に努め、不安定な層の相談悩みを聞き取ることが必要だと思います（軽費老人ホーム）
例えば、介護者に係る管理（業務日誌など）を紙ベースで行っている事業所にシステムを導入することで大幅な時間の短縮や労力の削減に繋がります。また具体的にシフト管理・勤怠管理アプリの導入なども考えられると思います（高齢分野居宅サービス系事業所、施設）
問題が生じた際、全員が平等に自分の意見を言い合える場を設け解決に向けて平等な考えを持った管理職が職員に対してより良い働き掛けを行っていけたらいいと思う（保育所・こども園）
職員一人一人が大切にされていると実感できるような環境づくり、時間の確保（児童養護施設）
経年数に関係なく、職員がお互いに助け合うことが大切だと感じるため、職員同士がこまめにコミュニケーションをとることができる場を設けることは大事だと思います（乳児院）
メンタルヘルスのケアが必要だと思います。専門性を高められる機会も必要だと思います（障害福祉施設　成人・知的）
直ぐに現場に配置されるより、ある程度の研修期間が必要（特別養護老人ホーム）
研修期間を設け、しっかり“伝えてもらえる時間”を持つこと（保育所・こども園）
研修の充実（母子生活支援施設）
育成・定着のためにはこまめな振り返りなどを行うことが大切だと思います。OJT 担当や、上司以外の話しやすい人との振り返りの機会も設けたらよいと思いました（障害福祉施設　成人・身体）
新人職員に対し、どの職員も統一された指導・教育をすることが大切なのではないかと考えます（障害福祉施設　成人・知的）
事業所内のチームワークと相談しやすい信頼できる環境。キャリアプランの設定を小さい階段にして、目指したい役割をイメージしやすくする。事業所の方向性、役割を明確にすることで、集まる人が絞られ離職をとどまるのではないかと思う（その他）

（2）イメージアップ **●福祉の利用者像や仕事の楽しさを伝える** **●地域とのつながりをつくる** **●業界全体を変えていく**
介護の仕事は辛いというイメージがあるため、もっと楽しい仕事だと分かるように実体験などを基に介護の魅力を伝えられればと思います（特別養護老人ホーム）
SNS　などを通して、実際にどのような仕事内容なのかを、色んな人に知ってもらえるようにする（保育所・こど

も園）
福祉の楽しさを発信していくこと。小規模化にすることで、利用者との関係構築がしやすくなるのではないかと思いました（児童養護施設）
生活困窮者支援の実情を伝え、世間での偏見をなくすよう取り組む。同じ福祉でも分野が異なると無関心ないし偏見で生活困窮者の方を考えてしまうので、まずは他分野の福祉従事者にその実情を伝えていくことが必要（その他）
地域行事への参加など、可能な限り地域に開かれた場所にし、福祉を身近に感じられるようにすることで、福祉についての正確な情報や魅力を伝えていけるようにすることが必要だと思います（母子生活支援施設）
障害について、障害者についてもっと発信したほうがいい。福祉＝力仕事、大変。というイメージがあるが、こんなに楽しいんだよ、本当はこんな雰囲気だよと伝えてほしい（病院・診療所）
ボランティア受け入れや地域と関われるイベントなどを通し、風通しの良い地域に開けた施設づくりを検討していくことで、新たなやりがいがみつかったり、職員自身の支援の力や幅も広がると思う（障害福祉施設　成人・身体）
実習制度を増やし、たくさんの人が介護という現場を自分の目でみる機会を高校や大学等で必修にできたら興味や関心がわくと思う（特別養護老人ホーム）
同じくらいの経験年数どうしで交流を定期的に行えると良いなと感じた。自分の価値観、仕事上の悩みなどを自分の職場以外で共有できると、自分の職場の良さが改めて感じられると思った（地域包括支援センター）
人材確保には、国全体での福祉業界の労働条件や給与の見直しが必須だと考える（救護施設）

問 25　新型コロナの感染拡大による福祉職場への就職活動や就職後の働き方への影響

初任者職員に新型コロナの感染拡大による福祉職場への就職活動や就職後の働き方への影響を尋ねた。（表 46）

就職活動への影響は、「職場見学ができなかったりオンラインになったりしたことで、施設や事業所のイメージがつかみにくかった」、「新型コロナ感染を恐れ離職した / 他業界からの転職者がいた」などが主な回答として挙げられた。

職場内では「行事や外出、イベントが中止・縮小。それにより利用者の楽しみが減ってしまった」、「職員が新型コロナに感染し休みが増えたことや感染対策業務の増加による人手不足感や業務負担が増加」、「感染予防への意識が高まる中で、行動制限によるストレス」、「感染対策により、職員や利用者同士、地域と交流する機会が減少」、「コロナ禍の就職で、コロナ前の業務を知る機会がない」などの回答が主に挙がった。

表 46 ［回答例］新型コロナの感染拡大による福祉職場への就職活動や就職後の働き方への影響（自由回答）　n=347

（1）就職活動への影響 **●職場見学ができない、オンラインになり、施設や職員の様子を知るのに限界があった** **●感染を恐れ離職した人がいた/他業種からの転職があった**
友人の話ですが、職場見学の際に実際にご利用者様と職員が関わる場面に立ち会えなかったため、イメージがわきづらかったと言っていました。そのため、入社後にギャップを感じる場面があったそうです（特別養護老人ホーム）
現在働いている職場の前に受けた事業所は、面接がオンラインで行われていた（保育所・こども園）

就職活動は、実際に施設に足を運んでみるものと、ZOOM 等で得るものは大きく異なり、実際に見ることができたり、臨機応変に対応してくれる施設の方が好印象であり、そのような場所を選びやすくなった（児童養護施設）
就職活動の影響としてリモートでの面接や見学等が増え、実際にその場に向かうことが少なくなりイメージが付きにくかった（母子生活支援施設）
就職活動に関しては大学時代に行われるはずだった実習が全てオンラインの代替演習（座学）になってしまい現場の様子を知る機会がなく判断材料が少なかった。就職後も実習での経験がない分覚えるのが大変だったり、初めて見るものに驚くこともあった（障害福祉施設　成人・知的）
福祉のどの分野に就職しようか考えていた時、コロナで高齢者施設や病院などの見学ができない所が多い中、障害分野は見学できることが多かったため、実際に現場を見たことで就職先に障害分野を考えるきっかけになった（障害福祉施設　成人・知的）
多職種からの転職の方と働くようになり、異なる視点で話をして頂けたことで新鮮な気持ちで業務に当たることが増えたなと実感しています（特別養護老人ホーム）
コロナが流行りだした当初は、自分が高齢者にうつしてしまったら…というプレッシャーに耐えられなかったり、家族に反対されたりして退職する方が結構いた（地域包括支援センター）
自由に施設見学やボランティアの受け入れができなくなったため、施設がどのような場所か知る手段が乏しくなり、就職を希望する人材が減った印象がある（乳児院）

（2）職場内での影響 **●行事や外出、イベントが中止・縮小。それにより利用者の楽しみが減ってしまった** **●職員が新型コロナに感染し休みが増えたことや感染対策業務の増加による人手不足感や業務負担が増加** **●感染予防への意識が高まる中で、行動制限によるストレス** **●感染対策により、職員や利用者同士、地域と交流する機会が減少** **●コロナ禍の就職で、コロナ前の業務を知る機会がない**
利用すること（外出する）によって感染リスクが高まるため、利用者本人（同居家族）から利用を控える利用者が増加したため、大きな稼働減少に繋がった。実際、同地域の他通所事業所で感染拡大によるクラスターによって、事業所が閉鎖に陥った事業所があった（高齢分野居宅サービス系事業所、施設）
子ども同士や子どもと職員間でのかかわりを制限しなければいけないことがあった。行事の縮小（保育所・こども園）
マスクをして子どもたちや保護者と信頼関係を築くこと、表情が見えないので赤ちゃんとのスキンシップが難しいと感じた（保育所・こども園）
保育園に勤めていた時は、行事がなくなったり、縮小されたことで残業がかなり少なくなりました。しかし、行事に関しては毎年感染状況によって変わる部分が多かったため、その都度話し合いをしたり、感染状況と保護者の意見をすり合わせたり、その時々に合わせることが多くなり、戸惑いが増えました。子どもにもしてあげられないことが増えたので（友達と一緒に食事を楽しむ、遠足、バスに乗る等）、仕方がないことではありますが、コロナ前に比べると子どもも保育者も楽しさが減ったように思います（乳児院）
利用者への関わりが少し減ったが、関わり方について考えるようになった（母子生活支援施設）

利用している子どもとの食事が一緒にするのが難しくなりました。こども同士が触れあることが減っているかもしれません（障害福祉施設　児童・知的）

常時マスクなため、私の素顔を知ってもらえていない。行事がすべてリモートになってしまった（障害福祉施設　成人・身体）

現場においては行事がほとんど中止となってしまった。そのため、利用者さんもストレスが溜まっていることが多く、トラブルの増が見られた（障害福祉施設　成人・知的）

新型コロナウイルスに感染した職員が出勤できず人手不足となったこと。（特別養護老人ホーム）

相談業務が主なので先輩職員は自宅訪問など行っていたが、コロナが蔓延していたこともあり最初は訪問に同席できず業務の流れが掴み切れない部分があった（地域包括支援センター）

消毒作業が増えた。密にならないような保育環境を考えるが、難しい部分もあり、対応に困った（保育所・こども園）

職員の急な休み（コロナ等）により、現場の人数が足りない。急な勤務変更（障害福祉施設　成人・知的）

とにかく緊張感が絶えなかった。新人職員がいきなりコロナに感染し、施設、利用者の方々へ多大な負担を掛けるわけにはいかないと思い、最低限の外出や買い物のみで友人にも直接会うことができなかった。そのため、精神的にはきつかったが、職場の方々や利用者の方々と接することが楽しみとなり、非常に救われた（特別養護老人ホーム）

休日等の私生活の行動自粛。直接的に児童と関わるため、私生活での行動の制限などに気を付けた。思ったようなストレスの発散には繋がらなかった（児童養護施設）

私生活において、外出に対し慎重になり、家族含め行動制限をせざるを得ない状況になった（障害者施設　成人・知的）

ご家族との交流の場が限られており、交流がとりにくいです（特別養護老人ホーム）

職員間のコミュニケーションや子ども同士（クラス間）の関わりが減ってしまうこと。それをカバーする手立てが“意識して関わっていく”こと、以上の内容がなかなかないことに難しさを感じます（保育所・こども園）

マスクをしていて表情がお互いに見えないため、感情を伝えづらい。一緒に食事が摂れないためコミュニケーションを取る場が減ってしまう（児童養護施設）

利用者家族や地域との交流の機会が激減した。これまで行ってきた行事が行えなくなり今後再開する時に経験者が少なくなってしまう（障害福祉施設　成人・知的）

4 D票（実習生向け）調査結果

年齢

回答した実習生は127人で、年齢の内訳は、「20代」が最も多く69.3%であった。次いで「10代」が11.8%であった（図119）

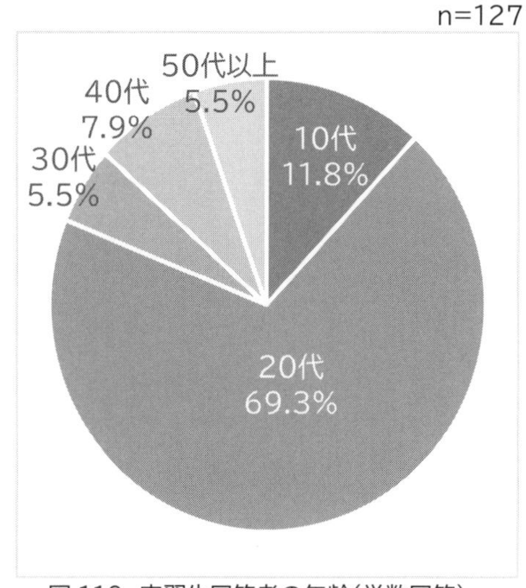

図119　実習生回答者の年齢(単数回答)

Ⅰ　実習について

問1　現在在籍している学校

現在在籍している学校は、59.1%が「4年制大学」、32.4%が「専門学校」であった。(図120)

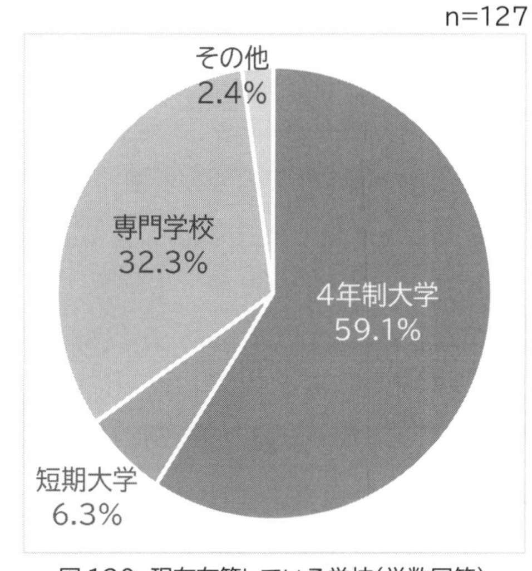

図120　現在在籍している学校(単数回答)

問2　現在在籍している学校に入学する以前の所属先

現在在籍している学校に入学する以前の所属先について尋ねたところ、63.8%が「高校（普通科）」、次いで11.0%が「就労（一般企業）であった。(図121)

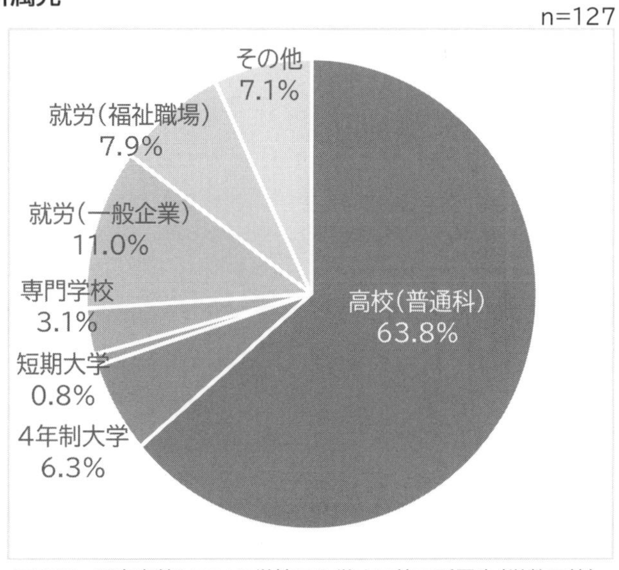

図121　現在在籍している学校に入学する前の所属先(単数回答)

問３　経験した実習の種類

経験した実習の種類に関しては、52.8％が「社会福祉士実習」、次いで「保育士実習」が35.4％であった。「その他」の内容は、「幼稚園教諭実習」や「栄養士実習」などの回答があった。（図122）

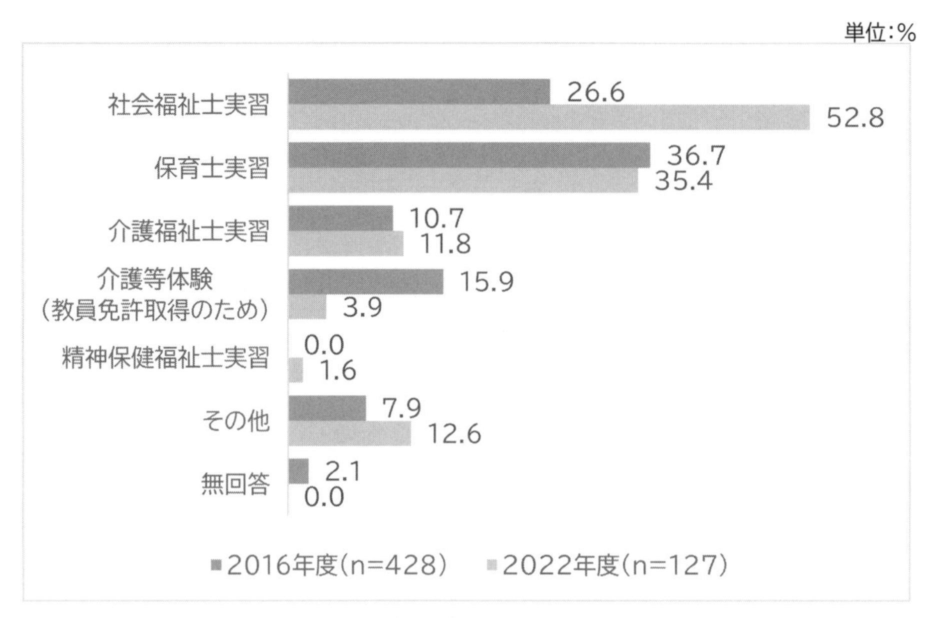

図122　経験した実習の種類（複数回答）

問４　実習を行った先の施設種別

実習を行った先の施設種別は、「児童養護施設」が17.3％と最も多く、次いで、「保育所・こども園」が15.7％、「障害福祉施設・事業所（成人・知的）」が13.4％だった（図123）。2016年度は「特別養護老人ホーム」が21.7％と最も多かった。

図123　実習を行った先の種別（単数回答）

問5　実習先の選定方法

実習先の選定方法は、「施設種別のみ希望を出して学校が調整した」が最も多く、39.4％で、2016年度の31.3％よりも8.1ポイント増加した。同様に、2016年度よりも割合が増加した項目は、「施設名まで希望を出して学校が調整した」で、21.3％であった。（図124）

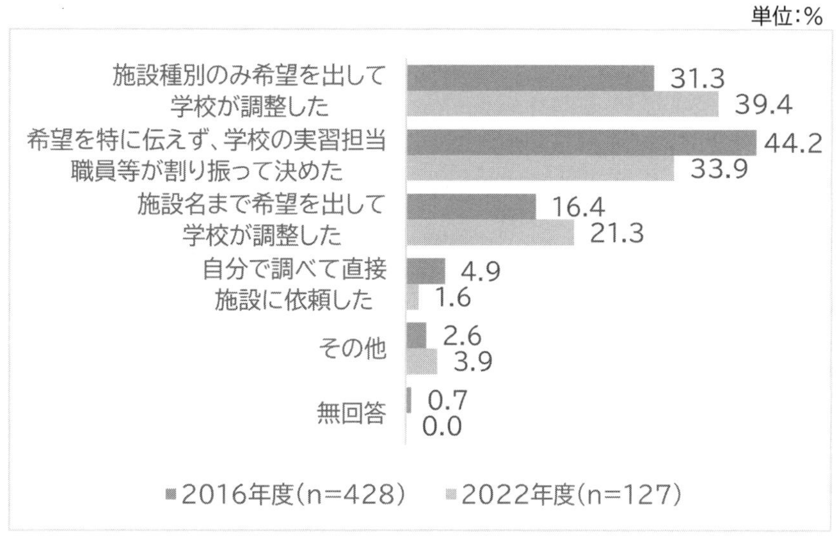

図124　実習を行った先の種別（単数回答）

問6（1）実習先を確認する際に使用した資料や発信媒体について

実習先について確認した資料や発信媒体は、「事業所ホームページ」が88.2％と最も多く、次いで、「養成校から提供された資料」が34.6％であった。2016年度と比較すると、「養成校から提供された資料」のほか、「インターネット上の口コミ」や「事業所のSNS」の項目も割合が増えていることが分かる。（図125）

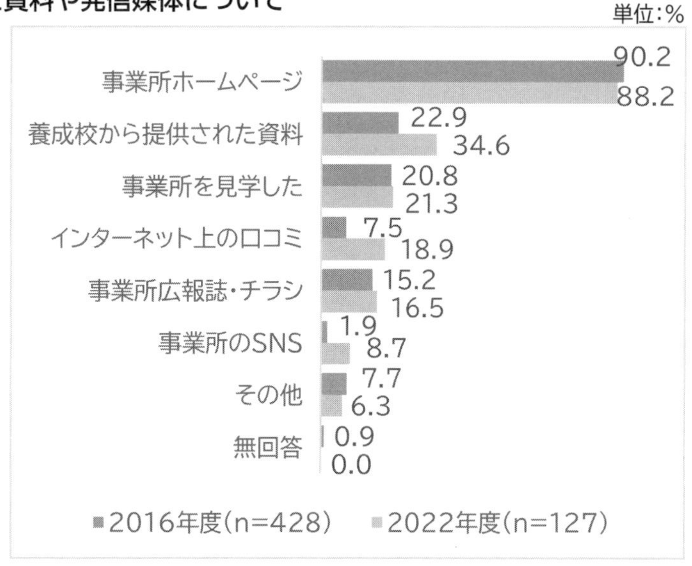

図125　実習先を確認する際に使用した資料や発信媒体（複数回答）

問6（2）実習先について確認した内容

実習先について確認した内容は、「所在地・アクセス方法」が93.7％と最も多く、次いで「事業内容」が73.2％、「事業所の外観」が69.3％であった。2016年度と割合に差がある項目もあるが、上位にあがってくる項目に変化はなかった。（図126）

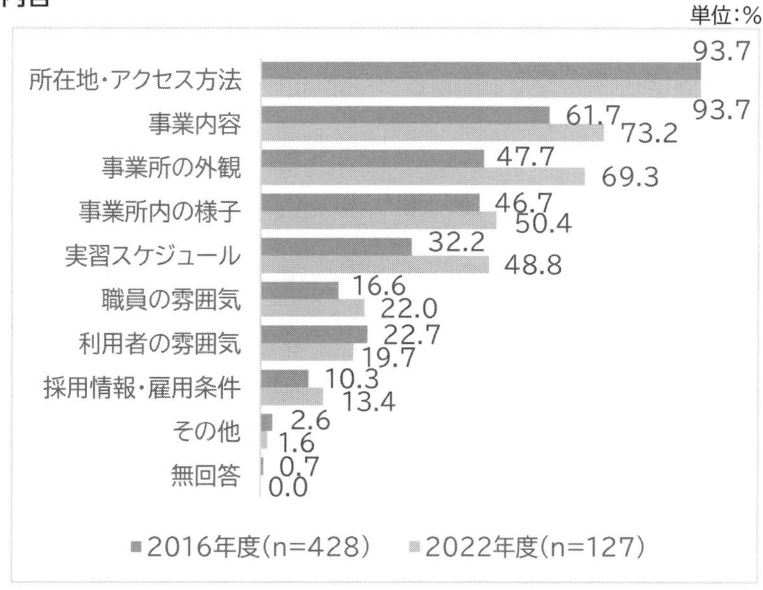

図126　実習先について確認した内容（複数回答）

問7　実習前に知りたかったことで、分からなかった情報

実習前に知りたかったことで分からなかった情報は、実習のスケジュールや具体的な業務、利用者の様子などの回答が得られた。また、障害分野や母子生活支援施設、救護施設などで実習を行った人からは「どのような方が利用しているか」という内容が多くみられ、高齢や保育分野に比べて利用者や施設のイメージがしづらいことが分かる。(表47)

表47［回答例］実習前に知りたかったことで、分からなかった情報(自由回答)　n=90

●施設に関する情報 ●実習のスケジュール ●利用者について
施設と地域との関わり(特別養護老人ホーム)
地域包括支援センターの地域での役割(地域包括支援センター)
職員の人数や職種(保育所・こども園)
実習内容、宿舎にあるもの(児童養護施設)
実習スケジュール(養護老人ホーム)
施設にいる利用者がどのように地域生活を送っているか(学校など)(母子生活支援施設)
1日の流れ、利用者の生活状況(更生施設)
どのような方が利用されているのか、どのような生活をしているのか(救護施設)
利用者の障害の程度やどのような介護、支援が必要なのか(障害福祉施設　成人・知的)

問8　問7の情報について、どのような方法で確認できると良いか

問7で尋ねた実習前に知りたかったことで分からなかった情報について、分かりやすい確認方法を尋ねた。職員や利用者の様子は「ホームページで確認できると良い」との回答が多かった一方で、「どこまで発信するか難しいのでは」といった声もきかれた。そのほか「オリエンテーションで詳細を知りたかった」「見学ができたら良かった」などの意見もあり、コロナ禍でオリエンテーションや見学が不十分となってしまっている状況もうかがえた。(表48)

表48［回答例］実習前に知りたかった情報をどのような方法で確認できると良いか(自由回答)　n=95

●ホームページ ●事前のオリエンテーションや実習前の体験・見学で
ホーム内の様子がホームページにあると、利用者やご家族、実習生が分かりやすい(特別養護老人ホーム)
普段の様子をホームページに載せる(障害福祉施設　成人・身体)
実習前オリエンテーションの時に、もう少し詳しく知れると良かった(児童養護施設)
どういう実習期間を過ごすのかを少しでも聞けると明確な目標が立てられると思った(乳児院)
コロナ禍でオリエンテーションがリモートだったので、訪問できるようになると嬉しい(保育所・こども園)
職員と関わっている様子や、遊んでいるところを見学(児童養護施設)
雰囲気は体験レポートで残し、職員の様子は実際に見学できる機会（体験学習）で分かると良い(救護施設)
実習前の体験にて事前の説明などがあると理解がしやすい(障害福祉施設　成人・身体)
SNS(保育所・こども園)
簡単な事業内容の説明や関連内容を大学の資料でいただけると良かった(児童養護施設)

問9（1）実習前に持っていた福祉の仕事や業界への印象の変化

実習をして、実習前に持っていた福祉の仕事や業界への印象の変化を尋ねたところ、37.0％が「とても良くなった」、42.5％が「良くなった」と回答した。（図127）

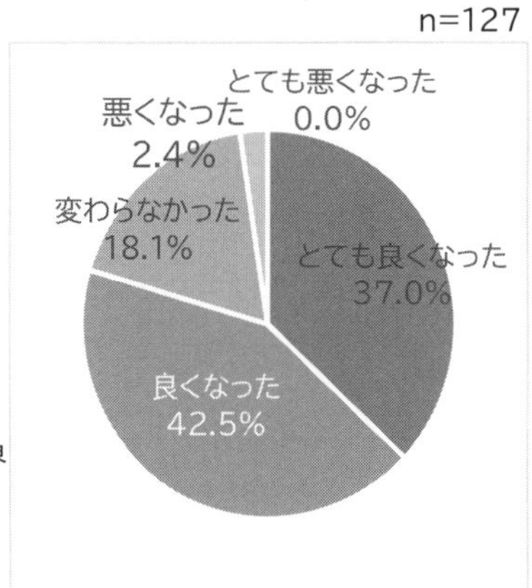

図127　実習前に持っていた福祉の仕事や業界への印象の変化について（単数回答）

問9（2）福祉の仕事や業界への変化の具体的な内容

問9（1）について具体的な理由を尋ねた。実習前に持っていた福祉の仕事や業界への印象が「とても良くなった・良くなった」理由では、「施設の雰囲気や職員の方が明るく、温かかったから」や「大変さもあったが、それ以上にやりがいや面白さを知ったから」といった内容が多く得られた。一方で「変わらなかった・悪くなった」理由には、「想像以上に業務が難しく、大変だったから」や「忙しいイメージを持っていたが、休日の緊急対応などもありその通りだと思ったから」といった声が寄せられた。（表49）

表49［回答例］実習前に持っていた福祉の仕事や業界への印象の変化の具体的理由（自由回答）　n=124

(1)「とても良くなった・良くなった」具体的な理由
職員の方が優しく、質問しても丁寧に教えてくれた。また、常に利用者の立場になって考えていること、利用者とのコミュニケーションが密であるのを見て、愛のある仕事であると感じた（特別養護老人ホーム）
実態が見えてきたと同時に、情熱を持って働く職員の方と接する中で学ぶものが多かった（保育所・こども園）
窮屈な生活、不満ばかりの生活をしていると思っていたが、家庭的で雰囲気が良かった（児童養護施設）
閉鎖的な空間のイメージがあったが、とても家庭的な空間で、職員も子どもも温かい雰囲気だった（乳児院）
暗くてお堅い印象があったが、実際には明るく優しい印象に変わったため（母子生活支援施設）
大変なことや体力を削られることが多いと思っていたが、職員が協力しながら働いていた（母子生活支援施設）
大変な仕事であること実感した反面、支援することの意味を理解したため（救護施設）
ハードで殺伐とした雰囲気を想像していたが、実際は職員同士、利用者を含めた全体の雰囲気が良く、実習生の立場を考えた実習スケジュール、指導を行っていただき、とても良いイメージを持ったから（救護施設）
非常に難しい仕事、業界であると思っていましたが、その分、やりがいや面白さを感じることができると思った（障害福祉施設　成人・身体）
福祉の仕事は大変な部分ばかりに焦点が当てられがちであるが、実際に利用者と触れ合うと利用者の温かさに触れ、やりがいを感じることができた（障害福祉施設　成人・知的）

(2)「変わらなかった・悪くなった」具体的な理由
レクリエーションなど生活に楽しみがあるイメージであったが、職員は忙しく利用者と接する時間が短かったため（特別養護老人ホーム）
福祉の仕事は忙しいというイメージを持っていたが、勤務時間だけでなく、休日も緊急対応をされているのを聞いたためその通りであると感じたため（地域包括支援センター）
実習前は悪い印象も良い印象も特になかったが、想像以上の職員の忙しさを感じた。また、人と関わる仕事のため、大変であることをわかってはいたが、思っていたよりも大変であった（児童養護施設）

Ⅱ　卒業後の進路について

問 10　卒業時に取得を予定している資格

現在在籍している学校の卒業時に取得を予定している（めざしている）資格は、「社会福祉士」が 49.6％と最も多く、次いで「保育士・保育教諭」が 38.6％であった。「その他」の主な内容としては、幼稚園教諭や小学校教諭、養護教諭や栄養士などが挙げられた。(図 128)

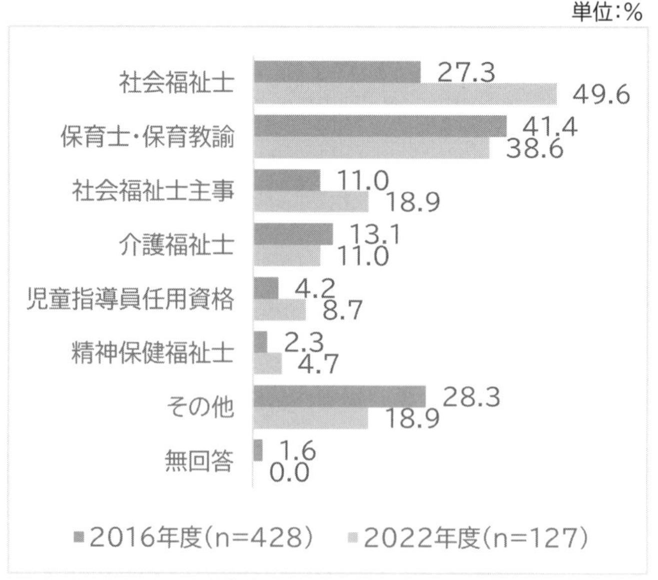

図 128　卒業後に取得予定の資格(複数回答)

問 11　卒業後の進路

卒業後の進路は、「就職を希望（予定）している」割合が最も多く 80.3％、次いで「未定」が 17.3％であった。2016 年度は、「就職を希望（予定）している」が 92.3％、「未定」が 5.1％であり、「未定」と回答した割合が 12.2 ポイント上がった。(図 129)

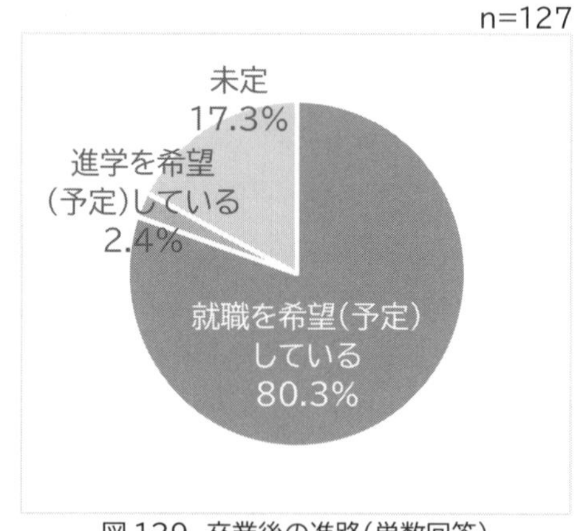

図 129　卒業後の進路(単数回答)

問 12（1）就職を希望している業界

問 11 で、「就職を希望（予定）している」を選択した回答者に、就職を希望（予定）している業界について尋ねたところ、「福祉職場（保育）」が 28.4％、次いで「福祉職場（児童）」が 19.6％、「福祉職場（介護）」が 9.8％であった。2016 年度と比較すると、保育を除いた「福祉職場（児童）」が 13.8 ポイント増加している。(図 130)

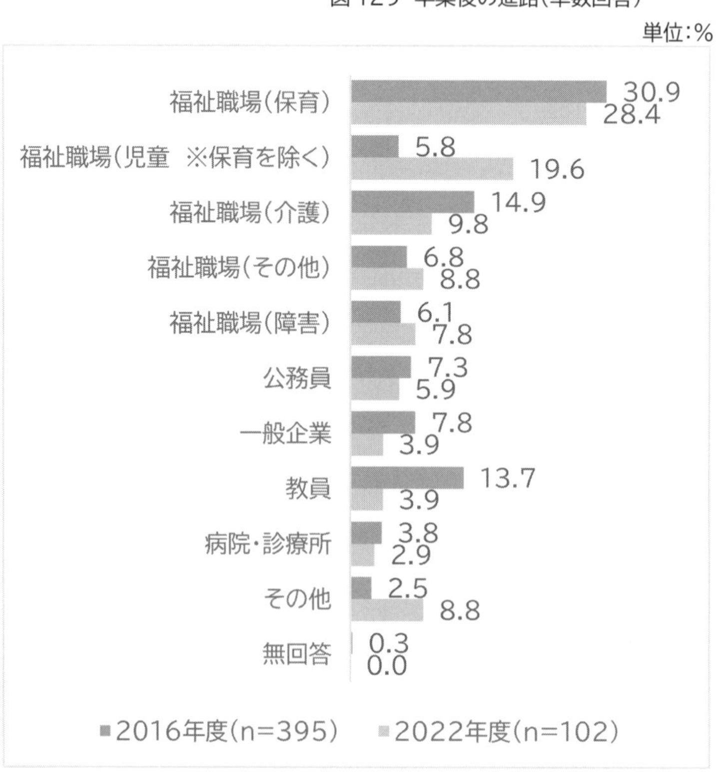

図 130　就職を希望(予定)している業界(単数回答)

問12（2）イメージするキャリアプラン

問12（1）で「福祉職場」を選択した回答者に、イメージするキャリアプランについて尋ねたところ、「最初に就職した事業所でなるべく長く働き続けたい」が44.7%で、2016年度から12.9ポイント減少はしたものの、最も多かった。次いで、「転職などで別の種別の複数の事業所」が21.1%、「特に考えていない」が13.2%となった。(図131)

単位:%

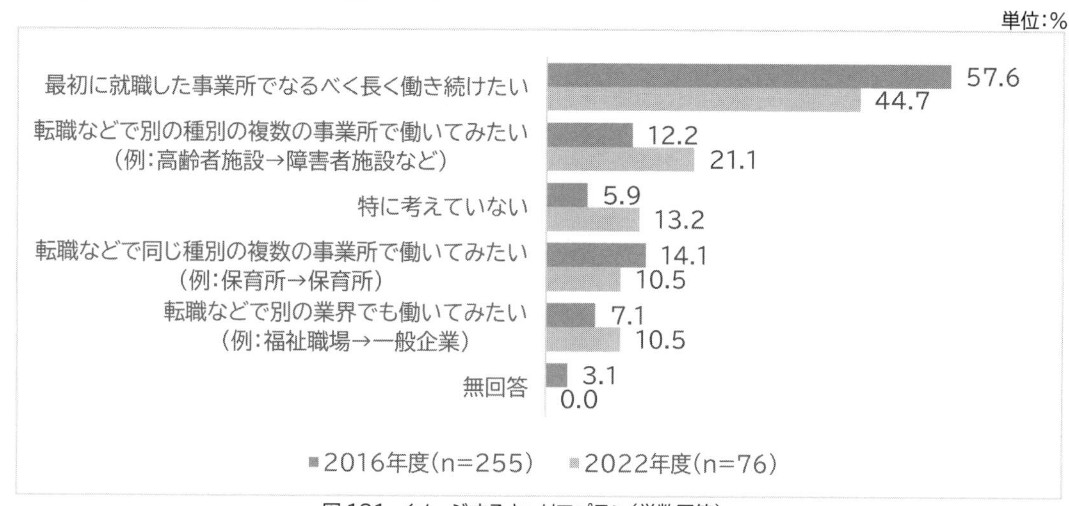

図131 イメージするキャリアプラン(単数回答)

問12（3）イメージするキャリアプランを選択した具体的な理由

問12（2）で選択したイメージするキャリアプランについて、具体的な理由を尋ねると、「最初に就職した場所でなるべく長く働き続けたい」理由としては、仕事・生活の安定や利用者のためといった回答が得られた。「転職などで複数の事業所や別の分野でも働いてみたい」理由では、様々な分野や業界を経験したいなどが挙げられた。(表50)

表50 [回答例]イメージするキャリアプランの具体的な理由(自由回答)

n=76

(1)最初に就職した場所でなるべく長く働き続けたい
できれば環境を変えずに長く働きたいと思うため(特別養護老人ホーム)
気持ちの安定や仕事のやりやすさに繋がると思うから(保育所・こども園)
子ども達のために、長く働き続けることが大事だと思うから(児童養護施設)
安定した環境で働き続けたい。出産しても安心して戻ってこられる場所にいたい(乳児院)
初めから転職を考えていると、中途半端になってしまう気がするから(障害福祉施設 成人・知的)

(2)転職などで複数の事業所や別の分野でも働いてみたい
同じ業界に長くいたら視点が固まってしまいそう。幅広い視野を持って仕事をしたい(児童養護施設)
福祉にも様々な種別が存在するが、それぞれの分野が重なり合った複合的な課題や利用者に対する支援は多くある。違う分野の福祉現場でも働くことで多角的な視点を持ちたい(母子生活支援施設)
実習ではケースを持つことがなく、本当に自分が福祉に向いているのかわからないため。向いていないのであれば、一般企業への転職も視野に入れている(更生施設)
色々な経験をした上で自分に適した場所を見つけたいから(障害福祉施設 成人・知的)
様々な現場を経験することでより良い支援ができるのではと思うから(障害福祉施設 成人・知的)

問 12（4）福祉職場以外を選択した理由

問 12（1）で、就職を希望（予定）している業界で「福祉職場以外」を選択した回答者に、その理由について尋ねたところ、養護教諭や教員の資格取得を目指す実習生も複数いることから、それらの職種に就きたいといった回答が多くみられた。一方で、「福祉職場は、一部働き手のストレスが多いと感じる」や「自分の成長が明確に分かる材料が少ない。給料と仕事量が見合っていない」、「福祉現場で働いている自分が想像できない」といった声もあった。

問 12（5）将来的に福祉職に就きたいという希望の有無

問 12（1）で「福祉職場以外」を選択した回答者に、将来的に福祉職に就きたいという希望の有無を尋ねたところ、「分からない」が最も多く、53.8%であった。（図 132）

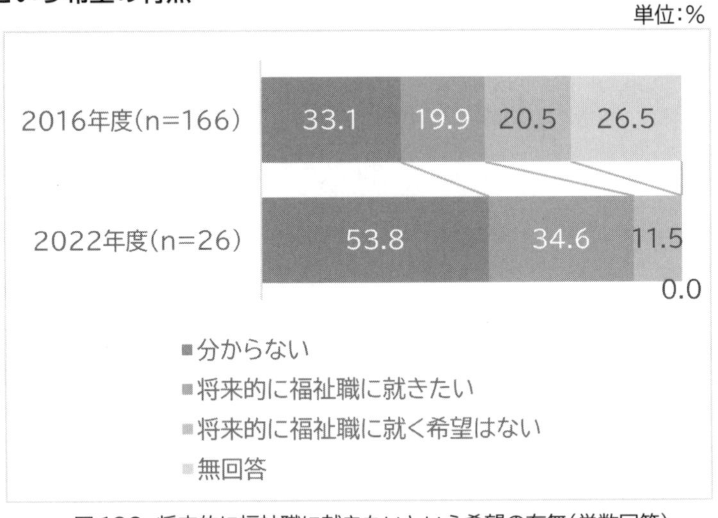

図 132　将来的に福祉職に就きたいという希望の有無（単数回答）

問 13　卒業後の進路の相談相手

卒業後の進路先の相談相手は、「親（母）」が 75.6%と最も多く、次いで「友達」が 61.4%、「在籍校の実習・就職担当者」が 40.9%であった。「その他」の主な内容としては、「配偶者」などが挙げられていた。（図 133）

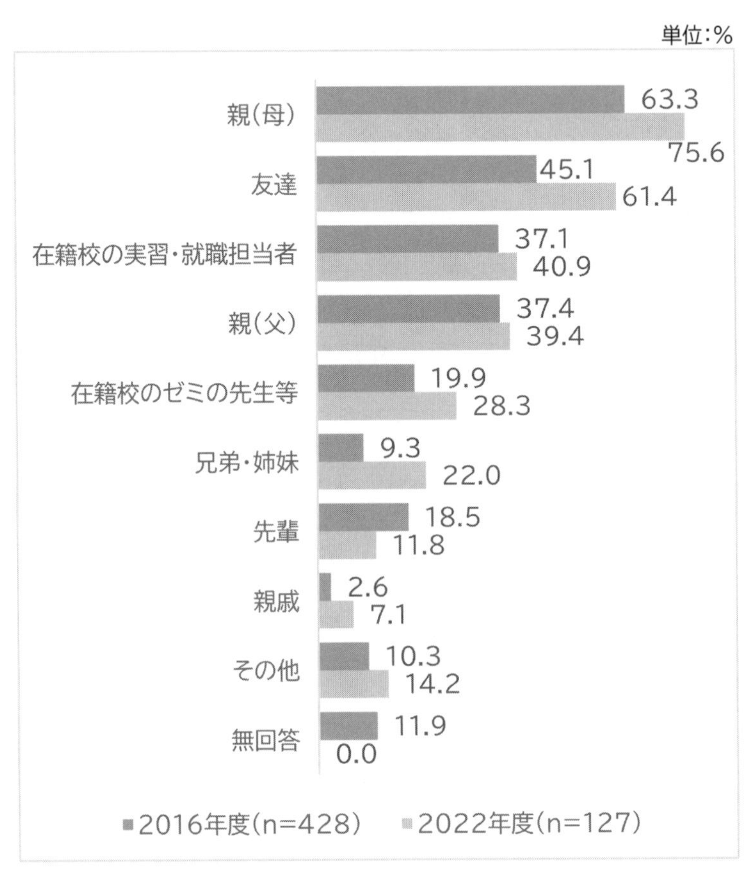

図 133　卒業後の進路の相談相手（複数回答）

Ⅲ 就職にあたって大切にしたいこと

問14 「働く」とは

回答者にとって「働く」とはどのようなことであるかを尋ねたところ、「経済的自立」が最も多く77.2%、次いで「自分の知識・経験を高めることができる」が54.3%、「生活維持・家計補助」が52.8%であった。

2016年度も同様の項目が上位にあがってきていた。（図134）

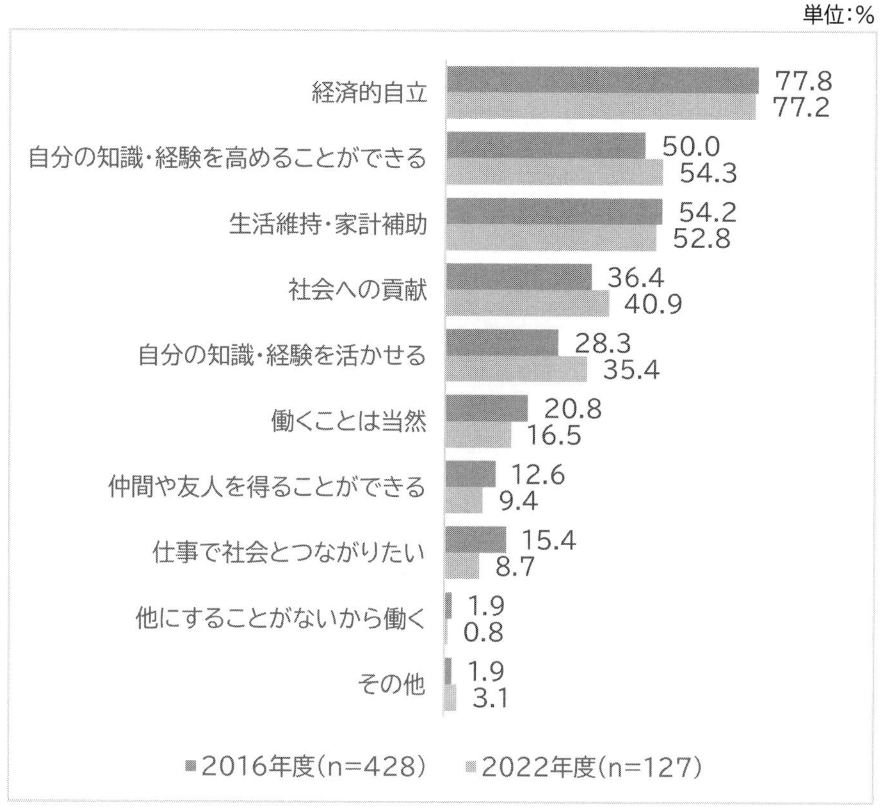

図134 働くとはどのようなことか（上位３つまで回答）

問15 仕事を通して得たいもの

「仕事を通して得たいもの」で特に重視したいものは、「やりがいを感じられること」が72.4%と最も多く、次いで「自分自身が成長できること」が49.6%、「感動や喜びが感じられること」が40.2%であった。

2022年度に新しく追加した「社会の役に立っていると実感できること」は23.6%となった。（図135）

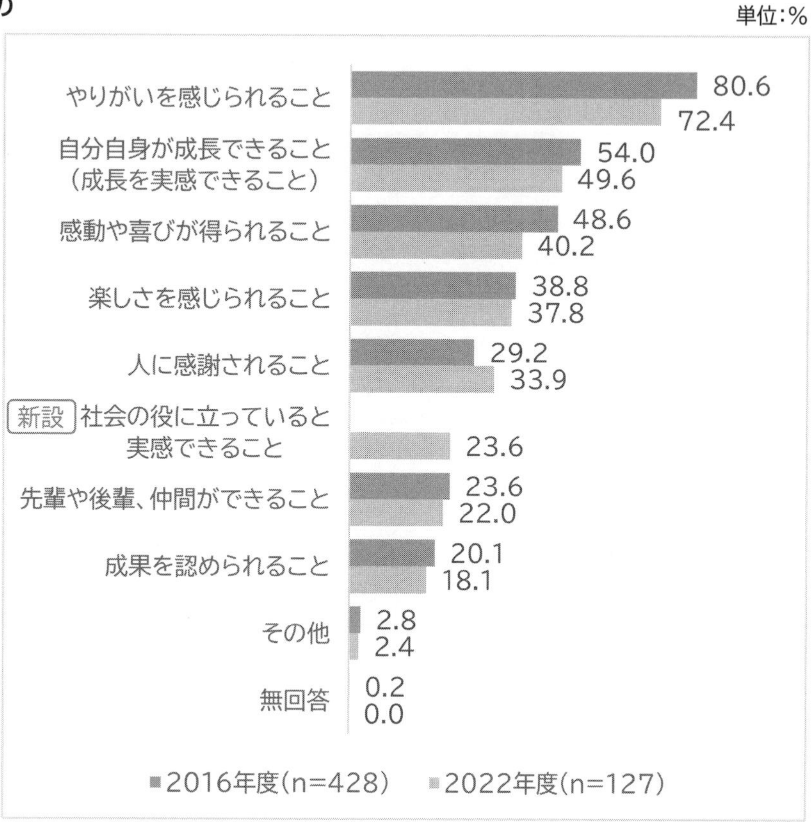

図135 仕事を通して得たいもの（上位３つを回答）

問 16　福祉職場のイメージ

「福祉職場のイメージ」を尋ねたところ、「社会的な意義が大きい」が 74.0%、次いで「資格や専門知識が必要」が 67.7%、「仕事にやりがいがある」が 59.8%であった。そのほか「専門知識や技術面でスキルアップできる」が 51.2%と過半数を超えた。

一方で、「業務量が多い」イメージがあると回答した割合は 63.8%で、「人手が不足している」は 55.1%であった。「体力的・精神的な負担が大きい」や「給与水準が低め」といったイメージを持っている人も約 4 割いることが分かる。（図 136）

単位：%、n=127

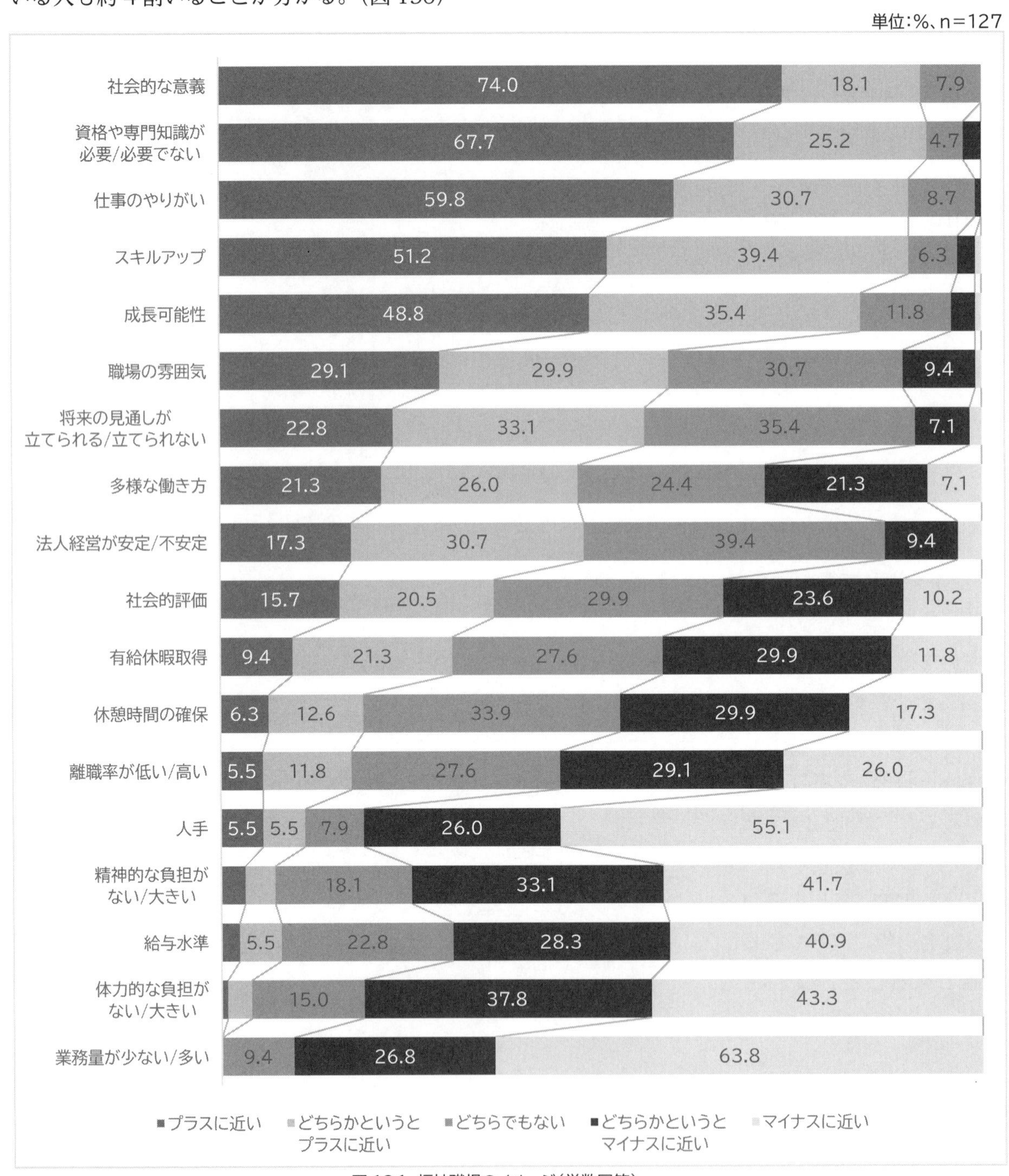

図 136　福祉職場のイメージ（単数回答）

問 17　就職先を選ぶ際に重視するもの

「就職先を選ぶ際に重視するもの」は、「給与」が 82.7%、次いで「職場の雰囲気や人間関係」が 66.1%、「仕事の内容」が 59.1%と過半数を超えた。「自宅からの近さ」は、それが就職先を選ぶ際に影響するかどうかを尋ねる目的で、2022 年度に新たに項目を設け、44.9%となった。（図 137）

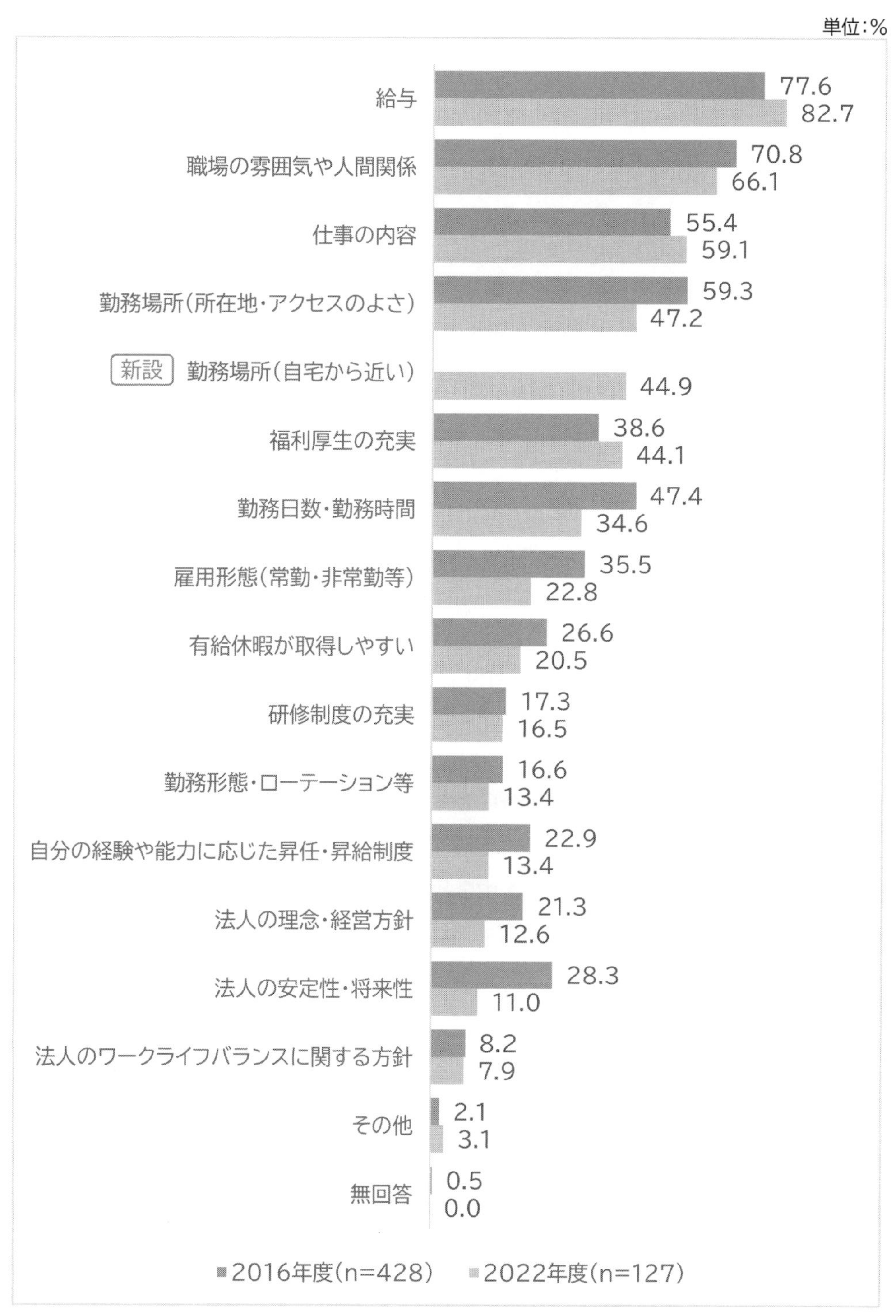

図 137　就職先を選ぶ際に重視するもの(複数回答)

Ⅳ　小学校・中学校・高校での経験について

問 18-（1）・（2）・（3）福祉職場での「職場体験」の経験

福祉職場での「職場体験」の経験の有無を小学校時代、中学校時代、高校時代別に尋ねた。経験が「ある」割合は、小学校時代が 19.7％、高校時代が 18.1％と約 2 割にとどまった。その一方で、中学校時代は 49.6％と、福祉にふれる機会や福祉の仕事を学ぶ機会が多いことが分かる。2016 年度も同様の傾向であった。（図 138）

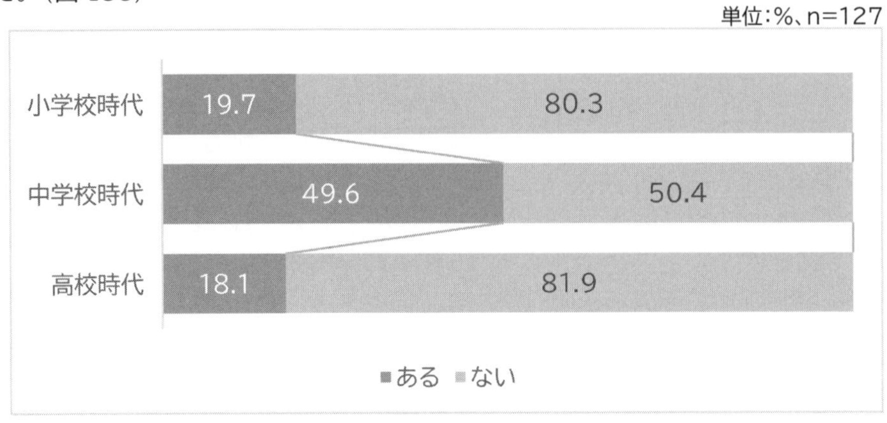

図 138　福祉職場での「職場体験」の経験の有無（単数回答）

問 18-（4）経験した職場体験の具体的な内容

これまで経験した職場体験について、具体的な内容を自由回答で尋ねた。中学校・高校時代に関する回答が多く、中学校時代の職場体験は「保育園」や「幼稚園」、「特別養護老人ホーム」が多かった。高校時代は、「デイサービス」や「就労支援事業所 B 型」などでも職場体験が行われていた。

問 19-（1）・（2）・（3）「ボランティア活動」の経験

「ボランティア活動」の経験の有無についても、小学校時代、中学校時代、高校時代別に尋ねた。経験が「ある」割合は、小学校時代が 29.9％、中学校時代が 39.4％、高校時代が 36.2％であった。（図 139）小学校時代と高校時代については、「職場体験」よりも「ボランティア活動」の経験がある割合が増えている。

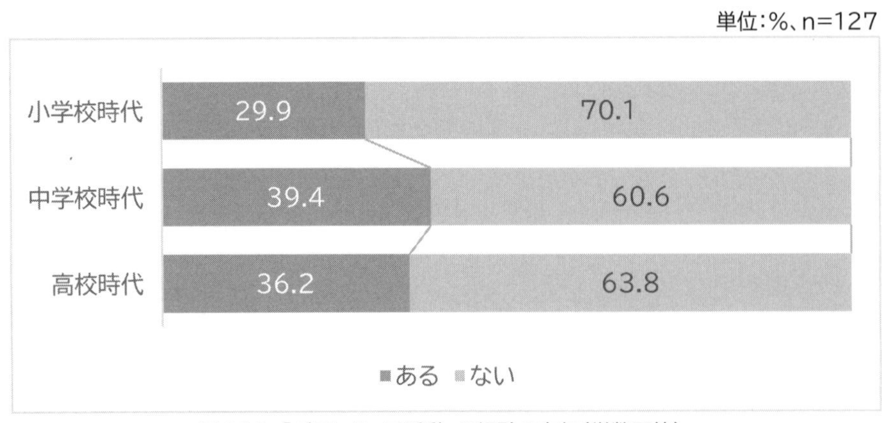

図 139「ボランティア活動」の経験の有無（単数回答）

問 19-（4）経験したボランティア活動の具体的な内容

これまで経験してきたボランティア活動についても具体的な内容を自由回答で尋ねた。高齢分野や障害分野の福祉施設や、保育園での活動以外にも、特に小学校や中学校時代には自分が住む地域の清掃活動を経験したという内容が多くみられた。そのほかにも、募金活動や学童クラブでのボランティア、地域の公民館で外国人との交流など、様々な回答が得られた。

問 20　福祉職場に関心を持ったきっかけ

福祉職場に関心を持ったきっかけを自由回答で尋ねた。「家族に福祉の仕事に従事している人や福祉サービスを使っている人がいること」や「職場体験やボランティア、自分自身の経験から」、「学校の授業や実習を通して」、「これから需要のある仕事だから」や「ニュースを見て興味を持った」といった内容が多く挙げられた。関心を持ったきっかけや経験と実習先の種別は必ずしも一致しない。（表 51）

表 51 ［回答例］福祉職場に関心を持ったきっかけ（自由回答）

n=125

●家族が福祉の仕事をしている ●福祉サービスを利用している家族がいる ●自分自身の経験や職場体験、ボランティア活動をして ●学校の授業や実習を通して ●これから需要のある仕事であるから ●ニュースを見て
家族に障害福祉を必要とする人がいたため、大学進学時に福祉関連の学科に進学することを決め、障害について関心を持った（地域包括支援センター）
母親が介護福祉士、兄が介護の現場で働いていたということから、話を聞き、福祉に対する関心が高まった（母子生活支援施設）
祖母が福祉のサービスを受けていたから（特養）
中学の頃に駅で募金活動をした。生活が困難な人の負担を減らすことができると思い、関心を持った（特養）
自分と似たような境遇の、何かしら問題を抱えた子どもの支援がしたいと思ったから（児童養護施設）
児童館でアルバイトをしていて、障害のある子どもと過ごし、ゆっくりではあるが確実に成長していく姿に感銘を受けた（児童養護施設）
精神疾患の方が近くに暮らしていたが、住民トラブルが絶えなかった。地域でそのよう方が周りと協調性を持てるような仕事がしたいと思ったため（更生施設）
中学の時に老人ホームで職場体験をし、その何となくの印象が残っていて、大学で福祉学科を選んだ（特養）
中学の時の職場体験の時に子どもと関わることに関心を持ったから（保育所・こども園）
大学で福祉を学び、困っている人への支援は様々な種類や方法があることを知ったため（母子生活支援施設）
小学生の時に近くの障害者就労支援施設に学校の活動でお手伝いに行き、障害を認識した。大学の介護等体験で特別支援学校に行く中で、福祉の仕事に関心を持った（障害福祉施設　成人・知的）
将来性がある（特養）
児童虐待の報道で児童相談所の存在を知り、児童福祉はこれからの時代に需要が拡大する分野だと感じ、関心を持った（母子生活支援施設）

参考

「質と量の好循環をめざした福祉人材の確保・育成・定着に関する調査 2022」調　査　票

A票　施設長

社会福祉法人東京都社会福祉協議会

質と量の好循環をめざした 福祉人材の確保・育成・定着に関する調査2022

東京都社会福祉協議会では、今後の福祉人材対策の充実強化に向けて、人材確保と育成に定着の視点を加え、現況を具体的に把握するとともに、福祉業界として積極的にアピールしていくべきことを明確にすることを目的に本調査を実施します。

<実施主体>

社会福祉法人　東京都社会福祉協議会

<基本的な視点>

（1）福祉人材の確保・育成・定着をめぐる業種を横断した具体的な状況を把握し、東京固有の課題もふまえながらデータとして発信できることをめざします。

（2）質の高い福祉サービスを提供できることが定着と確保に結び付く（＝質と量の好循環）ことを前提にした福祉人材対策をめざします。

（3）今後の人材確保を想定し、外国人材や福祉を学んだ経験の有無に限らず、安心して成長して働き続けられる環境のあり方を明らかにすることをめざします。

<実施方法>

本調査は、東京都社会福祉協議会会員施設・事業所あてに配付し、施設長（A票）、指導的職員（B票）、初任者職員（C票）、実習生（D票）から回答をいただくものになります。

A票　施設長

この調査票（A票）は、**施設長**がご記入ください。

<回答方法>

回答を記入した本Excelシートをメールに添付し、下記メールアドレスまでお送りください。

【回答送信先：chousa@tcsw.tvac.or.jp】

回答締切　：　令和4年10月28日（金）

<調査に関する問合せ先>

社会福祉法人　東京都社会福祉協議会　総務部　企画担当　（担当者：須藤・平井）

TEL：03-3268-7171　FAX：03-3268-7433

E-mail：chousa@tcsw.tvac.or.jp

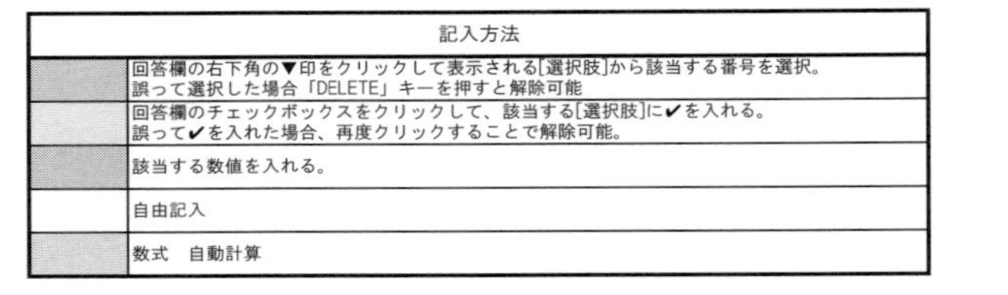

記入方法	
	回答欄の右下角の▼印をクリックして表示される[選択肢]から該当する番号を選択。誤って選択した場合「DELETE」キーを押すと解除可能
	回答欄のチェックボックスをクリックして、該当する[選択肢]に✔を入れる。誤って✔を入れた場合、再度クリックすることで解除可能。
	該当する数値を入れる。
	自由記入
	数式　自動計算

施設・事業所所在区市町村名	
施設・事業所名	
記入者名	
電話番号	

（※施設・事業所名が特定される集計はいたしません）

Ⅰ　施設・事業所の現況

問１　あなたの施設の属性について、あてはまるものをそれぞれ一つずつ選択してください。

（1）種別（複数の事業を行っている場合は、主たる事業を選択してください。）（回答は一つ）

1	特別養護老人ホーム	12	更生施設（宿提・宿泊所等）
2	養護老人ホーム	13	救護施設
3	軽費老人ホーム	14	婦人保護施設
4	老人保健施設	15	病院・診療所
5	地域包括支援センター	16	障害福祉施設・事業所（児童・身体）
6	高齢分野居宅サービス系事業所、施設	17	障害福祉施設・事業所（児童・知的）
7	保育所・こども園	18	障害福祉施設・事業所（児童・精神）
8	児童養護施設	19	障害福祉施設・事業所（成人・身体）
9	自立援助ホーム	20	障害福祉施設・事業所（成人・知的）
10	乳児院	21	障害福祉施設・事業所（成人・精神）
11	母子生活支援施設	22	その他

回答欄

(2) 事業形態（回答は一つ）

1	入所のみ
2	通所のみ
3	入所+通所
4	その他

回答欄

(3) 経営主体（回答は一つ）

1	社会福祉法人
2	宗教法人
3	公益財団法人
4	NPO法人
5	個人立
6	株式会社・有限会社
7	学校法人
8	その他

回答欄

(4) 運営形態（回答は一つ）

1	公設民営
2	民設民営

※公設公営の施設は本調査の対象外となります。

回答欄

(5) 法人規模（回答は一つ）

1	法人で経営している施設・事業所は一つのみ
2	法人で経営している施設・事業所は複数（同業種）
3	法人で経営している施設・事業所は複数（多業種）

回答欄

Ⅱ　職員構成の現況

問２　あなたの施設における職員総数に対する正規職員、非正規職員の構成を下表にご記入ください。（数値を記入）

＊「正規職員数」は、施設長を含めて、定年以外に雇用期間に定めのない常勤職員の総数をご記入ください。
＊「非正規職員数」は、正規職員を除いた職員数（アルバイト職員を除く）をご記入ください。非正規職員（常勤）とは、フルタイム（週40時間以上）でかつ、雇用期間に定めのある職員を言います。

令和4年度（令和4年10月1日時点）	職員総数	正規職員数	非正規職員数B	
	A＋B	（常勤）A	常勤	非常勤
	名	名	名	名

正規＋非正規計（自動計算）

問３　派遣会社等の利用についてお伺いします。

(1) あなたの施設では、人材確保にあたって、派遣会社等を利用していますか？あてはまるものを全て選択してください。（回答はいくつでも）

□	1. 利用していない
□	2. 派遣会社からの派遣職員を配置している
□	3. 人材あっせん会社から有料で紹介してもらった職員を採用している

(2) 上記（1）で、2，3を選択した方にお伺いします。どのような職種に何名配置していますか？以下の表に、令和４年10月１日時点の配置の状況をご記入ください。（数値を記入）

	①介護・支援員・保育等職員	②看護職員	③相談職員	④事務職員	⑤その他
派遣職員	名	名	名	名	名
紹介斡旋	名	名	名	名	名

Ⅲ　人材確保の現況

問４　あなたの施設における令和４年10月１日時点の人員配置基準とその充足状況について、それぞれあてはまるものを一つずつ選択してください。

(1) あなたの施設では、国基準（東京都の上乗せがある場合は都基準）よりも多く、独自の人員配置基準を定めていますか？　定めている場合は、その理由と内容をご記入ください。（回答は一つ）

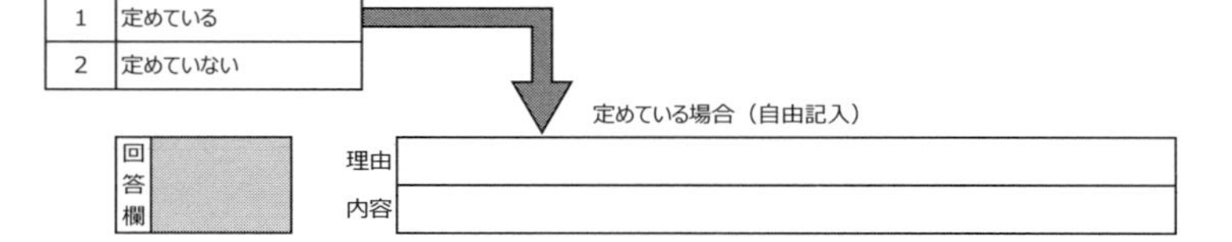

1	定めている
2	定めていない

定めている場合（自由記入）

理由	
内容	

回答欄

(2) 独自の配置基準による配置人数より職員が不足している状況はありますか？（回答は一つ

1	不足している
2	不足していない

回答欄

(3) 上記(2)で「2　不足している」と選択した方にお伺いします。どのように対応していますか？(回答は一つ)

1	ニーズに応じて取り組みたいことを制限している
2	不足した人員の中でやりくりして必要な取組みを実施している
3	その他

回答欄

問５　採用担当者の配置状況や、「令和３年度の１年間」「令和４年４～９月」における職員採用の募集、応募、採用の状況について、それぞれあてはまるものを一つずつ選択してください。

(1) 法人や施設・事業所の採用担当者の配置状況について、あてはまるものを一つ選択してください。(回答は一つ)

1	法人に配置されている
2	施設・事業所の単位で配置されている
3	法人と施設・事業所の両方に配置されている
4	法人と施設・事業所のどちらにも配置されていない
5	その他

回答欄

(2) 正規職員の採用募集は、どのように行っていますか？（回答は一つ）

1	法人で一括して募集・採用している
2	施設・事業所の単位で募集・採用している
3	その他

回答欄

(3) 職員募集にあたって、以下の手段の効果はいかがでしたか？　新卒者と既卒者それぞれについて、効果のあった手段としてあてはまるものを上位３つずつ選択してください。(回答は３つまで)

1	ハローワーク（イベント含む）
2	東京都福祉人材センターの求人登録
3	東京都福祉人材センターの相談会やイベント
4	民間の求人サイト
5	就職支援を行う民間企業の説明会や相談会
6	法人・事業所のホームページ
7	求人・求職情報誌
8	行政（区市町村等）の相談窓口や説明会
9	新聞の折り込みチラシ
10	電車・バス等の広告（中吊り・動画）
11	サイトや動画等のWEB広告
12	職員からの紹介
13	SNS
14	その他

	1）新卒者に対して		
	①	②	③
回答欄			

	2）既卒者に対して		
	①	②	③
回答欄			

(4) 上記（3）におけるさまざまな手段の活用における工夫、上記（3）以外に活用して具体的に効果のあった方法があれば、ご記入ください。(自由記入)

(記入例)「法人・事業所のホームページに動画を掲載し、実際に働く職員の仕事の様子や声を届けるようにした」など

(5)「令和３年度」、「令和４年４～９月」の新規採用（４月採用）および年度途中採用における応募状況について、あてはまるものをそれぞれ一つずつ選択してください。（回答は各一つ）

1	募集定員を満たす十分な応募が寄せられている
2	応募は得られるが、募集定員を満たさない
3	求人を出しても全く応募が来ない
4	左記に該当する求人は行わなかった

①正規職員		②正規以外の職員	
R3,4年4月採用	年度途中採用	R3,4年4月採用	年度途中採用

(6)「令和３年度」、「令和４年４～９月」における新規採用（４月採用）および年度途中採用の状況について、下表に該当する人数をご記入ください。（数値を記入）

		新規採用人数 内訳①＝② 自動計算	内訳①		内訳②		
			福祉を専門に学んだことがある	福祉を専門に学んだことがない	新卒者	既卒者	
						福祉系の前職あり	福祉系の前職なし
①正規職員	R3年4月採用	人	人	人	人	人	人
	R3年度途中採用	人	人	人	人	人	人
	R4年4月採用	人	人	人	人	人	人
	R4年度途中採用	人	人	人	人	人	人
②正規以外の職員	R3年4月採用	人	人	人	人	人	人
	R3年度途中採用	人	人	人	人	人	人
	R4年4月採用	人	人	人	人	人	人
	R4年度途中採用	人	人	人	人	人	人

(7) 採用前に福祉の仕事に従事したことがない、または学校等で学んだことがない「未経験者」を採用するために、あなたの施設では配慮していることがありますか？　あてはまるものを全て選択してください。（回答はいくつでも）

回答欄	
□	1. 中途採用でも一定の給与が保障できるよう、前歴換算を充実している
□	2. 応募する前に職場を見学・体験できるようにしている
□	3. 採用前に実習やインターンシップを行うようにしている
□	4. 採用後にOJT担当やチューターを決めて、業務に慣れるよう支援している
□	5. 採用後に未経験者向けの研修を職場内で行っている
□	6. 採用後に資格取得ができるよう支援している
□	7. 採用後に福祉関係の学校等に通えるよう、勤務形態をその間、柔軟にしている
□	8. その他

(8) 近年の新規採用者について、５年ほど前と比べてあなたの施設ではどのような変化がみられますか？　あてはまるものを全て選択してください。（回答はいくつでも）

回答欄	
□	1. 応募してくる人数が減っている
□	2. 応募してくる人数が増えている
□	3. 男性の応募が増えている
□	4. 女性の応募が増えている
□	5. 福祉系の学校の新卒者からの応募が増えている
□	6. 福祉以外の学校の新卒者からの応募が増えている
□	7. 中高年齢層からの応募が増えている
□	8. 福祉業界からの転職者が増えている
□	9. 他の業界からの転職者が増えている
□	10. 福祉の仕事に対するイメージができている人が増えている
□	11. 福祉の仕事に対する具体的なイメージがない人が増えている
□	12. 福祉に関心をもつ背景に何らか自分自身や身近な経験がある人が増えている
□	13. 福祉に関心をもつ背景に社会的な問題への関心が高い人が増えている
□	14. ボランティア活動の経験がある人が増えている
□	15. 中学、高校生時代に福祉の職場を体験的に学習したことがある人が増えている
□	16. 特に変わらない
□	17. その他

⇒具体的に感じている新規採用者の変化があれば、下記にご記入ください。（自由記入）

問６　あなたの施設における「人材確保」は、次のどの状況になりますか？　それぞれあてはまるものを一つずつ選択してください。

(1) 望ましい「量」の確保について（回答は一つ）

1	十分に必要な「量」を確保できている
2	十分とはいえないが、おおむね「量」を確保できている
3	必要最低限なサービスを展開するための「量」は確保できている
4	望ましい「量」としては確保できていないが、必要最低限なサービスは提供できている
5	「量」を確保できず、必要最低限なサービスに支障が生じている

回答欄

(2) 望ましい「質」の確保について（回答は一つ）

1	十分に必要な「質」を確保できている
2	十分とはいえないが、おおむね「質」を確保できている
3	必要最低限なサービスを展開するための「質」は確保できている
4	望ましい「質」としては確保できていないが、必要最低限なサービスは提供できている
5	「質」を確保できず、必要最低限なサービスに支障が生じている

回答欄

<問6(1) (2)いずれかで、「4もしくは5」を選択した方は、問7、問8にお答えください。>

問７　人材確保が難しい状況の場合、あなたの施設ではその背景や要因をどのようにお考えですか？あてはまるものを全て選択してください。（回答はいくつでも）

回答欄	
□	1.　採用した職員が定着しない（＝離職率が高い）
□	2.　福祉の仕事の魅力が正しくアピールできていないため、社会的評価が低い
□	3.　ホームページなどで自施設を正しくアピールできていない
□	4.　賃金が低く、処遇を向上させるための給与財源が十分に確保できない
□	5.　身体的・精神的に仕事がきつくなっている
□	6.　ローテーションや夜勤のある仕事が敬遠されやすい
□	7.　採用した職員のキャリアアップの機会が十分にない
□	8.　近隣の家賃等が高く、身近な地域に居住して通う人材が確保できない
□	9.　多様な働き方が求められる一方、それに対応する勤務形態が作れない
□	10.　専任の採用担当者がいない
□	11.　その他

問８　人材確保が厳しい中で、あなたの施設でサービスの供給力に支障をきたさないように工夫している取組みがあれば、教えてください。（自由記入）

問９　あなたの施設における養成校等からの福祉の仕事をめざす実習生の受入れ状況についてお伺いします。

(1) 令和３年度施設実習受入れ状況をご記入ください。（数値を記入）

受入れ学校数(含む専門学校)　［　　］校

受入れ実習生数(総数)　［　　］人　→（内訳）

内訳計（自動計算）

内訳		
社会福祉士実習		人
介護福祉士実習		人
保育士実習		人
その他の実習		人

(2) 受入れのためのマニュアルの整備について、あてはまるものを一つ選択してください。（回答は一つ）

1	施設の業務を理解し、必要となる実習教育を展開できるようマニュアルを整備している
2	マニュアルはあるが、1の目的につながるものはできていない
3	整備していない

回答欄

問 10　あなたの施設での、小中学校からの職場体験の受入れ状況についてお伺いします。それぞれあてはまるものを選択してください。

(1) 職場体験の受入れ状況（回答はいくつでも）

回答欄	
□	1. 毎年、小学生の受入れの実績がある
□	2. 毎年、中学生の受入れの実績がある
□	3. 小学生を受け入れたことはあるが、毎年ではない
□	4. 中学生を受け入れたことはあるが、毎年ではない
□	5. 小中学生とも受け入れたことはない

(2) 受入れのためのマニュアルの整備（回答は一つ）

1	次世代の理解をすすめる視点でのマニュアルを整備している
2	マニュアルはあるが、1の目的につながるものはできていない
3	整備していない

回答欄

(3) 東社協が作成している中学生の職場体験等に活用できるハンドブックやマニュアルの活用について（回答は一つ）

1	活用している
2	ハンドブックがあることは知っているが、活用していない
3	ハンドブックがあることを知らなかったが、今後活用してみたい
4	活用する予定はない

回答欄

問 11　あなたの施設において、実習生や職場体験に来た子どもたちが福祉に魅力を感じてもらうために工夫していることについて、ご記入ください。（自由記入）

Ⅳ　人材育成の現況

問 12　あなたの施設では、最近、利用者ニーズにどのような変化がみられますか？　あてはまるものを全て選択してください。（回答はいくつでも）

回答欄	
□	1. 利用者ニーズが多様化して、個別のニーズをきちんと把握する必要性が高まっている
□	2. 利用者の自立を支えるための具体的な支援を組み立てることが必要となっている
□	3. 心理的なケアを必要とする利用者（保護者を含む）が増えている
□	4. 利用者本人のみならず、利用していない家族にも課題がみられるケースが多くなっている
□	5. 施設内で解決できるニーズではなく、関係機関との連携が必要となっている
□	6. 施設退所後（卒園後）の生活支援やアフターケアプログラムが必要となっている
□	7. 本人へのアプローチだけでなく、地域社会への働きかけが必要となっている
□	8. 制度内のサービスだけでは解決できないニーズが増え、新しい支援を作る必要がでている
□	9. 特に大きな変化はみられない
□	10. その他

問 13　あなたの施設においては、最近、正規職員の業務内容にどのような変化がみられますか？　あてはまるものを全て選択してください。（回答はいくつでも）

回答欄	
□	1. 非正規化がすすみ、正規職員が負担する業務が過重になっている
□	2. 職員が定着しないため、新人職員や若手職員の指導・育成に追われている
□	3. 利用者一人に対して、複数の職種がチームを作って担当するようになっている
□	4. 施設外の関係機関との調整業務が増えている
□	5. 正規職員が担当するケースに、対応が困難なケースが増えている
□	6. 正規職員の中でも階層が分かれ、「マネジメントを主に行う職員」と「直接サービスを担う職員」に役割が分化している
□	7. 小規模化などで権限を付与する業務範囲が広がり負担が増えている
□	8. 制度改正が多く、その内容を理解したり対応したりすることに追われている
□	9. 特に変化はみられない
□	10. その他

問 14　あなたの施設では、人材を確保していく上で、最近は適切に確保することが難しくなっている資質がありますか？　あてはまるものを全て選択してください。（回答はいくつでも）

回答欄	
□	1.「福祉職としての倫理観や基本理念、権利を理解する力」が不足している
□	2.「個別の支援を一人ひとりに応じて展開する力」が不足している
□	3.「対象者の気持ちや状態を想像して必要な実践を行う力」が不足している
□	4.「利用者との良好な信頼関係を築く力」が不足している
□	5.「先行きを見通して支援を展開する力」が不足している
□	6.「制度や必要とする知識に対する理解」が不足している
□	7.「決められた手順やルールを守る力」が不足している
□	8.「状況に応じて柔軟に対応する力」が不足している
□	9.「気配りや他の職員と適切に人間関係を形成する力」が不足している
□	10.「的確に報告・連絡・相談を行う力」が不足している
□	11.「記録を適切に書く力」が不足している
□	12.「あいさつや言葉づかいの基本」が不足している
□	13.「積極的に自分の意見をチーム内で言える力」が不足している
□	14.「担当する業務以外のことや地域に目を向ける力」が不足している
□	15.「自らの力を高めていこうとする姿勢」が不足している
□	16. 必要としている力は十分に確保されている
□	17. その他

⇒**具体的に感じていらっしゃる課題があれば、ご記入ください。（自由記入）**

問 15　あなたの施設では、職員の育成にあたって、どのような取組みを行っていますか？　あてはまるものを全て選択してください。（回答はいくつでも）

回答欄	
□	1. 施設として職員を育成する理念と方針を策定している
□	2. 施設としての研修体系を策定している
□	3. 年間の研修計画を策定し、計画的に職場内研修を実施している
□	4. 入職後、上司や先輩職員を担当につけてOJTを行っている
□	5. 4以外にOJTを推進するためのマニュアルの策定やOJT研修の実施等を行っている
□	6. 外部の機関が主催する研修を積極的に受講させている
□	7. 業務目標制度の中で、職員一人ひとりに年間の成長課題を明確にし、その達成のためのアドバイスや指導を行っている
□	8. 職員一人ひとりがキャリアビジョンを持てるよう、個別の育成計画を策定している
□	9. 必要なスキルを高めるための資格取得を奨励している
□	10. チーム運営などのマネジメント力を高めるための研修を積極的に受講させている
□	11. 地域の関係機関との会議等に職員を積極的に参加させている
□	12. 小中学生などの次世代が福祉に関心をもてるよう職員を積極的に学習の場へ派遣している
□	13. 地域住民に施設の取組みを説明する場へ職員を積極的に参加させている
□	14. その他

⇒**独自に工夫している具体的なことがあれば、ご記入ください。（自由記入）**

問 16　あなたの施設では、職員の育成にあたって、今課題となっていることは、どのようなことがありますか？　あてはまるものを全て選択してください。（回答はいくつでも）

回答欄	
□	1. 人材不足を背景に業務に追われ、人材育成の取組みが後回しになっている
□	2. 職員が定着しないため、モデルとなってくれる経験のある職員がいない
□	3. 人材の入れ替わりが大きく、十分な経験とノウハウが蓄積されない
□	4. 小規模化の流れの中で、早い時期から責任をもつことが求められるが育成が追い付かない
□	5. 直接サービスを志向する職員が多く、マネジメント業務に就くことが敬遠されやすい
□	6. 次世代の指導職員が育成されていない
□	7. 福祉を学んだことのない職員が増えており、それに対応した育成を行う必要がある
□	8. その他

問 17　あなたの施設では、採用前に福祉を学んだことのない、または福祉の仕事の経験のない職員の育成について、独自に工夫していることがあれば、ご記入ください。（自由記入）

問 18　あなたの施設におけるキャリアパスの導入の状況について、あてはまるものを全て選択してください。（回答はいくつでも）

回答欄	
□	1. 直接処遇を担う職員の職位、職責または職務内容に応じた任用要件を定めている
□	2. 1の職位、職責または職務内容に応じた賃金体系を定めている
□	3. 1の中で、任用要件と「人事考課制度」をリンクさせている
□	4. 1の中で、任用要件と「目標管理制度」をリンクさせている
□	5. 1の中で、任用要件と「国家資格の取得」をリンクさせている
□	6. 1の中で、任用要件と「育成・研修制度」をリンクさせている
□	7. 上記の内容について、就業規則などの明確な根拠規定を書面で整備し、全ての直接処遇職員に周知している
□	8. 上記 1 ～ 7 のいずれにもあてはまらない

問 19　あなたの施設において、キャリアパスについて課題に感じることをご記入ください。

(1) キャリアパスのしくみを導入する上での課題（自由記入）

(2) 職員一人ひとりがキャリアビジョンを持って成長していく上での課題（自由記入）

V　人材定着の現況

問 20　あなたの施設における、令和 3 年度実績の離職状況を下表に記入ください。（数値を記入）

※職員数ならびに離職者数は、正規職員以外を含み、派遣職員と法人内の異動職員は除きます。離職者は、定年または契約満了に伴う退職は除いた数を記入ください。

	総計 内訳計 （自動計算）	内訳（勤務年数）				在職者の 平均勤続年数	
		1年未満	1年以上 5年未満	5年以上 10年未満	10年以上		
令和3年4月1日時点の職員数	人	人	人	人	人	年	か月
令和3年度1年間の離職者数	人	人	人	人	人		

問 21　あなたの施設での過去 3 年間における職員退職の事由について、主要なものを 4 つまで選択してください。（回答は 4 つまで）

1	定年退職
2	身体的など健康上の理由
3	うつ病などの精神的な疾患
4	結婚
5	出産・育児
6	家族介護
7	いわゆる「燃えつき症候群」
8	職場の人間関係がうまくいかなかった
9	給与の条件に不満
10	勤務条件に不満
11	本人が業務に適合していなかった
12	事業の縮小
13	本人が福祉業界内でのキャリアップのため他の仕事に就くことを望んだ
14	その他

	①	②	③	④
回答欄				

問 22　あなたの施設における職員の定着について、課題となっていることがあれば、具体的にご記入ください。（自由記入）

問 23　あなたの施設において、職員が安心して働き続けることができるために行っている環境整備について、あてはまるものを全て選択してください。（回答はいくつでも）

回答欄	
□	1. 多様な働き方のできる柔軟な勤務シフト
□	2. 経験や能力に応じた処遇改善
□	3. 休暇の取得促進・新設
□	4. メンタルヘルスに関する相談体制の充実
□	5. ICT等の活用による業務負担の軽減
□	6. OJTやチューター制度の充実
□	7. その他

具体的に…（自由記入）

Ⅵ　その他

問 24　今後、生産年齢人口が減少する社会の中で福祉人材確保のすそ野を広げるために、優先的に働きかけるべき層はどことお考えですか？　あてはまるものを全て選択してください。
（回答はいくつでも）

回答欄	
□	1. 次世代の子どもたち（小中学生、高校生）
□	2. 福祉を専門に学んでいない大学生
□	3. 福祉を専門に学ばないで卒業して他の業界で働いていた転職者
□	4. 40～50歳代の中高年齢層
□	5. 定年退職後の元気な高齢者
□	6. 潜在化している有資格者
□	7. 外国人材※
□	8. 出産や育児のためにいったんは退職し、その後、再就職を希望する人
□	9. 多様な勤務時間を設定すれば働ける層
□	10. 配偶者控除の廃止・見直しが行われれば、働く時間の選択肢が広がる層
□	11. 広げるべき対象は特にない
□	12. その他

※（EPA、留学生、定住者、永住者、日本人の配偶者等、永住者の配偶者等、介護、技能実習、特定技能、特定活動46号）

問 25　上記問 24 の選択肢の中で、あなたの施設における人材確保を考えたときに、有効と思われる対象はどれですか？　また、その対象を確保していくために必要な条件整備は何ですか？

（1）短期的な確保をすすめる上で有効と思われる対象層（回答はいくつでも）

回答欄	
□	1. 次世代の子どもたち（小中学生、高校生）
□	2. 福祉を専門に学んでいない大学生
□	3. 福祉を専門に学ばないで卒業して他の業界で働いていた転職者
□	4. 40～50歳代の中高年齢層
□	5. 定年退職後の元気な高齢者
□	6. 潜在化している有資格者
□	7. 外国人材※
□	8. 出産や育児のためにいったんは退職し、その後、再就職を希望する人
□	9. 多様な勤務時間を設定すれば働ける層
□	10. 配偶者控除の廃止・見直しが行われれば、働く時間の選択肢が広がる層
□	11. 広げるべき対象は特にない
□	12. その他

※（EPA、留学生、定住者、永住者、日本人の配偶者等、永住者の配偶者等、介護、技能実習、特定技能、特定活動46号）

必要となる条件整備（自由記入）

（2）中長期的な確保をすすめる上で有効と思われる対象層（回答はいくつでも）

回答欄	
□	1. 次世代の子どもたち（小中学生、高校生）
□	2. 福祉を専門に学んでいない大学生
□	3. 福祉を専門に学ばないで卒業して他の業界で働いていた転職者
□	4. 40～50歳代の中高年齢層
□	5. 定年退職後の元気な高齢者
□	6. 潜在化している有資格者
□	7. 外国人材※
□	8. 出産や育児のためにいったんは退職し、その後、再就職を希望する人
□	9. 多様な勤務時間を設定すれば働ける層
□	10. 配偶者控除の廃止・見直しが行われれば、働く時間の選択肢が広がる層
□	11. 広げるべき対象は特にない
□	12. その他

※（EPA、留学生、定住者、永住者、日本人の配偶者等、永住者の配偶者等、介護、技能実習、特定技能、特定活動46号）

必要となる条件整備（自由記入）

問 26　外国人材の受入れ状況についてお伺いします。

（ここでの「外国人材」は、短期間日本で働く外国人から、日本に長く住んでいる外国人までを指します。例えば、EPA、留学生、定住者、永住者、日本人の配偶者等、永住者の配偶者等、介護、技能実習、特定技能、特定活動 46 号などの方を想定しています。）

（1）あなたの施設では外国人材を雇用していますか？　あてはまるものを一つ選択してください。（回答は一つ）

1	雇用している
2	雇用していない

回答欄	

（2）上記（1）で「1　雇用している」を選択した方にお伺いします。雇用人数について、あてはまるものを一つ選択してください。（回答は一つ）

1	1～3人
2	4～6人
3	7～9人
4	10～13人
5	14人以上

回答欄	

（3）上記（1）で「1　雇用している」を選択した方にお伺いします。外国人材を受け入れて良かったことはどのようなことですか？　あてはまるものを３つ選択してください。（回答は３つまで）

1	職場の雰囲気が良くなった
2	職員間のコミュニケーションが活性化した
3	利用者とのコミュニケーションが活性化した
4	異文化への理解が深まった
5	業務に関するマニュアルの見直しができた
6	指導体制の見直しができた
7	研修や勉強会の見直しができた
8	新しいイベントや企画が生まれた
9	その他

	①	②	③
回答欄			

⇒具体的な例があれば、ご記入ください。（自由記入）

（4）上記（1）で「1　雇用している」を選択した方にお伺いします。外国人材の受入れにあたり、工夫したことについて、あてはまるものを３つ選択してください。（回答は３つまで）

1	業務に関するマニュアルを分かりやすくした
2	施設・事業所内の掲示物を分かりやすくした
3	外国人職員への説明を丁寧に行った
4	外国人職員への業務に関する指導の時間を確保した
5	日本人職員への説明を丁寧に行った
6	イベントや催しを企画した
7	地域で行っている日本語教室やイベントを紹介した
8	住居や、生活に必要な物品を用意した
9	その他

	①	②	③
回答欄			

⇒具体的な例があれば、ご記入ください。（自由記入）

（5）外国人材の受入れにあたり、整備が必要だと思われることについて、あてはまるものを３つ選択してください。（回答は３つまで）

1	受入れの際にかかる費用
2	指導できる人員
3	マニュアルの見直し
4	住居や、生活に必要な物品
5	日本語の指導
6	日本人職員の理解を深めるための取組み
7	利用者の理解を深めるための取組み
8	地域住民の理解を深めるための取組み
9	制度の解説や他施設の取組み事例などの情報
10	その他

	①	②	③
回答欄			

⇒具体的な例があれば、ご記入ください。（自由記入）

問 27　福祉業界が協働して福祉人材の確保、定着、育成をすすめていくためには、どのような取組みが必要と思われますか？あてはまるものを全て選択してください。（回答はいくつでも）

回答欄	
□	1. 広域に福祉の仕事の魅力と正しい理解を広く発信していく
□	2. 地域で各施設が積極的に魅力ある実践に挑戦する姿を発信し、福祉の仕事のイメージを高める
□	3. 教育分野と連携して、福祉の仕事に関する理解を次世代に向けて積極的にすすめる
□	4. 福祉業界外の人材が福祉業界に入っていることを業界が協働して推進する
□	5. 福祉業界内の転職をキャリアとして位置付け、業界内での人材の流動をすすめる
□	6. 福祉の仕事の専門性を明確にし、処遇改善をすすめる
□	7. 福祉業界で協働するよりも、福祉人材の確保は個々の事業所の課題である
□	8. その他

⇒具体的な例があれば、ご記入ください。（自由記入）

問 28　福祉人材確保、育成、定着のために、地域の他の施設等と連携して取り組んでいることがあれば、ご記入ください。（自由記入）

問 29　福祉人材確保、育成、定着のために、国、東京都、区市町村において取り組むべき施策があれば、具体的にご記入ください。（自由記入）

問 30　福祉人材確保、育成、定着のために、東社協として取り組むべきことがあれば、具体的にご記入ください。（自由記入）

問 31　新型コロナの感染拡大により、福祉人材確保、育成、定着に影響はありましたか？具体的にご記入ください。（自由記入）

～ご協力ありがとうございました～

B票　指導的職員

社会福祉法人東京都社会福祉協議会

質と量の好循環をめざした
福祉人材の確保・育成・定着に関する調査2022

東京都社会福祉協議会では、今後の福祉人材対策の充実強化に向けて、人材確保と育成に定着の視点を加え、現況を
具体的に把握するとともに、福祉業界として積極的にアピールしていくべきことを明確にすることを目的に本調査を実施します。

<実施主体>

社会福祉法人　東京都社会福祉協議会

<基本的な視点>

（1）福祉人材の確保・育成・定着をめぐる業種を横断した具体的な状況を把握し、東京固有の課題もふまえながらデータとして発信できることをめざします。
（2）質の高い福祉サービスを提供できることが定着と確保に結び付く（＝質と量の好循環）ことを前提にした福祉人材対策をめざします。
（3）今後の人材確保を想定し、外国人材や福祉を学んだ経験の有無に限らず、安心して成長して働き続けられる環境のあり方を明らかにすることをめざします。

<実施方法>

本調査は、東京都社会福祉協議会会員施設・事業所あてに配付し、施設長（A票）、指導的職員（B票）、初任者職員（C票）、実習生（D票）から回答をいただくものになります。

B票　指導的職員

この調査票（B票）は、事業所長の方が事業所内の職場集団の中から**指導的職員＊**と思われる方（事業所長自身を含む）を選び、その**指導的職員**の方がご記入ください。

＊指導的職員　職場の中心的存在である中堅職員の中でも、主任や係長等の役職にあるなど、特に「リーダーシップ」、「後輩の意図的・計画的指導」、「職場の課題形成」等の役割を担っている方

<回答方法>

回答を記入した本Excelシートをメールに添付し、下記メールアドレスまでお送りください。

【回答送信先：chousa@tcsw.tvac.or.jp】

回答締切　：　令和4年10月28日（金）

<調査に関する問合せ先>
社会福祉法人　東京都社会福祉協議会　総務部　企画担当　（担当者：須藤・平井）
TEL：03-3268-7171　FAX：03-3268-7433
E-mail：chousa@tcsw.tvac.or.jp

記入方法	
	回答欄の右下角の▼印をクリックして表示される[選択肢]から該当する番号を選択。誤って選択した場合「DELETE」キーを押すと解除可能
	回答欄のチェックボックスをクリックして、該当する[選択肢]に✔を入れる。誤って✔を入れた場合、再度クリックすることで解除可能。
	該当する数値を入れる。
	自由記入
	数式　自動計算

施設・事業所所在区市町村名

年齢（回答は一つ）

1	20歳代	4	50歳代
2	30歳代	5	60歳代
3	40歳代	6	70歳以上

（※個人が特定される集計はいたしません）

回答欄

Ⅰ　施設・事業所の現況

問1　あなたの施設・事業所の属性について、あてはまるものをそれぞれ一つずつ選択してください。

（1）種別（複数の事業を行っている場合は、主たる事業を選択してください）（回答は一つ）

1	特別養護老人ホーム	12	更生施設（宿提・宿泊所等）
2	養護老人ホーム	13	救護施設
3	軽費老人ホーム	14	婦人保護施設
4	老人保健施設	15	病院・診療所
5	地域包括支援センター	16	障害福祉施設・事業所（児童・身体）
6	高齢分野居宅サービス系事業所、施設	17	障害福祉施設・事業所（児童・知的）
7	保育所・こども園	18	障害福祉施設・事業所（児童・精神）
8	児童養護施設	19	障害福祉施設・事業所（成人・身体）
9	自立援助ホーム	20	障害福祉施設・事業所（成人・知的）
10	乳児院	21	障害福祉施設・事業所（成人・精神）
11	母子生活支援施設	22	その他

回答欄

（2）事業形態（回答は一つ）

1	入所のみ
2	通所のみ
3	入所＋通所
4	その他

回答欄

（3）経営主体（回答は一つ）

1	社会福祉法人
2	宗教法人
3	公益財団法人
4	NPO法人
5	個人立
6	株式会社・有限会社
7	学校法人
8	その他

回答欄

（4）運営形態（回答は一つ）

1	公設民営
2	民設民営

※公設公営の施設は本調査の対象外となります。

回答欄

（5）法人規模（回答は一つ）

1	法人で経営している施設・事業所は一つのみ
2	法人で経営している施設・事業所は複数（同業種）
3	法人で経営している施設・事業所は複数（多業種）

回答欄

Ⅱ　指導職の現況

問２　あなたの事業所における職種・雇用形態について、それぞれあてはまるものを一つずつ選択してください。（3）では、令和４年10月１日時点の役職名と経験年数をご記入ください。

（1）職種（回答は一つ）

1	介護員・指導員・支援員・保育士
2	看護師
3	相談職員
4	事務職員
5	介護支援専門員
6	その他

回答欄

（2）雇用形態（回答は一つ）

1	正規職員
2	非正規職員（常勤）
3	非正規職員（非常勤）
4	その他

回答欄

（3）役職名と経験年数（令和４年10月１日時点）

①役職名

②役職に就いてからの経験年数（数値を記入）

年　　か月

問３　あなたのこれまでの職務経験についてお伺いします。（令和４年10月１日時点）

（1）現在の法人・事業所における勤務年数は何年ですか？（数値を記入）

年　　か月

（2）福祉職場（現在の事業所含む）での勤務年数は何年ですか？（数値を記入）

年　　か月

（3）現在の職場以外での従事経験がありますか？あてはまるものを全て選択してください。（回答はいくつでも）

回答欄	
□	1. 一般企業（事務職）
□	2. 一般企業（営業職）
□	3. 一般企業（技術職）
□	4. 公務員
□	5. 病院・診療所勤務
□	6. 教員
□	7. 福祉職場（同種別）
□	8. 福祉職場（別種別）
□	9. その他

（4）最初の福祉職場への就職前のあなたの最終学歴における専攻分野について、あてはまるものを一つ選択してください。（回答は一つ）

1	福祉（社会学）系
2	保健医療・看護・薬学系
3	理工系
4	文・人文・外国語系
5	法学系
6	経済・経営系
7	家政系
8	教育系
9	心理系
10	高校普通科
11	その他

回答欄	

問4　あなたの保有している資格等を以下の表より全て選択し、それぞれの資格の取得時期についてお答えください。（回答は各一つ）

	(1)資格名
1	介護福祉士
2	介護職員初任者研修修了資格（ホームヘルパー2級相当）
3	実務者研修修了資格（介護職員基礎研修及びホームヘルパー1級）
4	介護支援専門員（ケアマネジャー）
5	児童指導員任用資格
6	保育士
7	看護師
8	社会福祉士
9	精神保健福祉士
10	社会福祉主事任用資格

(2)取得時期
1. 採用前
2. 採用後

	①	②	③	④	⑤
(1)資格名					
	↓	↓	↓	↓	↓
(2)取得時期					

問５　あなたが指導的職員として担っている業務に、あてはまるものを全て選択してください。（回答はいくつでも）

回答欄	
□	1. 利用者への「直接サービス」の業務
□	2. サービスを提供する職員間のやりとりに対する「サポート」業務
□	3. サービスを提供する職員のケアの内容に関する「スーパービジョン」、「指導・育成」業務
□	4. サービスを提供する職員の「業務の管理（業務分担や調整）」業務
□	5. 運営管理者への人材育成の取組みについての進言
□	6. 運営管理者への事業所・設備の整備、新しいサービス開発等の進言
□	7. 職場内での「打ち合わせ」や事例研究の場の設定等
□	8. 利用者の家族や成年後見人等との「関係調整」業務
□	9. 他の専門職種からの相談に応じる「コンサルテーション」業務
□	10. 関係機関との「ネットワーキング」業務
□	11. 法人や施設の事業やサービス等の「広報、普及宣伝」に関わる業務
□	12. 行政単位の審議会、委員会への参加
□	13. 教育機関との連携
□	14. その他

問６　あなたの事業所における指導的職員の業務量、業務内容の最近５年間の変化についてお伺いします。

（１）最近５年間で、業務量に変化はみられますか？（回答は一つ）

1	特に変化はない
2	変化がある（業務量が増えた）
3	変化がある（業務量が減った）

回答欄

（２）最近５年間で増えたと感じる業務内容を全て選択してください。（回答はいくつでも）

回答欄	
□	1. 職員が定着しないことに起因する、職員の入れ替わりに伴う指導業務
□	2. 採用前に福祉を学んだことのない、または福祉の仕事の経験がない職員への指導
□	3. 多様な働き方（短時間勤務等）をする職員への個別の対応
□	4. 人材不足に起因するシフトの調整や運営上の方策を提案する役割
□	5. 非正規職員増による指導業務
□	6. 福祉職場としての職業倫理観を指導する役割
□	7. 法人理念や福祉の基本理念等を伝える役割
□	8. 困難な課題を有するケースへの対応
□	9. チームケアの必要性の増大に伴う、職種間の調整業務
□	10. サービス提供のマネジメントや、直接サービスを提供する職員を指導する役割
□	11. 利用者の家族や成年後見人等との関係調整の役割
□	12. 事業所外の関係機関との調整業務
□	13. 事業所長から付与されている権限の範囲が広がっている
□	14. その他

問７　あなた自身は、事業所における自分の役割ややりがいをどのように考えていますか？
（１）～（５）について、最も近い考えをそれぞれ一つずつ選択してください。（回答は一つ）

1. Aに近い
2. どちらかといえばAに近い
3. どちらかといえばBに近い
4. Bに近い

	A		B	回答欄
（1）	組織（チーム）やサービスを最適な状態に保つための管理・調整者としての役割（マネジメント型）	1　2　3　4	これまでに修得した高いサービス技法を活かして、部下や後輩の見本となる専門職としての役割（プロフェッショナル型）	
（2）	希望して役職に就き指導的業務を行っている	1　2　3　4	他に役職に就く人がおらず仕方なく指導的業務を行っている	
（3）	指導的職員として望ましい実践ができている	1　2　3　4	指導的職員として望ましい実践ができていない	
（4）	指導的職員として現在の仕事にやりがいを感じている	1　2　3　4	指導的職員として現在の仕事にやりがいを感じていない	
（5）	自らの待遇（給与水準を含む）は、求められる専門性や役割に見合っている	1　2　3　4	自らの待遇（給与水準を含む）は、求められる専門性や役割に見合っていない	

問８　あなたの事業所における指導的職員として求められる実践とは、具体的にどのような内容と考えますか？

（１）指導的職員として求められる実践（自由記入）

（２）あなたの事業所において求められる実践を行うために課題と感じていること（自由記入）

問９　現在の施設・事業所に５年以上勤務されている方にお伺いします。あなたが現在の施設事業所に長く勤めている決め手は何ですか？あてはまるものを全て選択してください。（回答はいくつでも）

回答欄	
□	1. 法人の理念や運営方針に共感している
□	2. 職場までのアクセスが良い
□	3. 職場の人間関係が良い
□	4. 仕事にやりがいがある
□	5. 休暇取得がしやすい
□	6. 仕事と育児や介護などの両立ができる
□	7. キャリアアップの仕組みが整備されている
□	8. 外部研修や勉強会などの機会が設けられている
□	9. 仕事の成果や取組み状況などに対する評価がある
□	10. 評価に応じて処遇改善する仕組みが整備されている
□	11. 施設・事業所の管理者等からスーパービジョンを受けられる機会があった
□	12. 役職や立場に就く前に適切な指導や研修が受けられた
□	13. その他

Ⅲ　指導的職員育成の現況

問10　事業所内で「指導的職員」としての業務を担うにあたって、必要とされる資質はどのようなものと考えますか？　重要と思われることを５つまで選択してください。（回答は５つまで）

1	事業所職員として長く経験を積んでいること
2	福祉以外の職場で従事した経験があること
3	年齢が高く、豊かな人生経験を持っていること
4	福祉関係の専門的な知識や技術を持っていること
5	福祉関係以外の知識や技術も持っていること
6	権利擁護の視点、他機関との調整能力をはじめ、ソーシャルワークの能力を有していること
7	組織の理念をサービス改善や組織改革につなげるためのリーダーシップがとれること
8	サービス提供のあり方や方法をコスト・予算管理面からも検討、管理できること
9	困難なことに対して自ら積極的に取り組もうとすること
10	課題の発見とそのための改善方策を見極める力を有していること
11	問題の発生に対する将来予測を的確にできる力を有していること
12	サービスの質を確保するために、職員集団をマネジメントする力を有していること
13	他の職員から信頼され、尊敬されていること
14	現場で起きている課題を的確に上司に伝達し、組織としての対応につなげること
15	利用者や社会から求められる役割を理解し、企画・開発に取り組む力を有していること
16	その他

	①	②	③	④	⑤
回答欄					

問 11　あなた自身の経験も振り返り、事業所内で「指導的職員」を育成していくためには、どのようなことが必要と考えますか？　重要と思われることを５つまで選択してください。（回答は５つまで）

1	長く働き続けて定着できる職員を確保していくこと
2	事業所内にOJT（オン・ザ・ジョブ・トレーニング）やスーパーバイズの体制を整えること
3	外部の研修に職員を積極的に参加させること
4	経営やマネジメントの知識や理論を身につけさせること
5	困難ケースへの対応などさまざまな経験を積み重ねること
6	組織やチームが有する課題に対応するための権限と機会を与えること
7	地域の関係機関とのつながりをもたせること
8	他の事業所などに従事した経験のある職員を外部から確保すること
9	福祉以外の分野での経験のある職員を外部から確保すること
10	地域公益活動をはじめとした地域とのかかわりの中から地域のニーズを把握できること
11	その他

	①	②	③	④	⑤
回答欄					

問 12　あなた自身が指導的職員として他の職員から受ける相談はどのような内容ですか？あてはまるものを全て選択してください。（回答はいくつでも）

回答欄	
□	1. 利用者に対するサービス提供にあたっての方針に関すること
□	2. 利用者に対するサービス提供の具体的な内容に関すること
□	3. 利用者との関わり方、関係づくりに関すること
□	4. 専門的な知識や技術の習得に関すること
□	5. 利用者、家族からの苦情、不満、要望に関すること
□	6. 家族との調整に関すること
□	7. 外部の関係機関との調整に関すること
□	8. 職員同士の人間関係に関すること
□	9. 自身の家族介護・育児に関すること
□	10. 自分の行っていることが正しいかどうかの不安に関すること
□	11. 職員の健康に関すること
□	12. 労働条件や職場環境に関すること
□	13. 昇進・昇格に関すること
□	14. 自分を成長させる（資格取得等）
□	15. その他

問 13　あなた自身が業務をすすめる上で悩むことは、どのようなことですか？　あてはまるもの全て選択してください。（回答はいくつでも）

回答欄	
□	1. 利用者に対するサービス提供にあたっての方針に関すること
□	2. 利用者に対するサービス提供の具体的な内容に関すること
□	3. 利用者との関わり方、関係づくりに関すること
□	4. 専門的な知識や技術の習得に関すること
□	5. 利用者、家族からの苦情、不満、要望に関すること
□	6. 法制度の改正など必要な情報をタイムリーに得ること
□	7. 外部の関係機関との調整に関すること
□	8. 部下や後輩の育成や指導に関すること
□	9. 上司との関係に関すること
□	10. 自身の家族介護・育児に関すること
□	11. 事業所のコストや経営に関すること
□	12. リスクマネジメントに関すること
□	13. 自らの健康上のこと
□	14. 労働条件や職場環境に関すること
□	15. 昇進・昇格に関すること
□	16. 悩みを相談する相手がいない
□	17. 特に悩むことはない
□	18. その他

問 14　上記問 13 でお答えいただいた、業務をすすめる上での悩みを具体的にご記入ください。（自由記入）

問 15　あなた自身が業務をすすめる上での悩みを相談したい場合、誰に相談しますか？あてはまるものを全て選択してください。（回答はいくつでも）

回答欄	
□	1. 理事長
□	2. 事業所長
□	3. 事業所内のベテラン職員
□	4. 同期の職員
□	5. 部下・後輩
□	6. 同じ職種の先輩
□	7. 職種の異なる専門職
□	8. 他の事業所の職員
□	9. 外部の機関の方
□	10. 家族や友人
□	11. その他

問 16　あなた自身は、指導的職員として仕事をしていて、「指導に関する専門性」や技術が必要だと思いますか？あてはまるものを一つ選択してください。（回答は一つ）

1	専門性が必要だと思う
2	どちらかといえば、そう思う
3	どちらとも言えない
4	どちらかといえば、そう思わない
5	専門性は不要だと思う

回答欄

問 17　指導的職員として仕事をするためには、福祉職場における一定の経験年数や高い年齢が必要と考えますか？あてはまるものを全て選択してください。（回答はいくつでも）

回答欄	
□	1. （年齢はともかく）経験年数が必要である
□	2. （経験年数はともかく）年齢が高いことが必要である
□	3. 経験年数と高い年齢が併せて必要である
□	4. どちらとも言えない
□	5. 経験年数や年齢は、関係ないと思う

問 18　上記問 17 で「1または3」を選択した方にお伺いします。指導的職員になるには何年くらいの経験が必要と考えますか？あてはまるものを一つ選択してください。（回答は一つ）

1	1～4年	4	13～16年
2	5～8年	5	17～20年
3	9～12年	6	21年以上

回答欄

問 19　上記問 17 で「2または3」を選択した方にお伺いします。指導的職員になるには何歳くらいが適齢と考えますか？あてはまるものを一つ選択してください。（回答は一つ）

1	20歳代	4	50歳代
2	30歳代	5	60歳代
3	40歳代	6	70歳以上

回答欄

問 20　研修についてお伺いします。

（1）あなた自身は、過去3年間にどのような研修に参加しましたか？あてはまるものを全て選択してください。（回答はいくつでも）

回答欄	
□	1. 法人内研修
□	2. 事業所内研修
□	3. 外部研修（東社協・部会研修）
□	4. 外部研修（東京都福祉人材センター研修室主催）
□	5. 外部研修（その他）
□	6. 参加していない

（2）受講した研修の具体的な内容について、あてはまるものを全て選択してください。（回答はいくつでも）

回答欄	
□	1. 援助技術の向上に関する研修
□	2. 業務管理に関する研修
□	3. 会計実務に関する研修
□	4. リスクマネジメントに関する研修
□	5. 事業所内の情報管理に関する研修
□	6. 社会福祉制度に関する研修
□	7. 権利擁護・苦情解決に関する研修
□	8. マネジメント、経営の理論に関する研修
□	9. 業務の標準化（マニュアルづくり等）
□	10. 経営改革の手法に関する研修
□	11. 経営のための中期計画の策定に関する研修
□	12. 人材育成や研修制度に関する研修
□	13. 人事管理制度に関する研修
□	14. メンタルヘルスに関する研修
□	15. その他

問 21　後輩・部下に受けさせたい研修はどのようなものですか？あてはまるものを３つまで選択してください。(回答は３つまで)

1	社会福祉の基本理念や倫理に関する研修
2	権利擁護・苦情解決に関する研修
3	専門的な援助技術に関する研修
4	チームワークや組織性に関する研修
5	リスクマネジメント研修
6	業務の標準化に関する研修
7	社会福祉制度に関する研修
8	コミュニケーションに関する研修
9	人材育成に関する研修
10	メンタルヘルスに関する研修
11	その他

	①	②	③
回答欄			

問 22　社会福祉事業所において、「指導的職員人材」となる職員を育てていくために、必要と思われる視点や育成における課題がありましたら、ご記入ください。(自由記入)

問 23　法人や事業所の枠を超えて、「東京の福祉人材」として職員を育成していくために必要だと思われる視点や、協力・連携のアイデアがありましたらご記入ください。(自由記入)

～ご協力ありがとうございました～

C票　初任者職員

社会福祉法人　東京都社会福祉協議会

質と量の好循環をめざした 福祉人材の確保・育成・定着に関する調査2022

東京都社会福祉協議会では、今後の福祉人材対策の充実強化に向けて、人材確保と育成に定着の視点を加え、現況を具体的に把握するとともに、福祉業界として積極的にアピールしていくべきことを明確にすることを目的に本調査を実施します。

<実施主体>

社会福祉法人　東京都社会福祉協議会

<基本的な視点>

（1）福祉人材の確保・育成・定着をめぐる業種を横断した具体的な状況を把握し、東京固有の課題もふまえながらデータとして発信できることをめざします。

（2）質の高い福祉サービスを提供できることが定着と確保に結び付く（＝質と量の好循環）ことを前提にした福祉人材対策をめざします。

（3）今後の人材確保を想定し、外国人材や福祉を学んだ経験の有無に限らず、安心して成長して働き続けられる環境のあり方を明らかにすることをめざします。

<実施方法>

本調査は、東京都社会福祉協議会会員施設・事業所あてに配付し、施設長（A票）、指導的職員（B票）、初任者職員（C票）、実習生（D票）から回答をいただくものになります。

C票　初任者職員

この調査票（C票）は、事業所長の方が事業所内の職場集団の中から**初任者職員**＊と思われる方を選び、その**初任者職員**　の方がご記入ください。

＊**初任者職員**　前職の経験等は含まず、貴事業所に入職してから1～3年未満の職員を想定。

<回答方法>

回答を記入した本Excelシートをメールに添付し、下記メールアドレスまでお送りください。

【回答送信先：chousa@tcsw.tvac.or.jp】

回答締切　：　令和4年10月28日（金）

<調査に関する問合せ先>

社会福祉法人　東京都社会福祉協議会　総務部　企画担当　（担当者：須藤・平井）

TEL：03-3268-7171　FAX：03-3268-7433

E-mail：chousa@tcsw.tvac.or.jp

記入方法	
	回答欄の右下角の▼印をクリックして表示される[選択肢]から該当する番号を選択。誤って選択した場合「DELETE」キーを押すと解除可能
	回答欄のチェックボックスをクリックして、該当する[選択肢]に✔を入れる。誤って✔を入れた場合、再度クリックすることで解除可能。
	該当する数値を入れる。
	自由記入
	数式　自動計算

施設・事業所所在区市町村名

年齢（回答は一つ）

1	10歳代	4	40歳代
2	20歳代	5	50歳代
3	30歳代	6	60歳代
		7	70歳以上

（※個人が特定される集計はいたしません）

回答欄

Ⅰ　施設・事業所の現況

問１　あなたの施設の属性について、あてはまるものをそれぞれ一つずつ選択してください。

（１）種別（複数の事業を行っている場合は、主たる事業を選択してください）（回答は一つ）

1	特別養護老人ホーム	12	更生施設（宿提・宿泊所等）
2	養護老人ホーム	13	救護施設
3	軽費老人ホーム	14	婦人保護施設
4	老人保健施設	15	病院・診療所
5	地域包括支援センター	16	障害福祉施設・事業所（児童・身体）
6	高齢分野居宅サービス系事業所、施設	17	障害福祉施設・事業所（児童・知的）
7	保育所・こども園	18	障害福祉施設・事業所（児童・精神）
8	児童養護施設	19	障害福祉施設・事業所（成人・身体）
9	自立援助ホーム	20	障害福祉施設・事業所（成人・知的）
10	乳児院	21	障害福祉施設・事業所（成人・精神）
11	母子生活支援施設	22	その他

回答欄

（２）事業形態（回答は一つ）

1	入所のみ
2	通所のみ
3	入所＋通所
4	その他

回答欄

（３）経営主体（回答は一つ）

1	社会福祉法人
2	宗教法人
3	公益財団法人
4	NPO法人
5	個人立
6	株式会社・有限会社
7	学校法人
8	その他

回答欄

（４）運営形態（回答は一つ）

1	公設民営
2	民設民営

※公設公営の施設は本調査の対象外となります。

回答欄

（５）法人規模（回答は一つ）

1	法人で経営している施設・事業所は一つのみ
2	法人で経営している施設・事業所は複数（同業種）
3	法人で経営している施設・事業所は複数（多業種）

回答欄

Ⅱ　初任者職員の現況

問２　事業所におけるあなたの職種・雇用形態について、あてはまるものを一つ選択してください。

（１）職種（回答は一つ）

1	介護員・指導員・支援員・保育士
2	看護師
3	相談職員
4	事務職員
5	介護支援専門員
6	その他

回答欄

（２）雇用形態（回答は一つ）

1	正規職員
2	非正規職員（常勤）
3	非正規職員（非常勤）
4	その他

回答欄

問３　あなたのこれまでの職務経験についてお伺いします。（令和４年 10 月１日時点）

（１）現在の法人・事業所における勤務年数は何年ですか？（数値を記入）

年　か月

（２）福祉職場（現在の事業所含む）での勤務年数は何年ですか？（数値を記入）

年　か月

（３）福祉職場以外での従事経験がありますか？あてはまるものを全て選択してください。（回答はいくつでも）

回答欄	
□	1. 一般企業（事務職）
□	2. 一般企業（営業職）
□	3. 一般企業（技術職）
□	4. 公務員
□	5. 病院・診療所勤務
□	6. 教員
□	7. 福祉職場（同種別）
□	8. 福祉職場（別種別）
□	9. その他

（４）最初の福祉職場への就職前のあなたの最終学歴における専攻分野について、あてはまるものを一つ選択してください。（回答は一つ）

1	福祉（社会学）系
2	医療・看護・薬学系
3	理工系
4	文・人文・外国語系
5	法学系
6	経済・経営系
7	家政系
8	教育系
9	心理系
10	高校普通科
11	その他

回答欄

問4　あなたの保有している資格等を以下の表より全て選択し、それぞれの資格の取得時期についてお答えください。(回答は各一つ)

	(1)資格名
1	介護福祉士
2	介護職員初任者研修修了資格（ﾎｰﾑﾍﾙﾊﾟｰ2級相当）
3	実務者研修修了資格（介護職員基礎研修及びﾎｰﾑﾍﾙﾊﾟｰ1級）
4	介護支援専門員（ｹｱﾏﾈｼﾞｬｰ）
5	児童指導員任用資格
6	保育士
7	看護師
8	社会福祉士
9	精神保健福祉士
10	社会福祉主事任用資格

(2)取得時期
1．採用前
2．採用後

	①	②	③	④	⑤
(1)資格名					
	↓	↓	↓	↓	↓
(2)取得時期					

問5　あなたが職員として担っている業務について、あてはまるものを全て選択してください。(回答はいくつでも)

回答欄	
□	1．利用者へ直接サービスを提供する
□	2．サービスを提供する職員に対し指導や相談に乗る
□	3．サービスを提供する職員の業務分担や調整をする
□	4．運営管理者への人材育成のしくみについての提案
□	5．運営管理者への事業所・設備の整備、新しいサービス開発等の提案
□	6．職場内での打ち合わせや事例研究の場の設定等
□	7．利用者家族への支援
□	8．関係機関との「ネットワーキング」業務
□	9．法人や施設の事業やサービス等の「広報、普及宣伝」に関わる業務
□	10．教育機関等との連携
□	11．その他

Ⅲ　福祉の仕事を就職先として選んだ理由

問6　あなたが現在の仕事を選んだ経緯についてお伺いします。

（1）あなたは、どのようなきっかけで福祉職場に関心を持ちましたか？　あてはまるものを全て選択してください。(回答はいくつでも)

回答欄	
□	1．福祉職場での職場体験
□	2．福祉に関するボランティア体験
□	3．家族等に対する介護の経験
□	4．家族等に対する子育ての経験
□	5．家族等に障害のある方がいた経験
□	6．自分の資格や技能を活かせる
□	7．福祉の知識や技術が身につく
□	8．今後ニーズの高まる仕事である
□	9．家族や知人にすすめられた
□	10．社会に貢献できる
□	11．高齢者と接するのが好き
□	12．子どもと接するのが好き
□	13．障害のある方と接するのが好き
□	14．身近に福祉の仕事をしている人がいた
□	15．その他

（2）上記（1）について、具体的にどのような時に、どのように関心を持ったのかご記入ください。(自由記入)

（3）あなたが現在の事業所を就職先として選ぶ際に重視した点は何ですか？　特に重視した点を５つ選択してください。１および２については、具体的な条件をご記入ください。（回答は５つまで）

		具体的に（自由記入）
1	勤務日数・勤務時間	
2	勤務形態・ローテーション	
3	勤務場所（所在地・アクセスのよさ）	
4	勤務場所（自宅から近い）	
5	給与	
6	雇用形態（常勤・非常勤等）	
7	仕事の内容	
8	自分の経験や能力に応じた昇任・昇給制度	
9	福利厚生の充実	
10	研修制度の充実	
11	法人の理念・経営方針	
12	法人のワークライフバランスに関する方針	
13	有給休暇が取得しやすい	
14	仕事の安定性・将来性	
15	職場の雰囲気や人間関係	
16	その他	

	①	②	③	④	⑤
回答欄					

（4）上記（3）の中で、あなたが現在の事業所に就職する前に、もっと詳しく知りたかった情報を３つ選択し、番号を記入してください。（回答は３つまで）

	①	②	③
回答欄			

（5）あなたは現在の事業所を就職先として選ぶ際、どのように情報収集をしましたか？　あてはまるものを全て選択してください。（回答はいくつでも）

回答欄	
□	1. ハローワーク（イベント含む）
□	2. 東京都福祉人材センターの求人登録
□	3. 東京都福祉人材センターの相談会やイベント
□	4. 民間の求人サイト
□	5. 就職支援を行う民間企業の説明会や相談会
□	6. 法人・事業所のホームページ
□	7. 求人・求職情報誌
□	8. 行政（区市町村等）の相談窓口や説明会
□	9. 新聞の折り込みチラシ
□	10. 電車・バス等の広告（中吊り・動画）
□	11. サイトや動画等のWEB広告
□	12. 家族・知人からの口コミ
□	13. SNSの情報
□	14. その他

（6）あなたが福祉の仕事を選んだ理由について、あてはまるものを全て選択してください。（回答はいくつでも）

回答欄	
□	1. 人の役に立つ仕事で、やりがいがある
□	2. 自分の能力や資格が活かせる
□	3. 自分の適性に合っている
□	4. 育児や家事、介護等の経験を活かせる
□	5. 身近に介護が必要な高齢者や障害者がいた
□	6. インターネットやメディアで福祉に関わる課題を知り興味を持った
□	7. 自らが疾病や障害をもった経験がありその経験を活かせる
□	8. 人と接する仕事がしたい
□	9. 将来性がある
□	10. 社会的に必要とされている仕事であり、社会に貢献できる
□	11. 明るいイメージがある
□	12. 仕事の内容が楽しそう、おもしろそう
□	13. 専門性が高く責任のある仕事
□	14. 給料が高い
□	15. 労働条件が良い
□	16. 安定している仕事
□	17. 休暇が取りやすい
□	18. 共働きができる
□	19. 出産や育児と両立できる
□	20. 人間関係が良い
□	21. 事業所の理念や方針が自分の考え方と合っている
□	22. 学生時代の職場体験やボランティア経験を活かせる
□	23. その他

（7）上記（6）の中で、あなたが福祉の仕事に就いて特に満足している内容を３つ選択し、下表に数字を記入してください。（回答は３つまで）

	①	②	③
回答欄			

Ⅳ　勤務を継続していくために必要なこと

問７　あなたは、現在の事業所において、どのくらい先までをイメージして自分の仕事や働き方を考えていますか？　最もあてはまるものを一つ選択してください。（回答は一つ）

1	とりあえず1，2年くらい先までを考えている
2	定年までは考えていないが、3～5年くらい先までを考えている
3	定年までは考えていないが、10年くらい先までを考えている
4	定年まで
5	定年後まで
6	今の時点でしか考えられない
7	変化もあるので今考えても意味がない
8	わからない

回答欄

問８　あなたは、現在の事業所を含め「福祉の仕事」をいつまで続けたいと考えていますか？最もあてはまるものを一つ選択してください。（回答は一つ）

1	定年退職まで
2	年齢に関係なく、体力の続く限り
3	家庭の事情が許す限り
4	他の（希望する）いい仕事が見つかるまで
5	考えたことはない
6	その他

回答欄

問９　あなたのイメージするキャリアプランに最もあてはまるものを一つ選択してください。（回答は一つ）

1	現在の事業所でなるべく長く働き続けたい
2	現在と同じ法人の、同じ種別の事業所で働いてみたい（例：保育所→保育所）
3	現在と同じ法人の、別の種別の事業所で働いてみたい（例：高齢者施設→障害者施設）
4	転職などで、同じ種別の別の事業所で働いてみたい（例：保育所→保育所）
5	転職などで、別の種別の別の事業所で働いてみたい（例：高齢者施設→障害者施設）
6	転職などで、別の業界で働いてみたい（例：福祉職場→一般企業）
7	特に考えていない

回答欄

問 10　あなたが福祉職場で働き続けるために必要な条件や環境は何ですか？あてはまるものを３つ選択してください。（回答は３つまで）

1	法人事業所の経営理念や運営方針が自らの考えと合っていること
2	日々の仕事が楽しいこと
3	希望に合った勤務条件
4	自分の経験や能力に応じた業務内容
5	自分の経験や能力に応じた昇任・昇給制度
6	研修や資格取得支援制度の充実
7	ICT（利用者支援記録の入力等）の活用を含めた業務効率化の推進
8	仕事と子育ての両立支援
9	事業所内で自由に意見を言い合える明るい雰囲気
10	他事業所の職員との交流の場
11	職場での悩みを相談できる窓口
12	その他

	①	②	③
回答欄			

問 11　あなたが、福祉を担う職員として必要とされる（期待されている）資質はどのようなものと考えますか？以下の選択肢１～ 22 の中から、特に重要だと思われるものを５つ選択し、下表に数字を記入してください。（回答は５つまで）

福祉を担う職員として必要とされる（期待されている）資質

知識や専門性、保有資格	
1	社会福祉関係の専門的な知識や技術を持っていること
2	社会福祉関係以外の知識や技術も持っていること
3	権利擁護の視点、他機関との調整能力をはじめ、ソーシャルワークの能力を有していること
業務能力、経験	
4	事業所職員として長く経験を積んでいること
5	福祉以外の職場で従事した経験があること
6	課題の発見とそのための改善方策を見極める力を有していること
7	問題の発生に対する将来予測を的確にできる力を有していること
8	利用者や社会から求められる役割を理解し、企画・開発に取組む力を有していること
9	判断力にすぐれていること
人柄・性格、価値観	
10	福祉の職場で働くために必要な倫理観や価値観を持っていること
11	困難なことに対して自ら積極的に取り組もうとすること
12	他の職員から信頼され、尊敬されていること
13	福祉の仕事が好きであること
14	素直で謙虚であること
15	ストレスを発散する方法を知っていること
リーダーシップ、マネジメント力	
16	部下や後輩に対する育成・指導を的確に行えること
17	組織の理念をサービス改善や組織改革につなげるためのリーダーシップがとれること
18	サービス提供のあり方や方法をコスト・予算管理面からも検討、管理できること
19	サービスの質を確保するために、職員集団をマネジメントする力を有していること
コミュニケーション力	
20	現場で起きている課題を的確に上司に伝達し、組織としての対応につなげること
21	自分の意見をしっかり持ち、会議等で発言できること
22	利用者やその家族、事業所内の他の専門職、地域の人と円滑なコミュニケーションがとれること

	①	②	③	④	⑤
回答欄					

問 12　あなた自身の経験もふまえ、「福祉職場で働いていくための専門性」を高めるには、どのようなことが必要と考えますか？重要と思われることを３つまで選択してください。（回答は３つまで）

1	福祉職場に従事する前に、一定程度以上の教育を受けている
2	福祉職場で働くための倫理観や基本理念が身についている
3	資格を取得する
4	職場内で働きながら参加できる研修が充実している
5	職場外の研修への参加の機会が保障されている
6	見本となる先輩職員の実践から学ぶことができる
7	困難ケースを数多く経験する
8	福祉職場での経験を長く積む
9	年齢を重ね、職場以外での生活体験を豊かにする
10	自ら専門知識等を情報収集したり、積極的に学ぶ努力をする
11	実践で悩んだことを相談できるスーパービジョン体制がある
12	その他

	①	②	③
回答欄			

問 13　あなた自身が業務をすすめる上で悩むことは、どのようなことですか？あてはまるものを全て選択してください。（回答はいくつでも）

回答欄	
□	1. 業務内容に関すること
□	2. 専門的に知識や技術の習得などスキルアップに関すること
□	3. 労働条件・職場環境に関すること
□	4. 仕事と自身の家庭生活の両立に関すること（ワークライフバランス）
□	5. 人間関係に関すること（職員間）
□	6. 人間関係に関すること（利用者・利用者家族）
□	7. 今後のキャリアプランについて（福祉の仕事を続けていく今後の見通しや展望）
□	8. 悩みを相談する相手がいない
□	9. 特に悩むことはない
□	10. その他

問 14　上記問 13 でお答えいただいた、業務をすすめる上での悩みを具体的にご記入ください。（自由記入）

問 15　あなた自身が業務をすすめる上での悩みを相談したい場合、誰に相談しますか？あてはまるものを全て選択してください。（回答はいくつでも）

回答欄	
□	1. 理事長
□	2. 事業所長
□	3. 事業所内のベテラン職員
□	4. 同期の職員
□	5. 部下・後輩
□	6. 同じ職種の先輩
□	7. 職種の異なる専門職
□	8. 他の事業所の職員
□	9. 外部の機関の方
□	10. 家族や友人
□	11. その他

問16　あなたには、事業所内に目標となるような先輩職員がいますか？（回答は一つ）

1	いる
2	いない

回答欄

→ その方はあなたより勤務年数は何年先輩ですか？（数値を記入）　回答欄　年

問17　あなたが「仕事をやめたい」と思った経験についてお伺いします。

（1）あなたは、今までに仕事をやめたいと思ったことがありますか？あてはまるものを一つ選択してください。（回答は一つ）

1	福祉の仕事をやめたいと思ったことがある
2	福祉の仕事は続けたいが、働いていた（いる）事業所をやめたいと思ったことがある
3	やめたいと思ったことはない

回答欄

（2）上記（1）で、「1または2」を選択した方は、その具体的な理由を教えてください。（自由記入）

問18　あなたの知人等が福祉職場に就職しない理由、または同僚等が辞めた理由を聞いたことがある場合は、その具体的な内容をご記入ください。

（1）知人等が就職しない理由（自由記入）

（2）同僚等が辞めた理由（自由記入）

問19　あなたが思い描く、今後のキャリアビジョンについてお伺いします。

（1）あなた自身は、将来、どのような業務を担いたいと考えていますか？あてはまるものを全て選択してください。（回答はいくつでも）

回答欄	
□	1．直接サービスを担いたい
□	2．相談業務に携わりたい
□	3．事務の仕事に携わりたい
□	4．対外的な調整が任されるようになりたい
□	5．経験を活かして、他の職員のサービス提供をマネジメントするようになりたい
□	6．施設の経営に携わりたい
□	7．施設での経験を活かして、独立したい
□	8．施設での経験を活かして、別の福祉施設でも活躍したい
□	9．地域社会に働きかける取組みをしたい
□	10．施設での経験を活かして、退職後、地域のボランティアとして活動したい
□	11．その他

（2）あなたが事業所で経験を重ねていく中でめざす姿に近いのはどちらですか？あてはまるものを一つ選択してください。（回答は一つ）

1	【マネジメント型】組織（チーム）やサービスを最適な状態に保つための管理・調整者
2	【プロフェッショナル型】修得した高いサービス技法を活かして、部下や後輩を指導する立場となる
3	どちらともいえない

回答欄

問 20　あなたが現在の事業所で勤務してみて、感じた内容 1 ～ 22 について、あてはまる数字を選択してください。（回答は一つ）

1. Aに近い
2. どちらかというとAに近い
3. どちらでもない
4. どちらかというとBに近い
5. Bに近い

	A		B	回答欄
1	社会的な意義はない	1 2 3 4 5	社会的な意義が大きい	
2	社会的評価が低い	1 2 3 4 5	社会的評価が高い	
3	今後成長はしない分野	1 2 3 4 5	今後成長していく分野	
4	法人の経営が不安定	1 2 3 4 5	法人の経営が安定	
5	仕事にやりがいはない	1 2 3 4 5	仕事にやりがいがある	
6	業務量が少ない	1 2 3 4 5	業務量が多い	
7	資格や専門知識が必要は必要でない	1 2 3 4 5	資格や専門知識が必要	
8	専門知識や技術面でスキルアップできない	1 2 3 4 5	専門知識や技術面でスキルアップできる	
9	将来の見通しが立てられない	1 2 3 4 5	将来の見通しが立てられる	
10	職場の雰囲気が悪い・暗い	1 2 3 4 5	職場の雰囲気が良い・明るい	
11	多様な働き方ができない（早朝や平日のみの勤務、育児や介護中の仕事との両立等）	1 2 3 4 5	多様な働き方ができる（早朝や平日のみの勤務、育児や介護中の仕事との両立等）	
12	有給休暇が取得しにくい	1 2 3 4 5	有給休暇が取得しやすい	
13	離職率が高い	1 2 3 4 5	離職率が低い	
14	人手は不足している	1 2 3 4 5	人手は充足している	
15	体力的な負担が大きい	1 2 3 4 5	体力的な負担はない	
16	精神的な負担が大きい	1 2 3 4 5	精神的な負担はない	
17	給与水準が低め	1 2 3 4 5	給与水準が高め	
18	行う業務に対して給料が低い	1 2 3 4 5	行う業務に対して給料が高い	
19	十分な休憩時間が確保されていない	1 2 3 4 5	十分な休憩時間が確保されている	
20	入職時に持っていたイメージと違う	1 2 3 4 5	入職時に持っていたイメージと同じ	
21	事業所の理念や方針が自分の考え方と違う	1 2 3 4 5	事業所の理念や方針が自分の考え方と合う	
22	自分がやりたかったことと業務内容が合わない	1 2 3 4 5	自分がやりたかったことと業務内容が合っている	

⇒勤務してみて就職前のイメージと大きく違っていたことがあれば具体的にご記入ください。（自由記入）

問 21　研修についてお伺いします。

（1）あなた自身は、過去 1 年間にどのような研修に参加しましたか？あてはまるものを全て選択してください。（回答はいくつでも）

回答欄	
□	1. 法人内研修
□	2. 事業所内研修
□	3. 外部研修
□	4. その他

（2）受講した研修が業務に活かされた事例がありましたら、どのような研修がどのような場面で活用できたか、具体的にご記入ください。（自由記入）

（3）あなたが今後、受講したい研修はどのようなものですか？あてはまるものを 3 つまで選択してください。（回答は 3 つまで）

1	社会福祉の基本理念や倫理に関する研修
2	権利擁護・苦情解決に関する研修
3	専門的な援助技術に関する研修
4	チームワークや組織性に関する研修
5	リスクマネジメント研修
6	業務の標準化に関する研修
7	社会福祉制度に関する研修
8	コミュニケーションに関する研修
9	メンタルヘルスに関する研修
10	その他

	①	②	③
回答欄			

問 22　あなたが福祉の仕事での経験を通して、将来実現したい目標や夢がありましたら、自由にご記入ください。（自由記入）

問 23　あなたが考える福祉の仕事の楽しさや、魅力はどのようなことですか？福祉の仕事について正確な情報や魅力を社会に発信していくアイデアについて、自由にご記入ください。（自由記入）

問 24　福祉事業所において、人材の不足を解消し、職員の育成や定着がはかられるために必要だと考えていることについて、自由にご記入ください。（自由記入）

問 25　新型コロナの感染拡大により、福祉職場への就職活動や就職後の働き方に影響はありましたか？具体的にご記入ください。（自由記入）

～ご協力ありがとうございました～

※実習生は、全てGoogleフォームから回答いただく。

D票　実習生

東京都社会福祉協議会

「質と量の好循環をめざした福祉人材の確保・育成・定着に関する調査 2022」

東京都社会福祉協議会では、今後の福祉人材対策の充実強化に向けて、人材確保・育成・定着についての現況を具体的に把握することを目的に本調査を実施しています。
あなたが行った福祉施設での実習について、および、あなた自身のこれまでの経験等について以下のアンケートに回答のご協力をお願いいたします。

実習先所在地　＿＿＿＿＿＿＿＿区・市・町・村

年齢　1　10歳代　2　20歳代　3　30歳代　4　40歳代　5　50歳代　6　60歳代　7　70歳以上

Ⅰ　実習について

問 1　あなたが現在在籍している学校について、あてはまるものを一つ選択してください。（単数回答）

1　4年制大学　2　短期大学　3　専門学校　4　その他（　　　　　）

問 2　あなたが現在在籍している学校に入学する以前の所属先について、あてはまるものを一つ選択してください。（単数回答）

1　高校（普通科）　2　高校（福祉科・看護科）　3　4年制大学　4　短期大学
5　専門学校　6　就労（一般企業）　7 就労（福祉職場）　8 その他（　　　　　）

問 3　あなたの経験した実習の種類について、あてはまるものを全て選択してください。（複数回答）

1　社会福祉士実習　2　精神保健福祉士実習　3　保育士実習　4　介護福祉士実習
5　介護等体験（小中学校の教員免許取得のため）　6 その他（　　　　　）

問 4　今回あなたが実習を行った先の施設種別について、あてはまるものを一つ選択してください。（複数の事業を行っている場合は、主たる事業を選択してください）（単数回答）

1　特別養護老人ホーム　2　養護老人ホーム　3　軽費老人ホーム
4　老人保健施設　5　地域包括支援センター　6　保育所・こども園
7　児童養護施設　8　自立援助ホーム　9　乳児院
10　母子生活支援施設　11　更生施設（宿提・宿泊所等）　12　救護施設
13　婦人保護施設　14　病院・診療所
15　障害福祉施設・事業所（児童・身体）　16　障害福祉施設・事業所（児童・知的）
17　障害福祉施設・事業所（児童・精神）　18　障害福祉施設・事業所（成人・身体）
19　障害福祉施設・事業所（成人・知的）　20　障害福祉施設・事業所（成人・精神）
21　その他（　　　　　）

問 5　あなたは実習先をどのように選定しましたか？　あてはまるものを一つ選択してください。（単数回答）

1　施設名まで希望を出して学校が調整した　（例：〇〇保育園など）
2　施設種別のみ希望を出して学校が調整した（例：高齢者関係など）
3　希望を特に伝えず、学校の実習担当職員等が割り振って決めた
4　自分で調べて直接施設に依頼した
5　その他（　　　　　）

問 6 あなたは実習前に、実習先についてどのようなことを確認しましたか？ あてはまるものを全て選択してください。

(1) 確認した資料や発信媒体（複数回答）

1 事業所ホームページ　2 事業所のＳＮＳ
3 事業所広報誌・チラシ　4 インターネット上の口コミ
5 養成校から提供された資料　6 事業所を見学した
7 その他（　　　　　　　　　　）

(2) 確認した内容（複数回答）

1 所在地・アクセス方法　2 事業所の外観　3 事業所内の様子
4 職員の雰囲気　5 利用者の雰囲気　6 事業内容
7 実習スケジュール　8 採用情報・雇用条件　9 その他（　　　　）

問 7 あなたが実習前に特に知りたかった事項で、分からなかったのはどのような情報ですか？ 具体的にご記入ください。（記述回答）

問 8 上記問7の情報は、どのような方法で確認できるとより分かりやすくなると思いますか？ 具体的にご記入ください。（記述回答）

問 9 福祉の仕事や業界への印象の変化についてお伺いします。

(1) 実習をして、実習前に持っていた福祉の仕事や業界への印象に変化はありましたか？ あてはまるものを一つ選択してください。（単数回答）

1 とても良くなった　2 良くなった　3 変わらなかった　4 悪くなった　5 とても悪くなった

(2) 上記 (1) で選択いただいた回答について、その理由を具体的にご記入ください。（記述回答）

II 卒業後の進路について

問 10 現在在籍している学校の卒業時に取得を予定している（めざしている）資格について、あてはまるものを全て選択してください。（複数回答）

1 社会福祉主事　2 社会福祉士　3 精神保健福祉士　4 介護福祉士
5 保育士・保育教諭　6 児童指導員任用資格　7 その他（　　　　）

問 11 あなた自身、現時点で、卒業後の進路をどのように考えていますか？ あてはまるものを一つ選択してください。（単数回答）

1 就職を希望（予定）している　2 進学を希望（予定）している　3 未定

→「1 就職を希望（予定）している」を選択した方は問 12 へ、「2、3」を選択した方は問 13 へ

問 12 上記問 11 で「1 就職を希望（予定）している」と選択した方は、以下についてお答えください。

(1) 就職を希望（予定）している業界について、あてはまるものを一つ選択してください。（単数回答）

1 一般企業（事務職）　2 一般企業（営業職）　3 一般企業（技術職）
4 公務員　5 病院・診療所　6 教員
7 福祉職場（保育）　8 福祉職場（児童 ※保育を除く）　9 福祉職場（介護）
10 福祉職場（障害）　11 福祉職場（その他）　12 その他（　　　　）

→「7～11 福祉職場」を選択した方は (2) へ、「1～6、12 福祉職場**以外**」を選択した方は (4) へ

(2) 上記 (1) で「7～11 福祉職場」を選択した方にお伺いします。あなたのイメージするキャリアプランに一番近いものはどれですか？ あてはまるものを一つ選択してください。（単数回答）

1 最初に就職した事業所でなるべく長く働き続けたい
2 転職などで同じ種別の複数の事業所で働いてみたい（例：保育所→保育所）
3 転職などで別の種別の複数の事業所で働いてみたい（例：高齢者施設→障害者施設など）
4 転職などで別の業界でも働いてみたい（例：福祉職場→一般企業）
5 特に考えていない

(3) 上記 (2) で選択いただいた回答について、具体的な理由をご記入ください。（記述回答）

(4) 上記 (1) で「1～6、12 福祉職場以外」を選択した方にお伺いします。「福祉職場以外」を選択した理由を具体的にご記入ください。（記述回答）

(5) 上記 (1) で「1～6、12 福祉職場以外」を選択した方にお伺いします。将来的に福祉職（介護・障害・保育分野での仕事）に就きたいという希望はありますか？ あてはまるものを一つ選択してください。（単数回答）

1 将来的に福祉職に就く希望はない　2 将来的に福祉職に就きたい　3 分からない

問 13 あなたは卒業後の進路について、主に誰に相談しますか？ あてはまるものを全て選択してください。（複数回答）

1 親（父）　2 親（母）　3 兄弟・姉妹　4 親戚　5 友達
6 在籍校の実習・就職担当者　7 在籍校のゼミの先生等　8 先輩
9 その他（　　　　）

III 就職にあたって大切にしたいこと

問 14 あなたにとって、「働く」とはどのようなことですか？ あなたの考えに特に近いものを3つ選択してください。（複数回答）

1 経済的自立
2 生活維持・家計補助
3 自分の知識・経験を高めることができる
4 自分の知識・経験を活かせる
5 仲間や友人を得ることができる
6 社会への貢献
7 働くことは当然
8 他にすることがないから働く
9 仕事で社会とつながりたい
10 その他（　　　　）

問 15 あなたにとって、仕事を通して得たいものはどのようなことですか？ 特に重視したいものを3つ選択してください。(複数回答)

1 やりがいを感じられること
2 先輩や後輩、仲間ができること
3 成果を認められること
4 人に感謝されること
5 感動や喜びが得られること
6 自分自身が成長できること（成長を実感できること）
7 楽しさを感じられること
8 社会の役に立っていると実感できること
9 その他（　　　　　　　　　　　　　　　　　　　　）

問 16 福祉職場（介護・障害・保育分野など）には、どのようなイメージがありますか？ 以下の1～18 で、あなたの考えに合う内容について、あてはまる数字を選択してください。(単数回答)

	A	Aに近い	どちらかというとAに近い	どちらでもない	どちらかというとBに近い	Bに近い	B
1	社会的な意義はない	1	2	3	4	5	社会的な意義が大きい
2	社会的評価が低い	1	2	3	4	5	社会的評価が高い
3	今後成長はしない分野	1	2	3	4	5	今後成長していく分野
4	法人の経営が不安定	1	2	3	4	5	法人の経営が安定
5	仕事にやりがいはない	1	2	3	4	5	仕事にやりがいがある
6	業務量が少ない	1	2	3	4	5	業務量が多い
7	資格や専門知識が必要でない	1	2	3	4	5	資格や専門知識が必要
8	専門知識や技術面でスキルアップできない	1	2	3	4	5	専門知識や技術面でスキルアップできる
9	将来の見通しが立てられない	1	2	3	4	5	将来の見通しが立てられる
10	職場の雰囲気が悪い・暗い	1	2	3	4	5	職場の雰囲気が良い・明るい
11	多様な働き方ができない（早朝や平日のみの勤務、育児や介護中の仕事との両立等）	1	2	3	4	5	多様な働き方ができる（早朝や平日のみの勤務、育児や介護中の仕事との両立等）
12	有給休暇が取得しにくい	1	2	3	4	5	有給休暇が取得しやすい
13	離職率が高い	1	2	3	4	5	離職率が低い
14	人手は不足している	1	2	3	4	5	人手は充足している
15	体力的な負担が大きい	1	2	3	4	5	体力的な負担はない
16	精神的な負担が大きい	1	2	3	4	5	精神的な負担はない
17	給与水準が低め	1	2	3	4	5	給与水準が高め
18	十分な休憩時間が確保されていない	1	2	3	4	5	十分な休憩時間が確保されている

問 17 就職先を選ぶ際、どのような要因を重視しますか？ あてはまるものを5つ選択してください。1および2については、具体的な条件をご記入ください。(複数回答・記述回答)

1 勤務日数・勤務時間　　→具体的には（　　　　　　　　　　）
2 勤務形態・ローテーション等　→具体的には（　　　　　　　　　　）
3 勤務場所（所在地・アクセスのよさ）
4 勤務場所（自宅から近い）
5 給与
6 雇用形態（常勤・非常勤等）
7 仕事の内容
8 自分の経験や能力に応じた昇任・昇給制度
9 福利厚生の充実
10 研修制度の充実
11 法人の理念・経営方針
12 法人のワークライフバランスに関する方針
13 有給休暇が取得しやすい
14 法人の安定性・将来性
15 職場の雰囲気や人間関係
16 その他（　　　　　　　　　　　　　　　　　　　　）

Ⅳ あなたの小学校・中学校・高校での経験について

問 18 あなたは、小学校・中学校・高校時代に、福祉職場（介護・障害・保育分野など）で「職場体験」を経験したことはありますか？ あてはまるものをそれぞれ一つ選択してください。

(1) 小学校時代（単数回答）
1 ある　2 ない

(2) 中学校時代（単数回答）
1 ある　2 ない

(3) 高校時代（単数回答）
1 ある　2 ない

(4) 上記 (1) ～ (3) のいずれかで「1 ある」と選択した方にお伺いします。経験された「職場体験」は、いつごろ、どこで、どのような内容で行われましたか？ 具体的にご記入ください。(記述回答)

問 19 あなたは、小学校・中学校・高校時代に「ボランティア活動」を経験したことはありますか？ あてはまるものをそれぞれ一つずつ選択してください。

(1) 小学校時代（単数回答）
1 ある　2 ない

(2) 中学校時代（単数回答）
1 ある　2 ない

(3) 高校時代（単数回答）
1 ある　2 ない

(4) 上記 (1) ～ (3) のいずれかで「1 ある」と選択した方にお伺いします。経験された「ボランティア活動」は、いつごろ、どこで、どのような内容で行われましたか？ 具体的にご記入ください。(記述回答)

問 20 あなたは、どのようなきっかけで福祉職場に関心を持ちましたか？ どのような時に、どのように関心を持ったのか、具体的にご記入ください。(記述回答)

～ご協力ありがとうございました～

質と量の好循環をめざした　福祉人材の確保・育成・定着に関する調査2022報告書

2023年５月
発行／社会福祉法人　東京都社会福祉協議会
（総務部企画担当）
〒162-8953
東京都新宿区神楽河岸 1-1
電　話　０３（３２６８）７１７１
ＦＡＸ　０３（３２６８）７４３３